梁启超 著

彭树欣 选评

# 梁启超修身讲演录

上海古籍出版社

# 目录 |

# 导　读

## 一、梁启超与修身之学

梁启超（1873—1929），字卓如，号任公，又号饮冰室主人，广东新会人。他不仅是近现代政坛上的风云人物，而且是百科全书式的学术大师。其人早慧，12 岁中秀才，17 岁中举人。24 岁主办《时务报》，名噪一时，以至上自通都大邑，下至穷乡僻壤，几乎"无不知有新会梁氏者"。1898 年与康有为等人发动戊戌变法，史称"康梁"。变法失败后，他流亡日本，先后创办、主编《清议报》《新民丛报》《新小说》等报刊，虽身居海外，仍执国内言论界之牛耳。民国初期，梁氏先是活跃于政界，出任司法总长、财政总长，并与蔡锷一起策划起兵反对袁世凯。后息影政坛，耕耘于教育界、学术界，为清华四大导师之一，留下了大量的学术著作。他在中国近现代史上的活力和影响，持续了近半个世纪之久。

在梁启超这些成就的背后，有他的人格力量在作支撑，而其人格的形成主要得益于中国古代一门根本性的学问——修身之学。尽管这门生命的学问在近现代因不被重视而逐渐湮没，但梁氏却浸润其中，生命得以涵养，人格得以陶铸。正因为深受其益，所以他不仅通过著述挖掘、整理修身之学（其主要成果，便是我们称之为"梁启超修身三书"的《德育鉴》《节本明儒学案》《曾文正公嘉言钞》），而且还以讲演的方式在中国各地宣扬此学。

其实，中国古代修身之学构成了传统文化的内核。传统中国人以此安身立命，成就了士君子乃至圣贤之人格境界，构筑了中国传统社会的根基。这正是中华文化之所以能够代代相传的根本原因所在。因此梁启超说："天下最大之学问,殆无以过此!"(《曾文正公嘉言钞序》)这也正是我们今天选编出版上世纪一二十年代梁启超修身讲演文集的原因。

## 二、《梁启超修身讲演录》的思想背景

梁启超重视修身之学,既与他的教育、修身实践有着内在的联系,又与其中晚年思想的转变密切相关。

梁启超的故乡广东新会偏居一隅,历史上曾属文化落后地区,但在明代出了一位心学大家陈白沙。白沙心学,开明代学术之端绪:其学以修身为主,偏重内圣,注重人格涵养。一代大家在这一民风彪悍之地向导士风,化民成俗,功显当时,且泽及后世。故直至清后期,新会人仍延续着陈白沙的思想脉络,乾嘉考据时风熏染不到。梁启超的祖父、父母乃至自己无疑受到了这一传统潜移默化的影响。

梁启超的祖父梁维清是一名秀才,禀承白沙心学传统,

在日用酬酢间践行儒学，砥砺人格。他以宋明义理、名节教导后辈，日与后辈言古豪杰哲人嘉言懿行，而尤多举亡宋、亡明国难时先贤志士之事诲人。父亲梁宝瑛是一位乡绅，也持守着儒家内圣外王之道："先君子常以为所贵乎学者，淑身与济物而已。淑身之道，在严其格以自绳；济物之道，在随所遇以为施。"（梁启超《哀启》）母亲赵夫人，知书达理，相夫教子，谨守家风，以贤淑名闻乡里。祖父、父母的善言懿行、精神人格如时雨之化，渐渐滋养着梁启超的德性生命，并培植了其修身之学的根基。

梁启超对儒家修身之学有一个认识、感悟、体证的过程。他在很小的时候，就接触到了《曾文正公家训》，稍大一点，读全祖望写的黄宗羲、顾炎武两篇墓志铭，内心受到激励。古代儒家哲人的修身智慧如电光石火，开始在幼年梁启超的心灵中闪耀。而梁启超真正关注修身之学是在万木草堂受教于康有为时期。康氏的修身之学主要禀自其师朱九江。朱氏之教，德性和学问并重，授学者以"四行五学"。其中，"四行"即是德性之学,包括敦行孝悌、崇尚名节、变化气质、检摄威仪。此外,康有为隐居南海县西樵山达四年之久,独力为学,以陆王心学和佛学自修自证。康氏的教学重德育,居其教学内容十之七,尤喜以孔学、佛学和陆王心学施教。受此影响,梁启超开始着力读修身之书,如《明儒学案》就是常读的。尽管梁启超也常研究西学、史学等知识性学问,但从未丢弃过这门生命的学问——修身之学,1897年在湖南时务学堂任教习时,修身之学即成为其教学的重要内容之一。

1898年,戊戌变法失败后的梁启超流亡日本,继续探索救国救民的道路。在此期间,梁启超通过对前期经历的自省和反思,行动和主张都发生了重要的变化。

首先是自我修养工夫更加落实和深入。1900年因读《曾文正公家书》,"猛然自省"。这在梁启超的人生修养中,应是一个标志性的事件,他开始深刻反省自己,觉得"养心立身之道断断不可不讲"。此年,梁启超设日记自修,以曾文正之法,凡身过、口过、意过皆记之,而每日记意过者,乃至十分之上。此后通过自己的探索、实践,并借鉴古代儒者的修身经验,梁启超最终形成了自己常用的修身法门:一曰克己,二曰诚意,三曰主敬,四曰习劳,五曰有恒。

另一方面,通过对变法失败的反思,他认为,要有新国家,必须先"新民",于是在 1902 年创办了《新民丛报》,并开始连载系列文章《新民说》,阐述其新的理论探索。所谓"新民",意在培养新式现代国民,塑造平民人格。按照梁氏的设想,新民必须兼具中西道德文化素养。所谓"新"有二义:一是"淬厉其所本有而新之",一是"采补其所本无而新之"。前者是指发扬光大中国旧有的道德、文化,后者是指吸收、融入西方新的道德、文化。但在实际的思想建构中,《新民说》的前期文章主要是用西方的道德、法律观念来塑造国民,并希望全体国民以此自新。然而,到了《新民说》写作的后期,梁启超认识到了"新民"本身的艰难。这一认识的产生,当然有他平时对现实的观察和思考方面的因素,而其"新大陆之游",则是一个重要的触媒。

1903年正月,梁启超应美洲保皇会的邀请,开始游历美洲。美洲新大陆之游为梁氏打开了一个新鲜而广阔的西方世界。他既目睹了它的文明和繁荣,也洞察到了它存在的种种问题和弊端。这使他对原先理想中的西方世界不得不重新审视。其中在旧金山华人区的考察,对他触动尤为强烈。如旧金山华人区报馆之多,令他吃惊;各会馆的运作也仿照西人党会之例,似乎非常文明和缜密。然而他发现,华人只学到了西方文明的形式,其本质依旧未改变,华人区仍是旧时的中国社会。旧金山之行,使梁氏亲身体会到了国民改造之不易,使他不得不重新思考"新民"问题。因此旅行结束后,他写了《论私德》一文。这是《新民说》后期的一篇重要文章,作者意欲修补其前期过于西化的主张。该文的出现标志着梁启超"新民"思想乃至整个德育思想的转变。

梁启超将道德分为私德和公德,认为中国的传统道德学问主要属于私德领域。在《新民说》前期,他将公德与私德并列,且着重于引入公德。而在《论私德》中他认识到二者应该是根本与枝叶的关系，"新民"应以私德为本，如果没有私德的培养，"欲以新道德易国民，是所谓磨砖为镜，炊沙求饭也"。公德乃私德在公领域的推广，"公德者，私德之推也，知私德而不知公德，所缺者只在一推"，"是故欲铸造国民，必以培养个人之私德为第一义"。因此，梁启超转而求助于中国传统的道德学问，即儒家修身之学。此时他实际上回到了儒家"修齐治平"的思路，即以修身为本，然后推己及人乃至家国天下。其国民改造或德育思路可以说是发生了根本性的转变：由重国民的改造转为重士人的培养。因他看到改造普通民众不是一朝一夕所能成功的，于是将目光转向了社会精英，认为应先塑造精英，再影响民众。写于 1903 年的《论私德》，是梁启超的德育思想由"新民说"回归儒家修身之学的前奏。之后，他于 1905 年又编纂了《德育鉴》和《节本明儒学案》。而 1916 年编纂的《曾文正公嘉言钞》则是这一思路的延续。

1918 年"一战"结束，梁启超与张君劢、丁文江等一行七人，从该年 12 月 28 日到 1920 年 1 月 23 日，在欧洲进行了长达一年多的考察，并写出长篇论述性游记《欧游心影录》。"欧游"的经历使梁启超从更为广阔视野以及特殊的历史境遇认识到中国古代修身之学的重要价值。

"一战"后，欧洲不仅陷入了经济危机，而且陷入了价值危机中。欧洲人普遍处于一片迷惘的状态中。"一战"发生的根本原因在于：19 世纪下半叶以来，唯科学主义思潮勃然兴起，实证科学一统天下，而人的意义、价值等问题被忽视。胡塞尔说："在 19 世纪后半叶，现代人让自己的整个世界观受实证科学支配，并迷惑于实证科学所造就的'繁荣'。这种独特现象意味着，现代人漫不经心地抹去了那些对于真正的人来说至关重要的问题。只见事实的科学造成了只见事实的人。"（《欧洲科学危机和超验现象学》）西方思想家在反思自身文化的同时，又将目光投向了东方，试图从东方文化（主要是中国文化）中寻找解救危机的思想资源。亲历欧洲之动荡不安的梁启超对唯科学主义思潮和人生观进行了严厉的批评:"哲学家简直是投降到科学家的旗下了。这些唯物派的哲学家,托庇科学宇下建立一种纯物质的、纯机械的人生观,把一切内部生活外部生活,都归到物质运动的'必然法则'之下。在这种人生观底下,那么千千万万人前脚接后脚的来这世界走一趟住几十年,干什么呢? 独一无二的目的就是抢面包吃。果真这样,人生还有一毫意味,人类还有一毫价值吗?"(《欧游心影录节录》)他认为欧洲在最近一百年处于在一种病态的发展状态中,如果中国效法这种病态,绝对不能成功。于是梁启超彻底扫除了以往对中国文化不够自信的文化自卑心态(这也是晚清以来中国文化人的普遍心态),精神得以振作,确信中国文化在世界文化舞台上的地位。他说:

启超确信我国儒家之人生哲学,为淘养人格至善之鹄,全世界无论何国,无论何派之学说,未见其比,在今日有发挥光大之必要。

启超确信先秦诸子及宋明理学,皆能在世界学术上占重要位置,亟宜爬罗其宗别,磨洗其面目。

启超确信佛教为最崇贵最圆满之宗教,其大乘教理(按:大乘佛教主要发展在中国),尤为人类最高文化之产物,而现代阐明传播之责任,全在我中国人。(《为创设文化书院事求助于国中同志》)

以上所列者,其核心内容正是修身之学,是中国文化固有之基础,梁启超认为此可以挽救西方科学主义思潮之沉疴,最为当时世界所需,故我们应励志前行,大力传播、弘扬、发展之。

然而,反观晚清民国以来的现代教育,日益物质化、机械化,学校几乎成了一个贩卖知识的场所,而修身之学则弃之如敝屣,全面退却、衰落。同时,上层社会人士的精神人格也日益堕落。如此下去,中国很有可能重蹈西方之覆辙。想到此,梁启超简直不寒而栗,于是心急如焚,不仅探索在现代教育中融入古代书院修身之学的教育传统，而且通过讲演大声疾呼重视修身之学，大讲修身之学的好处（当然，"欧游"前，梁启超已在讲演修身之学，而此后则更加重视，更加坚定了对中国古代文化，特别是修身之学的信心）。

## 三、梁启超讲演的魅力与效果

1912 年，梁启超结束流亡日本 14 年的生涯回到故国，此后十余年几乎每年都有讲演，内容包括政治、教育、文学、学术研究等，其中修身之学是最重要的内容。1917 年，他与《大公报》记者谈其今后的社会事业，认为国人精神界有二大弱点，一为思想卑下，一为思想浮浅，因此欲以周历讲演的形式来救治这种精神界的毛病。其讲演的内容有二：一为人格修养（即修身之学），一为学问研究法。"人格修养者，教人之所以为人，使其有高尚之思想，用以治思想卑下之病也。学问研究法者，教人得自立讲学之法，使其有绵密之头脑，用以治思想浮浅之病也。"(《与〈大公报〉记者谈今后之社会事业》)按照梁启超当初的设想,拟下三年苦功,周历各处。每处以一个月计算,三年之间,可到二三十处。每处讲演三四周,每日讲演两小时。尽管这一设想后来没有完全按计划实行,但其讲演一直延续到去世之前(1928 年)。

由于梁启超自 24 岁主办《时务报》以来,一直为舆论界的风云人物,故其讲演,常常所到之处,盛况空前,大家争相欲睹其风采,听众常达数百人,甚至数千人。如在一些学校的礼堂讲演时,往往座无虚席,连窗台上都坐满了人,有时甚至安排到大操场上举行。梁启超为文平易畅达,条理明晰,笔端常带感情,胡适说他"为文善用开阖之姿势,抑扬之音调,说至透辟处,往往入木三分,阅者无不感动,故能具有一种特殊势力"。(此下〔包括题解〕所引关于梁启超的评论、回忆,皆参考了夏晓虹编《追忆梁启超》,生活·读书·新知三联书店,2009 年。不再一一注明。)日本人称他为"太平洋大文豪",行文跌宕充沛,为善于养气者。梁启超的气势和情感在讲演中更是表现得淋漓尽致,故常有一种浓厚的气场和震撼人心的力量。下面列举几则听讲演者的记载,体验一下梁启超讲演的现场感及其魅力和效果。

梁启超1912年自日本归国初期,到处受邀讲演,其中几次在北京一广场,张嘉森记载:

乃诏其徒,排日择广场置高会,会者数百人或数千人,咸屏息听梁先生。先生每演说,恒数万言,言各不同,若深博无涯涘,要皆精义,根据于学理,切中时事窾要。意气声容,恻恒悲壮,闻者舞蹈感泣,万态呈露,莫不各得其意以去。去而告人,人又莫不叹恨,以为不获闻梁先生言。

1922年,梁启超在清华学校讲演,梁实秋的记载其为形象生动:

在一个风和日丽的下午,高等科楼上大教堂里坐满了听众,随后走进一个短小精悍、秃头顶、宽下巴的人物,穿着肥大的长袍,步履稳健,丰神潇洒,左右顾盼,光芒四射,这就是梁任公先生。

他的广东官话是很够标准的,距离国语甚远,但是他的声音沉着而有力,有时又是洪亮而激亢,所以我们还是能听懂他的每一个字,我们甚至想如果他说标准国语,其效果可能反要差一些。

先生博闻强记,在笔写的讲稿之外,随时引证许多作品,大部分都能背得出。有时候,他背诵到酣畅处,忽然记不起下文,他便用手指敲打他的秃头,敲几下之后,记忆力便又畅通,成本大套的背诵下去了。先生的讲演,到紧张处,便成为表演。他真是手之舞之、足之蹈之,有时掩面,有时顿足,有时狂笑,有时太息。

这一篇讲演分三次讲完,每次讲过,先生大汗淋漓,状极愉快……先生尝自谓"笔锋常带情感",其实先生在言谈讲演之中所带的情感不知要更强烈多少倍!

1923 年,梁启超在新月社讲演,熊佛西描述道:

某日,同仁请先生讲述《桃花扇传奇》,先生热情如火,便以其流利的"广东官话",滔滔不绝的将《桃花扇》作者的历史、时代背景以及该书在戏曲上、文学上的价值,一一加以详尽透辟的解释与分析。最后并朗诵其中最动人的几首填词,诵读时不胜感慨之至,顿时声泪俱下,全座为之动容。

先生讲学的神态有如音乐家演奏,或戏剧家表演:讲到幽怨凄凉处,如泣如诉,他痛哭流涕;讲到慷慨处,他手舞足蹈,怒发冲冠! 总之,他能把他整个的灵魂注入到他要讲述的题材或人物,使听者忘倦,深入其境。

不过,也有听不懂他的广东官话的,有一次演讲蔡锷事,陈登原记载:只见他在台上东蹦西跳,手舞足蹈,但闻"蔡公蔡公"而已。但至少也一睹了其讲演时生动活泼的形象。

梁启超讲演前经常不写讲稿,讲演辞多由听讲者记录而成。有传说他在打麻将时起腹稿,王森然记载:学界常请梁先生讲演,而事到眼前,绝不作预备,而是"红中白板"声如故,同座代为着急,而先生笑曰:"予正利用博戏时间,起腹稿耳。"故每赌必输,或有劝止者,先生曰:"骨牌足以启予智窦,手一抚之,思潮汩汩来,较寻常苦索,难易悬殊,屡验屡效,已成习惯。"闻者粲然而笑。此虽是趣闻,但梁启超的才华可见一斑,所以讲演才有迷人的魅力和神奇的效果。

## 四、本书的内容和编纂体例

本书全面收集梁启超关于修身方面的讲演稿,几乎包括了他中晚年所有的此类文稿,时间跨度为 1914 年至 1927 年,共 31 篇。文献来自林志钧编《饮冰室合集》和夏晓虹编《〈饮冰室合集〉集外文》。本书对所选文献进行编辑、整理,体例如下:

一、导读。正文前置一导读,介绍梁启超修身之学所产生的思想背景以及其周历各地讲演的动因、效果等。

二、标题。原文标题已表明讲演内容，或讲演中指出本次讲演的题目者，以此为正标题，另以讲演的时间、地点等作为副标题。个别讲演的正标题系本书编者根据讲演内容添加，会在题解中说明。

三、题解。所选讲词按时间顺序排列；每一篇前加题解，介绍该讲演的背景、因缘、现场氛围、主要内容，并略加评点，以引起阅读的兴趣。

四、标点。选自《饮冰室合集》者只有句读，现加新式标点；选自《〈饮冰室合集〉集外文》者则在原来的基础上再加整理，改正了一些不规范或错误的标点。

五、校勘。对于原文的文字讹误处，核查相关文献，加以校勘，大都径改，少量出校记说明。缺字尽量据文意补出，外加〔　〕，以示区别。

六、简注。对所选文章中的外来词语、人名字号以及引文等，适当加以注释。

此外,需要指出的是,梁启超这些讲演的听众大多为青年学子(包括中学生、大学生、青年教师等),故这本《讲演录》尤其适合青年人阅读,对于他们立志为学、磨炼身心将大有裨益!

2017年4月江右彭树欣识于江西财经大学人文学院

# 知命尽性

## 1914 年 6 月 21 日在孔教会之讲演

　　题解：1914 年 6 月 21 日，梁启超在上海孔教会发表讲演，听众为孔教会会员。讲演词后发表于 26、29 日《申报》。孔教会 1912 年成立于上海，以"昌明孔教，救济社会"为宗旨，发行《孔教会杂志》作为机关刊物，康有为任总会会长，梁启超为会员之一。康有为视孔子为教主，希望推行孔教来达到"保国、保种、保教"的目的；梁启超与乃师有所不同，重视孔子的修身思想，认为"孔子之道，重在修身"，希望人人成就君子人格，从而达到安顿社会的目的。而欲造就君子人格，"知命"为其重要条目（因为"不知命，无以为君子"）。他认为，此"命"不是指命运、命定之"命"，而是指天命我之性。"知命"，就是知我之本能（梁启超所谓本能，不是现在习用的动物性的生存本能——对于人而言,此属于"欲望"的范围——而是指人的道德本性,即孟子说的"良知良能");"尽性",就是保存、发挥此本能。人人尽其性,则国家安宁、天下太平。孔子之道,日用平常,如斯而已,故不需要将其打扮成西方之一神教。

启超忝在本会会员之列,事冗罕至,歉甚。今日承召讲经,自愧学殖荒落,未能发挥圣道,固辞不获,敬就圣经所恒书"知命尽性"四字,敷陈其义,就正于诸公前。性命之学至宋元而大盛,凡所发问,启超何敢望万一!但静观世变,觉天下之足以供吾人受用者,不外此二字。《论语》末章云:"不知命,无以为君子。"足见"命"为孔教最精微之理。《墨子·非命》篇所云,老庄所力辩,不厌求详,尤见命学关系之重。子所云"不知命,无以为君子","君子"二字,乃孔子立教之名称,即人格也。"君子"既为人格,而命学又最深,不知命即无以为君子,然则全世界之合人格者不其少哉?不知孔子之所谓"命",乃人人所当知而且易知者,固不必如宋儒理气之说过于深,且不似庸人吉凶祸福之说之近于妄。《中庸》云:"天命之谓性,率性之谓道,修道之谓教。"可见命者天命,天命即性也。人之性受于天,天之所命即成为人之性。性者非他,宇宙间一切物类之所同具也。附子性热,大黄性凉,砒霜性毒。故性者又本能之谓,知命者,即知天命我以何种本能。就此本能保存而发挥之,是谓尽性。孔子云:"唯天下至诚,为能尽其性。能尽其性,则能尽人之性;能尽人之性,则能尽物之性;能尽物之性,则可与赞天地之化育"也。世界上进化之极点,可一言以蔽之曰:人人各尽其本能而已。世之人则不然,往往不但不能尽其本能,而反戕贼之,抑或舍弃其本能而强为其所不能焉。此即孔子所谓"不知命"也。夫人之生斯世也,一面须求有利于世界,一面须求有利于自己。此人人之本分,抑人人之所能也。不知命者,恒以现在之地位为未足,而妄求不可得之境,富贵利达,宫室妻妾,日系于胸,其终也,无往而不失败。居常戚戚不安,虚度一生,人己两无所益。凡反乎本能,未有不至于此者也。其原在于不知命,不知命则不能尽性。夫能尽性,则虽化育而可赞;不能尽性,而虽小已而无成。差一毫,失千里,是不可不深长思也。至"能尽其性,则能尽人之性",其故若何?曰:人性不甚相远。孟子云:"凡同类者,举相似也。"凡人既能尽其本能,即能引诱他人各尽其本能。盖互相摹仿,相观而善,本人类之共通性质。知此,即可见"尽其性,则能尽人性"一语简单明了,终身受用不尽。世之论孔子者,或以为尚私德而罕及公德,重入世而不言出世;予谓不然。孔子者,乃以个人主义与世界主义合而为一,又以世间法与出世间法合而为一者也。何言个人主义与世界主义相合也?孔子之道,重在修身。若人人皆能自尊自贵,各修其身,则世界之人俱臻于善,此即个人与世界合一之理。《论语》"天下无道则隐"一语,似与世界无关;然隐居不仕,亦是发挥本能。《易》曰:"居其室,出其言,善,则千里之外应之。"又曰:"行发乎迩,见乎远。"使其言论行事足为社会模范,无论现在与将来,必有受其感化者。此种人物遂成不可磨灭之人物,真理亦赖之以长存。古今乱世多矣,其遗老遁身林野,感化甚遥。故孔子之道,虽当乱世而不衰，数千年之社会赖以维持，所谓"乾坤不息"也。由此言之，将谓之个人主义乎？将谓为世界主义乎？子曰："诚者非成己而已也，所以成物也。"故曰："孔子之个人主义即世界主义。"何言入世法与出世法同也？孔子言必称天。天乃抽象物，其所表见于命。命何在？在各人之性。人之性不能尽知，我之性可得而知。从此体贴，终身由之而不能尽，各人皆有可以自乐之道。出世法非以乐为究竟乎？孔教所言天人合一、天人相与之际甚多，实人人所能到。故曰："世间法与出世法一也。"吾人欲利己欲利人，欲入世欲出世，固可知所从学矣。学者何？学为君子也。君子者，人格之称也。欲造君子资格，其条目甚多，而知命实为其要素。今服习孔子之道，须知根本在此。能体贴至此，则身心安泰，乐天知命，所谓"仁者不忧"，道在是矣。诸公又须注意，知命者非委心任命之谓，乃谓知天命我之本能。知其本能所在，即须竭力为之，其有不成，庶返诸吾心而安，万不可见义不为、多所瞻顾而弃其本能也。不独个人为然，国家亦有国家之本能，社会亦有社会之本能。吾人从事于国家事业、社会事业者,亦须审其本能,竭力发挥。如有不成,或天命尚有所待,返之吾心而可即安。如此,则无入而不自得。《记》[1]曰:"清明在躬,志气如神。"知命者方有此境象。求其在我,尽人合天。愿与同会诸君子共勉之!

---

[1]《记》:指《礼记》。

# 君子之养成

## 1914年11月5日在清华学校演说词

　　题解：梁启超与清华渊源颇深。1914年冬，为撰写《欧洲战役史论》，假馆清华学校（该校初为留美预备学校，相当于中学），于此小住，从此与该校结缘。11月5日，应校长之邀，为学生作演讲。1915年，送其二子梁思成、梁思永入清华读书。1917年、1924年又应邀到该校讲演。1925年，清华学校大学部成立，梁启超与王国维、陈寅恪、赵元任一起成为研究院"四大导师"。此篇为1914年的演说词，后刊登于11月《清华周刊》第20期，题作《梁任公先生演说词》；主要阐发《周易》乾坤二卦之《大象》的微言大义。《乾·象》曰："天行健，君子以自强不息。"《坤·象》曰："地势坤，君子以厚德载物。"他希望清华以人格的培养为教育宗旨，清华学子成为自强不息、厚德载物之君子。后来，"自强不息，厚德载物"成为清华的校训，此文则成为校训的释文。

标题为本书编者所加。

"君子"二字，其意甚广，欲为之诠注，颇难得其确解。惟英人所称"劲德尔门"[1]包罗众义，与我国君子之意差相吻合。证之古史，君子每与小人对待，学善则为君子，学不善则为小人。君子小人之分，似无定衡。顾习尚沿传类以君子为人格之标准。望治者，每以人人有士君子之心相勖。《论语》云："君子人与？君子人也！"明乎君子品高，未易几及也。

英美教育精神，以养成国民之人格为宗旨。国家犹机器也，国民犹轮轴也。转移盘旋，端在国民，必使人人得发展其本能，人人得勉为劲德尔门，即我国所谓君子者。莽莽神州，需用君子人，于今益极，本英美教育大意而更张之。国民之人格，骎骎日上乎。

---

[1]　劲德尔门：英文 gentleman 的音译，现译为绅士。

　　君子之义,既鲜确诂,欲得其具体的条件,亦非易言。《鲁论》所述,多圣贤学养之渐,君子立品之方,连篇累牍势难胪举。《周易》六十四卦,言君子者凡五十三。乾坤二卦所云尤为提要钩元。《乾·象》曰:"天行健,君子以自强不息。"《坤·象》曰:"地势坤,君子以厚德载物。"推本乎此,君子之条件庶几近之矣。

　　《乾·象》言君子自励,犹天之运行不息,不得有一暴十寒之弊。才智如董子,犹云勉强学问,《中庸》亦曰"或勉强而行之。"人非上圣,其求学之道,非勉强不得入于自然。且学者立志,尤须坚忍强毅,虽遇颠沛流离,不屈不挠,若或见利而进,知难而退,非大有为者之事,何足取焉? 人之生世,犹舟之航于海。顺风逆风,因时而异,如必风顺而后扬帆,登岸无日矣。

　　且夫自胜则为强,乍见孺子入水,急欲援手,情之真也。继而思之,往援则己危,趋而避之,私欲之念起,不克自胜故也。孔子曰:"克己复礼为仁。"王阳明曰:"治山中贼易,治心中贼难。"古来忠臣孝子愤时忧国，奋不欲生，然或念及妻儿，辄有难于一死，不能自克者。若能摈私欲，尚果毅，自强不息，则自励之功与天同德，犹英之劲德尔门；见义勇为，不避艰险，非吾辈所谓君子其人哉！

《坤·象》言君子接物，度量宽厚，犹大地之博，无所不载。君子责己甚厚，责人甚轻。孔子曰："躬自厚而薄责于人。"盖惟有容人之量，处世接物坦焉无所芥蒂，然后得以膺重任，非如小有才者，轻佻狂薄，毫无度量，不然小不忍必乱大谋，君子不为也。当其名高任重，气度雍容，望之俨然，即之温然，此其所以为厚也，此其所以为君子也。

纵观四万万同胞，得安居乐业，教养其子若弟者几何人？读书子弟能得良师益友之熏陶者几何人？清华学子，荟中西之鸿儒，集四方之俊秀，为师为友，相蹉相磨，他年邀游海外，吸收新文明，改良我社会，促进我政治，所谓君子人者，非清华学子，行将焉属？虽然，君子之德风，小人之德草，今日之清华学子，将来即为社会之表率，语默作止，皆为国民所仿效。设或不慎，坏习惯之传行急如暴雨，则大事偾矣。深愿及此时机，崇德修学，勉为真君子，异日出膺大任，足以挽既倒之狂澜，作中流之底柱，则民国幸甚矣。

# 在蔡松坡先生追悼会场演说词

## 1916 年 12 月 14 日

题解：蔡锷（1882—1916），原名艮寅，字松坡，湖南宝庆人，现代杰出的军事家。1897 年考入湖南时务学堂，成为梁启超一生最得意亦最得力之门生。1898 年入上海南洋公学就读。1899 年赴日留学，专门学习军事，在东京陆军士官学校，与蒋方震、张孝准一同被称为"中国士官三杰"。回国后，任云南都督等职。1915 年 12 月袁世凯称帝，他与梁启超一起策划、发动"护国运动"，推翻了帝制。蔡锷则因劳累过度，患上了喉疾，1916 年 11 月病逝于日本。12 月 14 日，各界人士在上海举行公祭，梁启超在追悼会上发表演说。演说词后发表于 12 月 19 日《时事新报》。在这篇悼词中，梁启超并没有对蔡锷的功业作盖棺论定，而是评述其人格和行为，总括为四，一曰心地纯洁，二曰担负责任，三曰遇事谨慎，四曰立志坚忍，认为此四者皆可为吾人所效法。其中，提到蔡锷如何"致良知"：即行事（主要指道德行为）须服从心中第一个命令，第一个命令是良知，第二、第三个命令，则是计较心。这可以说是对王阳明"致良知"的具体运用，工夫相当简洁。

　　今日沪人之追悼蔡先生者，岂非以先生之大功大业，有足以令人景仰追思而出于不能自已者乎？顾我以为先生之为人〔也〕无奇材异能，若汉高祖、唐太宗、拿破仑之流，其行动无一定轨道，非后人所得而仿效者也。先生之为人，犹诸葛武侯、曾文正公，其行动一本于规矩，固尽人可学而能者也。然则吾人与其空言景仰，不若效法其平生之所为，斯先生可以不朽，而吾人自得益不少矣。请进述先生之行动为吾人所当学者如左：

　　一曰心地纯洁。人惟有自私自利之心，于是图虚荣者有之，图快乐者有之，鲜衣美食之不足，而希冀高爵厚禄者比比皆是。先生自十五岁时，即有志留学，然家贫无赀。其离家乡而至汉口，仅贷钱二百文。既抵汉，复赁得银五元而至沪。其在东瀛，衣布袍，履木屐，十年不易。厥后官云南都督，月俸仅支六十元。袁氏当国，以为国中人才，皆可以金钱罗致，于先生入都之初，即给俸六千元。先生却之，仅支银一千元，并尽以恤亲友，充公益，而自奉菲薄如故也。盖先生一生绝无嗜欲，其视布衣蔬食与锦绣膏粱，无所谓荣辱也。故官之得失，位之高下，皆非先生所乐道。试思民国以来，曾任总理、总长、都督、巡按使者不可胜数，至今日，并其姓氏而无闻焉。盖高官厚禄，不过一时虚荣，而世人之犹趋之若鹜者，其心地去先生远矣。先生尝言："人之行事，须服从良心上第一个命令。"第一命令者，良知也；第二、第三命令，计较心也。有计较即不纯洁矣。譬如帝制发生，本无乐为之赞成者也，然而赞成者卒有其人也，则其人于第一念本为不赞成，然恐一反对，即难保其地位。只此一转念间，而计较心生矣。盖第二念既恐难保其地位，必有第三念以为赞成，则或可增进其利益，于是第四念不得不赞成，竟列名劝进矣。故若先生者,惟有服从良心上第一个命令而已。此无他,心地纯洁之功也。夫天赋与吾人之心地,岂有异于先生哉?特污〔染〕未能扫净耳。今日追悼,既咸睹先生之遗容,盍亦进而求效先生之心迹?

二曰担负责任。人生于世,无国家,无社会,必不能独立生存。社会愈进步,则吾人所受之恩惠愈深。受恩泽,斯职分重。知职分所在,而不能尽力以为之,是为忘恩。故不独在官之大总统、总理、总长等应各尽其职分也,即若地方绅士有〔治〕理地方公益之职分,军人有保卫国家之职分,文人学士有著述演说之职分,皆所谓担负责任也。譬如推翻帝制之时,先生既非都督,亦非巡按使,不过一常人等耳。即使不起而反对,亦未必有人责之也。顾必独为其难者,职分所在,将全国人人已弃之责任,以个人担之负之耳。况先生湘人也,但使在一省起义,亦已尽其职分矣。而必择根据地,以冀响应全国者,亦以全国人已弃之责任,以个人担之负之耳。观其用兵累月,转战千里,历尽艰辛,此非吾人将各人之责任悉诿于先生之过乎？夫世论尽有公道，果于社会能尽其职分，人无不乐从之者。先生之成功，其明效也。

三曰遇事谨慎。尚意气，好〔詈〕骂，未有能成事者也；然畏葸不前，亦不足以成事。先生之成功，迹近冒险，然未尝不审慎以出之也。先生尝谓："古人云，遇事非十分妥不做者，固也；然苟有六分把握，而谨慎以图之，即可成功。"故虽以滇省极瘠之区，用兵至危之事，一经规划布置，即一往平坦，屡战成功者，审慎于先也。最可钦者，民国以来，各省俱恃外债，即极富之粤省，亦所不免。先生于滇，独未借分文，何也？曰：我有所惧也，惧无以清偿，而丧失我之主权也。其小心寅畏有如此。至用兵之神，往往出人意料，而先生则若不假思索者，盖思之早熟也。

四曰立志坚忍。立定主意，坚持到底，不达其目的不止。孟子所谓"苦其心志，劳其筋骨，饿其体肤"者，先生似之矣。以一苦学生，官至都督，而居无半椽之屋，耕无半亩之田，其自待之刻苦可以想见矣。至起义之初，沪上报纸铺张护国军声势，一若有兵若干万者。究其实，所统之军仅三千一百三十人耳，卒能敌九万余之北兵。军器饷糈，在在见绌，蜀道又复难行。先生则以区区之兵，分一半作战，轮流而进，于是无战不胜矣。纵有小挫，则身先士卒，以一身之精神，分置三千一百三十人，而三千一百三十人无一不立奋，盖先生固早以死誓也。此非坚忍不拔之精神，有以致之乎？即论其居恒交际，凡所不欲之事，人不得而强之。然亦从未与人龃龉，非忍耐功夫，曷克臻此？

综上四者观之，先生之为人，宁有奇材异能为人所不可及者乎？故谓诸君既景仰先生，而为之追悼，当事事效法先生。否则以开追悼会为先生荣，先生固不受虚荣者。诸君乎，盍亦思所以副景仰崇拜之实者乎？则学之是也。学之如何？四者是矣。

# 在上海南洋公学之演说词

## 1916 年 12 月 15 日

题解：南洋公学为洋务派代表人物之一盛宣怀 1896 年创建于上海，是中国近代史最早创办的大学之一，为今上海交通大学、西安交通大学的前身。蔡锷为该校校友。1916 年 12 月 15 日，即公祭蔡锷之次日，梁启超又到该校为学生作讲演。演说词后发表于 17—21 日《时事新报》，题作《梁任公先生在南洋公学演说记略》。在演说中，梁启超以蔡锷少年之成长经历为切入口，转而谈到当时中国教育存在的种种问题，希望学子不为时局所困，能自立自励，精研学理，注重道德，以开拓一己之命运。如果学子在校能养成良好的学风，做全国之楷模，使全国学校闻风而兴，那么也可开拓国家之命运。梁先生尤其强调立志对青年学子成才的重要性，认为各种逆境正是磨练意志的绝好机会。他曾有《养心语录》，所论也是此意，曰："人之生也，与忧患俱来。苟不尔，则从古圣哲，可以不出世矣。种种烦恼，皆为我练心之助；种种危险，皆为我练胆之助。随处皆我之学校也。我正患无就学之地，而时时有此天造地设之学堂以饷之，不亦幸乎！我辈遇烦恼、遇危险时，作如是观，未有不洒然自得者。"今日之大学生普遍没有高尚的志向，也缺乏意志之磨练，稍微受点挫折，就容易精神委顿，甚而轻生弃世。因此，这篇讲演，虽然过去了一百年，我想依然是当代大学生治心的一副良药。


　　今日到此校演说，鄙人极有一感觉。蔡公松坡，实为此校前班学生。公之至此校，名讳非用锷，乃蔡艮寅是也（查蔡公锷，即己亥年[1]五月南洋公学考取外班生第六名蔡艮寅，第五名即今教育总长范静生君是也）。其未来沪时之所经历，或为在座诸君所未及知，请略言之。公家寒甚，至不能具衣食；而公求学之志，未尝稍懈。公有一表兄，家亦甚贫。公向借钱二百文，步至汉口，路中辛勤，可想而知。幸公有一友在汉口，赠以六元，始得至沪而入此校肄业。后公在汉口

---

　　[1] 己亥年：1899 年。

谋革命,同事者五人,唐才常其一也。事败,公得脱,即东走日本。自此时至今,所谓五人,仅存三人而已。今教育总长范静生君,即此三人之一也。启超在湘主时务学校,始识公,即深器之。其后苦历患难,今适在公之丧后而临此校,故有所感触也。鄙人以为蔡公之于此间,甚有关系,故拟将蔡公遗像,送至贵校,以留纪念,而资观感。

至今日鄙人所欲与诸君商榷者至夥,今止就一时之所感觉者言之。中国今日之学务,可谓不振极矣。彼泰西各国,凡一国民,皆受有完全之教育,由小学以至大学,拾级以升,而后入社会办事。其学之兴也如此,以视吾国,其相去奚可以道里计!今日中国学校中,其内容完美者,不可多得;教员之佳者,既不可多觏,则学子感觉困难之处必甚多,可以断言。今日中国之社会,一污秽充塞之社会也,其所需要之人材,遍地皆然。故君等学成,不患无致用之地。特无学问者,将来社会中,恐不能有一立足地耳。譬如欲办铁路,必需有铁路学校之毕业生。其他种种专门人材,亦甚可贵。而中国今日专门人材之缺乏,较之财政之竭蹶为尤甚,则社会之有望于诸君者何如,诸君其知勉哉!夫今日财政之消乏极矣,而人材之消乏,乃更过之。天下可叹之事,孰过于是?天下可危之事,又孰过于是?虽然,今日非无人材也,大都办事家耳,次等之人物耳;欲求夐绝一世之人物,殆不可得。诚哉中国之危,有以也。复次,以今日中国不良之社会,苟以身投入其中,殆必丧失此节操而后止,鲜有能自拔者。诸君今日在学校中,虽各校之校风,有佳否之别,然既名校风,尚不至于丧失人格之价值。若在社会,则恐有难言者矣。夫以今日设施未完备之学校,其基可谓甚薄;及出而投身社会,其能免此恶浊之空气者,不其大难?然则诸君今日之修立,殆不可不加之意也。

吾国自提倡新学来,已廿年矣,其效不过如是。以本校论,可称中国自办学校之最早者(时务学校尚后一年,彼时简陋已极,言之可笑)。而彼时学风,尚未能尽善,则自邶以下[1]可知

---

[1]　自邶以下:典出《左传·襄公二十九年》:"自邶以下无讥焉。"原文是说吴国的公子札在鲁国观周代的乐舞,对于各地之乐都有评论,但对邶以下就不再评论。后比喻某某以下就不值得说了。

矣。是知改革学风之责，又今日诸君子所有事也。在帝制未倡议前，国中诸前辈，对于新学界，多有不满意处。以为由今之道，无变今之俗，则足以亡国而有余。彼辈具此顽固之观念，既深且久，于是结果乃至欲称帝制，甚至复科举而废学校。此其根本心理，已属大误。彼时鄙人等目睹兹现状，乃竭力反对之。我辈反对其称帝制犹其次，反对其复旧之思想，尤其要也。今此种势力，已销灭无余，足见终非新思想之敌。然新界人物，受社会恶浊之空气，丧失其节操者，往往而有。使果袁势至今仍炽，则有新思想之人物，或亦转而趋奉之，较官僚辈为尤甚，未可知也。由此以观，所谓今日之新人物者，亦多不足恃。故今后学界，非大放光明，另辟一新境界，一扫从前之恶浊不可。否则肉食者流，其误国殃民者，必仍未有艾也。夫今日中国军事财政外交等种种之困难危险，不可胜数。然鄙人以为此乃一时之现象，不足深虑。惟全国学风，不能改良，臻于至善，一般学者，无自觉心，此最为可虑者也。设今君辈或询我改良之法，将何道之从？则吾将答曰：虽此完全责任，不能归之诸君,而先辈亦半分其责;然彼不过提倡之而已,实行之责,仍在君等之自觉也。倘君等不知自觉,则君等之师,虽日以身作则,诲人谆谆不倦,亦何益乎! 所谓自觉云者,即自觉诸君今日之地位为何如,而后精研学理,讲求道德,为学界另辟一新境界是也。昔英国某哲学家有言曰:"意之所至,无不可达者,在人之自为耳。"由是以观,人生于世最要者,即开拓一己之命运是也。吾辈命运,决无有冥冥中为之主宰者。有志竟成,天下固无不可成之事。人皆须有开拓一己命运之决心,而后人格始立。譬如人至稍有智识时,即无不有未来之思想,吾将来之为士、为工、为商、为富贵、为贫贱、为何种之事业,皆无不在思想中。此即所谓志也。人至青年,即当有志。所志既定,此后有所作为,即无不准此以进行。虽有种种之困难,亦无足虑。盖困难者,为最有益于吾人者也。孟子曰:"天将降大任于斯人也,必先苦其心志,劳其筋骨,饿其体肤,空乏其身,拂乱其所为,所以动心忍性,增益其所不能。"此实至理名言,吾人所当三复者也。又鄙意以为困难之来,必须有抵抗力以抵抗之。抵抗力强者,则凡百困难,皆为所败。经一次困难,则抵抗力即增加一分,往后则抵抗力愈强,困难愈少,将无不成之事矣。古来英雄豪杰之所以成其为英雄豪杰者,岂有他哉?亦视其抵抗力之强弱而已矣。今试譬诸人身,殆无不畏严寒相侵,而鼻独否。虽大风雪,终年无物以保护之,然而鼻未尝畏寒者,是鼻之有抵抗力也。其抵抗力所以如此之强者,非一朝一夕之故,实自幼即如是历练所致而然也。其他人身各部分,所以无抵抗力,习惯所不能改也。向使吾人自幼将人身各部分亦如鼻之无所保护,则亦有御寒之抵抗力矣。由此言之,为人之道,夫岂不然哉!今试观纨袴子弟,出必轩车高马,承下风而奔走者若而人,颐指气使者若而人,及其结果,乃多堕落不可闻问者。而贫困之士,其初虽遭人齿冷,将来必有所作为。何者?在劳苦有以增益其抵抗力也。又试譬诸行路,有下山时,即有上山时;譬诸航海,有顺风时,即有逆风时。然则人之不能无逆境,亦犹行路之不能无上山时,航海之不能无逆风时也。倘只能下山,只能航顺风,则一旦苟遇上山及逆风，其不倾倒而失慎者几希。是故学孟子所以教人以困心衡虑，诚哉其不诬与！在诸君现时，或有家庭之隐痛，或有诸事之不顺心，及其他种种之逆境，良足以阻人志气，吾以为此正天与诸君一历练之绝好机会也。诸君若能于此时将此等小小难关打破，则此后皆康庄矣。譬如在学校，所读之书，有不明者，所受之课，有未解者，必询诸师长，质于学友，底于明晓而后已，此亦所谓打破困难之一也。诸君勉之识之！即以启超而论，少时颇好吸纸烟，刻不能离，未能戒去，即常引为深憾。以为志气不立，何以为人？堂堂大丈夫，乃为纸烟之奴隶耶？卒戒去之。吾所以引此者，亦欲在座诸君知天下无难成之事。凡有嗜好，即当毅然去之，勿使滋蔓耳。乌有办大事者，而无坚毅之学力者哉？

且吾今之所以有深望于诸君者，以诸君一己之命运，即吾中国将来之命运也。我辈年已老大，对于国家，已负莫大之罪孽。国家之所由致此者，皆吾辈中年人之责也。而吾国将来惟一之希望，即未来之学生，即今日在座诸君是也。试思蔡公松坡,非本校之一学生乎,何以今日建赫赫之业?舜何人?予何人也?有为者亦若是!诸君诸君,可以勉矣!使诸君能开拓一己之命运,则中国之命运,亦必随诸君之命运而开拓。若是,则后望正无穷期。启超甚愿诸君之有以为予辈补过也。诸君之父兄前辈,处中国国民负担未重时,逸乐而去。近日国步日艰,民生日蹙,诸君此后,恐求其逸乐而不得。鄙意惟有自励自立,藉以间接发展国家之一法耳。苟人人能自励自立,则国家之受赐,即已无穷,初不必全国而皆英雄豪杰也。自辛亥以来,政治变幻,日益不测。当政务者,多朝甲而夕乙,纷更无已时。今试屈指计之,其数已不在少。然而此等人,皆可谓之能自励自立,能开拓一己之命运乎?所谓自励自立云者,必有独立之性质,不受外界之潮流,不为时政所变迁。虽为一小公司之主任,盖犹胜于赫赫有名之总次长也。此即自励自立,开拓一己命运之谓也。夫吾之为是言,决非希望全国人民皆为有名之英雄。使全国四万万人民皆英雄豪杰,则岂不甚善?而无如不能也,是则不得不有赖于无名之英雄矣。总之能独立,能自食其力,能犯百难以赴所志,则国何患不强?目今之政治,虽稍纷扰,皆不足虑也。诸君今日身居此工业学校,勿以轻心掉之,必须努力养成一良好之学风,为全国之模范,影响所及,使全国学校,皆闻风而兴起,岂不善哉!而诸君之责任,又果何如也!以诸君之年、之学力材能,再加以坚毅不磨之志向,一往无前之气概,前途未可限量。诸君既负此重望,益宜自励自勉,勿视此身太小,勿视学业为畏途,勿以为事之难成。必须在修养立之时,痛下一番工夫,平居则与同学相切磋砥砺。将来在社会办事,力以挽救时风为己任,时时自鼓其气,毋一息之或懈,毋一事之或馁。十年或二十年后,我中国庶有瘳乎!今日承诸君不弃,命发挥所志,哓哓至此,亦已将数千言。质而言之,不外劝诸君自立自励,研精学理,注重道德,有自觉心而已。以后为日正长,鄙人与诸君相谈之机会亦甚多,今姑止此。有以昧我之言焉,则幸甚幸甚!

# 人格之养成

## 1916 年 12 月 15 日在上海青年会之演词

　　题解：1916 年 12 月 15 日，梁启超在南洋公学讲演后，晚上又到上海青年会（梁为该会会员）作讲演，听讲对象主要为青年学子。讲演辞后发表于 16—18 日《时事新报》。这篇讲演辞初步阐发了梁启超的人格主义哲学思想。这一思想初步形成于 1910 年代，1920年代得到了进一步丰富和发展。在此讲演中，他提出了一个重要的"人"学概念，即人是合神格和兽格二者而成者：所谓神格主要指人的精神、理性，所谓兽格主要指人的生理、欲望。但二者常常矛盾，主要表现为现实与理想的矛盾、现在与未来的矛盾、个性与群性的矛盾。如何调和这些矛盾，使人格得到发展、完善？梁启超提出了具体的修身工夫问题，主要包括三个方面：一是发达身体，注意兽格；二是当兽格和神格相冲突时，服从良心之第一命令；三是扩充自己的人格，使个人人格与社会人格相一致，合小人格为大人格。其中，后二者乃是儒家工夫的具体运用。

启超为会员已四年，愧无所尽，今晚得与一堂相会，极以为幸。今所欲言者，或者诸君以为太迂远，但启超常以为不从改良社会下手，则中国决无可为。但言改良社会者甚多，而可观效果甚少，推求其故，则中国一般对于高尚理想，不能听受故也。此种风气不先改造，则社会改良亦为无根。所以改造之者，则输入与时势相应之学说，且使人人对于此种学说，发生信仰，然后空气一变，根本已定，而枝叶处自易易矣。青年会于改良社会最为尽力，故极愿以青年会为机关，而传布一己所怀抱。虽今晚所言，为不成系统之论，然启超所以尽力于中国之理想，即在于是，故以今晚为发端，而与诸君讨论之。

讲演之题，为"人格之养成"。"人格"二字，蔡公松坡于云南誓师时，尝有"为国人争回人格"之语，诸君当知之。故近来"人格"二字,为社会流行语。然此二字作何解释,法律学者、哲学者,千言万语,尚不能尽,以启超学力,何足以当此?且亦决非一场演说所能尽,故但就所想到之一部分而略言之。人格者,简言之,则人之所以为人而已。中国先贤有曰:"人之所以异于禽兽者几希。"然则先贤之意曰:若何若何则为人,否则非人,其限界虽严,而差别而甚微。究其所以为人之处安在?启超尝为杜撰一名词[1],曰:人者,合神格与兽格二者而成者也。昔人有言"与天地合其德",此为神格;人生不能无男女饮食之欲,此为兽格。夫神与禽兽,两不相容,如何合在一处?而不合则不成人,何也?但有皮骨固不可,而但有灵魂,又安在其可?若是乎,取此二者而合之,亦大不易,故为诸君论人格之调和发展。一人身上,矛盾处极多,现实与理想相矛盾,现在与未来相矛盾,个性与群性相矛盾。譬如四肢五官,因生理作用之冲动,有不能不听其所至之时。饥则不能不食,学则非休息不可,受人怒骂非生气

---

[1] 名词:此应理解为"概念"之意,即关于"人"的概念。

不可,见奇象非战栗不可,皆生理上之冲动也。

自生理言,则人与禽兽无异。然有不同处,则禽兽有食即食,其为他兽而设与否不问也。惟人不然,其饥而求食也同,但下手之前,常先自问曰:此食究属我欤? 非为他人设欤? 食而过多,不能无病欤? 食后不至生后患欤? 凡此种种,不以求食之故,而忘社会中人我之界。此外,若男女、财产,无一而不经此阶级[1]。此何物乎? 曰理性是也。有理性然后能判断研究,而人之所以为人者,于是乎在。然一人之身,理性与生理常起冲突。譬之人当饿时,不至任意夺人之食;然饿至不了时,常人耐四五时之久,再上者耐至七八时,再上者耐至十二时、二十四时,谓自甘坐毙,不思得粒食以自饱,世间决无此理。此现实与理想之矛盾者一也。为将来饱食暖衣计,则目前不能不操作;为将来学问大成计,目前不能不勤苦。如是欲求将来安乐,则现在不能不劳苦;现在不劳苦,将来必有受苦之日。如是将来乐,现在苦;现在乐,将来苦。此

---

[1] 阶级:即阶段。

现在与未来之矛盾者二也。人与禽兽〔不〕同，爱己而外，则爱人。爱己不学而能，爱人亦不学而能。老母之爱子也，可谓至矣、尽矣，此爱人之超乎其极者也。其他若爱夫妇，爱亲戚朋友，推而广之至一乡一村、一县一省、一国一世界，程度有浅深，范围有广狭，要其为人，则一而已。然常人因一己之故，至于排斥他人，此则一时间人己之冲突；而为永久计，势不能独爱己而不爱人，或爱人而不爱己。此个性与群性之矛盾者三也。夫一人之身，备此种种相异之性，此为一种不可解之秘密。而为人之道，则取此不相容者而调和之耳。调和则人格完全，不调和则为人格分裂。诸君闻分裂之说，当以为奇闻。昔人有五马分尸之说，既无五马，既非尸，何得谓分裂？应之曰：不然。人身之矛盾性质，若是其多，苟非有以调和之，则偏轻偏重，莫知所向，而心境之不安，莫此为甚，故曰分裂焉。譬之有人刻意求作坏人，则不过一坏人耳，而人格不为分裂。抑知人总是人，求为一完全禽兽而不可得。当其重现实也，则理想扰之；当其重现在也，则未来一念扰之；当其重个性也，则群性扰之。此憧憧往来之状，天下痛苦莫甚焉，虽不谓为人格之分裂，安可得乎？考中外古今之学说宗教，不外二者：其一重现在实际，譬诸伦理中之功利主义，政治学上之多数幸福，此为乐天主义，此偏于兽格之学说也。其二则以现在为污浊，为苦恼，为过渡，而究竟则在将来，死后则升天国，此偏于神格之学说也。两者均不免有弊。盖人自比于禽兽固不可，然不顾血肉之躯，而但求灵魂之超脱，是否可能，原属疑问。即能矣，而谓人生在世，专为受苦，必到天国，乃有乐境，则人世之无意味，莫过是矣。夫所以为世界者，求人类之安全，求文明之进步，必焉锲而不舍，然后有日新月异之象。如其不然，离人事而讲超脱，则世界安有进步可言乎？由此而知，所以贵有人格者，则将理想施之于现实，将未来显之于现在，将个性充而至于群性，此其要义也。

然诸君必问曰：此工夫之下手处若何？则我以为人而无肉体，其精神亦无所附丽。此在上帝容或能之，非所语于人类也。故为人者，第一贵在发达身体，注意兽格一方，简言之，则成一强而善之动物而已。既言动物，则动物之所能者，当尽力学之。譬诸动物学者，谓动物平均寿命，视长成期加四倍。如马之长成为两年，故其寿命为八年。人之长成期，或云二十岁，或云二十五岁，如是人之寿命，应为百岁。伍秩庸[1]自言必活至百余岁，此并非奇论，乃人类当然之权利也。然古语云："人生七十古来稀。"则以用力、用脑之处，有所偏胜，乃致夭折，不独己也。先天之传授有厚薄，因而身体有强弱，又不独一家以内已也。或以瘟疫而死，或以战争而死，此则意外之事，非人所能用力。人所能用力者，则本身范围以内而已。然公众之责，亦不能不尽，如防疫、卫生之类是也。一己方面与社会方面，既做了若干年，则以后数十年平均寿命，必从而增进。欧美人寿命，较中国长，现在欧美人寿命较二十年前长，其效大可见矣。故兽格之不可抹杀有如是者。若就反面之神格言之，其理正与此同。今有人焉，专重

---

　　[1]　伍秩庸：即伍廷芳(1842—1922)，字文爵，号秩庸，广东新会人，清末民初杰出的外交家、法学家。

精神，而不知身体之可贵，不特身体不保，且精神受亏。譬诸讲演，讲与听皆精神事业也。若无此健康之躯，安从而听而讲？且有时因生计不足，而精神痛苦而人格不保者有之矣。如是不独身体，即家计亦不可不管。然既有身体，既有精神，而二者常相冲突，或以现实害理想，或以现在害将来，或以己害一群，则如之何而可？启超有一简单之语告公等，则在服从良心上之第一命令而已。诸君知良心为物，时时对于诸君而发言，即诸君不愿听，而良心之发言自若。而第一句大抵真语也，第二、第三则有他人为之代发言者矣。譬诸父母病则之良心第一语必曰：君非回去不可。而第二句则曰：奈我外间妻子之乐何，奈我海上逍遥之乐何；第三、第四句或者曰：父母虽亲，奈路上辛苦何，奈归而无益何。此皆自行掩盖之语，非真语也。听第一语，则精神安而身体必不痛苦；听第二、第三语，则身体受亏，而精神永无安宁之日。又如与外国战争，第一命令则曰：汝非去不可；其第二、第三语则曰：路上辛苦，性命宝贵。然当知人孰无死，死又何足惜！或者临阵而逃，则刑罚随之，其痛苦为何如乎？由此言之，良心之第一命令出于天然，本于公理，有归束，有折衷，而人格调和之大方针也。所谓调和发展者如此。次论人格之扩充普溥。

人之在世，惟其有我而又有人。我之外，则以与我同者，谓之为人。如是，一世之内，不能但有我而无人，灼灼然也。我固当重，而人亦不可不重，故尊重自己者，非尊重他人不可。人与动植物异者，以凡称物者，其本身无价值，必有人用之，而后价值乃生。譬之狗之为用广矣，可守夜，可为猎狗，故有人出重金以购之者，如广东人之嗜狗者，则杀而食之而已。又如一完具之茶杯，当其供饮也，则用为杯；忽而需杯之磁片，则惟有碎之而已。故曰："天地不仁，以万物为刍狗。"夫上帝视人，或者与人类之视禽兽同，吾侪不得而知之。但以物与人较，则物者，人类之器械，而非有自觉者也。至于人则不然：以身为人用固不可，以他人为我用亦不可；以身为人有固不可，以他人为我有亦不可。今论至此，则蔡将军所谓"争人格"之语，可得而明矣。袁世凯以金钱、以权力奔走一世,视天下人若器械,视天下人如妾妇,视天下人为奴隶,苟有不从者,则从而驱除之。蔡将军之所争者,即争此物也。夫所谓不可为人所有者,则以中国伦理,有子为父有、妇为夫有之说。此非孔子之真学说,后儒附会,乃生此谬论。夫人而可以为人所有,则人可以为货物,岂不与人格之说大相冲突乎? 此义既明,乃可语人格之扩充。孔子云:"己欲立而立人,己欲达而达人","己所不欲,勿施于人"。既尽其在我,更推我之所有者以及乎人,则人之天职尽矣。故人既不可自贬以与物同,亦不可贬人以与物同。不自贬、不贬人固善矣,更推而上之,求所以立人达人,则社会道德有不进于高明者乎? 夫袁世凯之可恶,固尽人而知之矣,然诸君当知今党派之现状,正与袁氏同。甲持一说,乙持一说,对于反对之见解,则唾骂其人,视为大逆不道,则以去袁为心者,孰知其不能尊重他人意思,与袁氏等乎? 夫人各有一意思,此何奇之有? 我而欲强人从我,则劝导之而已。一次不从,则再劝导之。若曰:不准不从,不从不可。则天下宁有此理乎? 如启超之讲演,以吾之意见与诸君相交换,一次不足则二次,二次不足则三次,如是方得谓为尊重他人人格也。如骗钱者,乘他人精神上之不防备,从而有所取盈。人知骗钱之为可耻,抑知不尊重他人人格者,亦无非强夺巧取而已,而世不以其事为可耻,抑亦奇矣。第一段中既言一己之当修养,惟一己不能独存,必赖他人维持,故人格之扩充尤为可贵。今欠钱而不还,或受恩而不报,人必曰此人无人格。然诸君亦知,吾侪人人对于社会,乃一大债务者乎?惟社会有无穷恩典与我辈,而我辈乃得生存。诸君读《罗滨生漂流记》[1],罗氏以一人开辟荒岛,作舟则采木,求食则自耕。故无社会之境,非人人自为罗滨生不可而已,用刀非先开矿不可,捕鱼非先结网不可,结网非先求麻不可,如是尚可以为人乎?吾侪出世以后,有室可居,有路可走,皆先辈心血所造成,传于吾辈之遗产。而生斯世者,则日取此公共遗产一部而消费之。专为己而不为

---

[1]《罗滨生漂流记》:今译《鲁滨逊漂流记》,18世纪英国作家丹尼尔·笛福的小说。

社会者,是专以浪费为事者也。家中子弟,专以嫖赌为事,遗产荡然,则家不能存,而国亦犹是耳。常人常曰:此物是吾所有。而实则可以为一人所有者,亦仅矣。譬诸衣服,则原始以来,以有养蚕者、种麻者,乃得而成,无养蚕,无种麻,则衣服何由而来?然则所谓自己所有者,实皆社会之赐也。吾著一书,曰梁启超之著作,此皆无耻之言也。何也?使中国无文字,则书何由成?无尧、舜、禹、汤、周公、孔子之思想,则书何由成?又如新学家读了外国书,受了外国教育,乃有种种新著作。然则大圣、大贤与夫大思想家、大学者,皆吸尽社会精华,占尽社会便宜,多分了此社会公共社产,乃以有成者也。诸君既明此义,则知非有社会,一人不能造成。然则人之所尽于社会者,宜何如耶?夫取产业一部而消费之,此本无伤。然一方消费遗产,而他方则发达之,乃为尽一身之天职。况以四千年古国如中国社会,皆圣贤、豪杰心力所造成。则今日中国人所以增加此遗产之义务,为何如耶?过去之人而无此义务心,则社会已早消灭;现在之人而无此义务心,则社会早晚间必归于尽。可不惧哉！欧美义务心强，故遗产厚；中国义务心弱，故遗产薄。今后而不想增加。不想报答，则中国之遗产其殆矣。如是人格之溥遍云者，当知一人不能离社会而独存，而二者一体者也。有社会的人格，有法律的人格。地方团体，法律上之人格也；社会者，事实上之人格也。二者皆合无数小人格，乃造成大人格。大而不发达，则小不发达；小而不发达，则大亦不发达。一人为我，而与我相关者，有县、有省、有国，故以启超言之，则为我新会，我广东，我中国。我固当重，而凡可以与"我"字相联属者，不可不同时使之发达也。此之谓人格之扩充、溥遍。

现在社会风气日坏，非人人心目中有高尚理想，则社会无由改良，而青年为尤要，故略述所怀，使启超所言，有一二语可以为诸君受用者，启超之幸，何以加之！

# 良能增进之教育

## 1916 年 12 月 21 日在江苏教育总会之演说

题解：1905 年，江苏省级教育会成立于上海，初名江苏学务总会，次年改名为江苏教育总会，其宗旨为"研究本省学务之得失，图学界之进步"。1916 年 12 月 21 日，梁启超应邀到该会会所作讲演，听讲对象为教育工作者。演说词后发表于 22—23 日《时报》。在演说中，梁启超借用孟子、王阳明的"良知良能"说，而重点讲良能，认为现代教育应重点发展人的"良能"（主要指能力，也涵盖了良知），并批评现代教育在这方面存在的问题：一是幼儿教育只一味重趣味，而忽视理解力的培养；二是学校教育只重教科书、参考书，且科目太多，无法培养人的实际能力；三是只重国民教育，而忽视个性教育，无法培养天才人物。虽所谈较为简略，但俱击中现代教育的弊端。这些弊端后来越演越烈,特别是 1949 以后的教育。虽然这一阶段的教育对提高整个国民文化水平贡献甚大,但没有真正地培养出一批大师级的人才,于是今有所谓的"钱学森之问"。可以说,"钱学森之问"产生的根源,关键就在于梁启超所批评的后两点弊病。当代教育改革者应该倾听一下梁启超当年的声音!

　　早年即知全国之教育事业,多为江苏教育会所发动。今日莅此,得与诸位聚会一堂,荣莫大焉。但余于教育方面,研究虽有多年,而为教员只半年耳;深以未知教法为愧;其于教育之原理,尤无必得。今莅此讨论,甚属赧颜。惟此会为全国最有名誉之会,亦不得不略为陈述,以与诸君商榷。余今日所讲者,为"良能增进之教育"。昔王阳明先生提倡良知良能之说,谓身心之学,重在实行,盖辟当时学者空言性命之弊。今不讲良知而讲良能者,因讲良能而良知即包括在内故也。

　　夫我国自与外人交通以来,受各方之压迫,非有进取之能力,绝不足以图存。且阳明之学,譬之人身,如五官四肢,久不运动，则身亦废弃焉。孔孟之语，有最精要者，如《中庸》所谓"能尽人之性，则能尽物之性"，孟子谓"尽其心者，知其性也"。然解释此说者，语多精微，人亦厌听，今以简单讲述。譬如动物，犬马各有其心，其不若人者，盖人心万能，各事皆为人做。在二三千年前人所不能者，今皆能之。即若雷电一物，昔人无不视为神圣，今乃有取而用之者。安知今日之所不能者，后来或有能之一日。要知人心万能，愈演愈进。故教育事业，能为后来全世界人类谋进步。但此话甚属空虚，不如为人所能为者，以供给于社会。个人扩充其能力，团体亦各扩充其能力，一步一步发达，则且为全部之发达矣。故一己能力之养成，在修己，其程度则以能发达社会为止境。且人之思想，非一己所有。如余之著书，其言论有从社会各方面摽窃而来。即着衣亦然，今之社会尚窄，十年前则尚宽。斯知人之思想行为，无不由社会而来，复转布社会上去。小孩本能，能模仿亲近之人言动。故孟子谓取人善，与人为善，取与之间，设施教育之法，不外此也。是以能尽人之性，则能尽物之性。一己之良能，修养发出，则社会亦受其影响。人者万物之灵，物则借为人用而已。老子曰："天地不仁，以万物为刍狗。"故世界之进化，不外一二大思想家所转移；而教育方针，亦不外此"良能"二字。此原则已世所公认。惟吾人有种种之能力，终不及外人。在昔之学者，其于手足不甚运动，脑力亦不善用，将本能摧残，故社会亦受其影响。今日之新教育，其与良能之背驰者不少。

试将良能增进之方法一商榷之：（一）趣味教育。当欧西一百年前，学者以研究古典为干枯无味，有碍教育。如中国小孩之读《三字经》《千字文》等，此有妨脑力，固不待言。今日之教幼儿，多以游戏时施教，此较之昔日为优，然理解方面，究难发达。是当劳动其脑，使之了解为宜。此宜商榷者一。（二）纸片教育。今之学校，亦科举变相。学生除教科书外，多未寓目，其用功者，亦只能阅参考书而已。故教者敷衍讲解，学者亦敷衍条答，是以受益寥寥也。然教科太繁，用脑多则能力减少。且学生之修养能力，富在二十五年以前。

今之学者，每每毕业后苦无位置，盖由于己之能力甚少，故舍做官一途，实无他事可为。其病源则在于所学非所用，所用非所学已耳。予谓经济破产不足惧，所惧者人才破产耳。今多一学生，则多一高等游民；少一进学校之生徒，则社会多一有用之人。此皆教育不良之故。此后正宜养其能力，使之发达于社会。盖能力人人皆有。果能各尽其心，毕业后即足供社会之用矣。此商榷者二。（三）国民教育。人民皆为国家存在，故国家有所主张，国民无不随之，如军队之教育是也。此法可教中流以下之人，若天才则非由教育而出。是以国民教育于国家有益，其结果则消灭个性，而学科而束缚，不能使脑发达，人格智识，亦日见低下。此宜施以个性教育。予在湖南时务学校时，其于学生，均注意其精神做去，其一切教授方法，仍为坐拥皋比[1]旧式。然讲后见有缺点，即为设法以补救之。故在讲望外，宜察学生之个性；而学生亦宜自察

---

[1] 坐拥皋比：皋比，即虎皮，代指铺有虎皮的座席。坐拥皋比，即坐在铺有虎皮的席位上讲学，后指任教。

其个性,以为补救。此应商榷者三。予今在此略陈此意,愿江苏教育会诸君,此后将不良教育设法改良,其缺点则设法补救,定其方针,益从而发达、扩充之,则教育界幸甚矣。

# 学生自修之三大要义

## 1917 年 1 月 10 日在清华学校之演说

　　题解：1914 年冬，梁启超曾在清华学校住一个月，并为学生作过讲演。1917 年 1 月 6 日梁启超入京，商讨袁世凯死后国家的内政、外交等大事。但在百忙中仍心系清华学子，于 1 月 10 日抽出时间，热情饱满地再为学生作演说，可见他对清华学子确实寄予厚望。演说辞后刊于 12—13 日《晨钟》。此次讲演谈学生如何自我修养问题，包括三个内容：一是为人之要义在于"反省克己"，二是作事之要义在于"精力集中"，三是学问之要义在于"开发本能"。试想，当时听讲者为中学生，梁启超谈如许问题，他们能津津有味而领略到其要义，民国优秀中学生的水平、德性可见一斑！如果对今日清华的大学生作一场类似的讲演，效果又如何呢？所以，我们认为，修身之学，今日之学校断断乎不可不讲！且比民国初年更为迫切矣！

鄙人于两年前，尝居此月余，与诸君日夕相见。虽年来奔走四方，席不暇暖，所经危难，不知凡几，然与诸君之感情，既深且厚，未尝一日忘。故在此百忙中，亦不能不一来与诸君相见。

相去两载，人事之迁移，又如许矣。旧日之座上诸君，当有一部分已远游外国。而今日座中诸君，想有一部分乃新来，未曾相识，唯大多数当能认此故人。今对于校长及各教员殷勤之情意，与乎诸君活泼之精神，鄙人无限愉快，聊作数言，以相切磋，题为"学生自修之三大要义"。

（一）为人之要义；（二）作事之要义；（三）学问之要义。

第一，为人之要义。古来宗教、哲学等书，言之已不厌甚详，唯欲作一概括之语以论之，则"反省克己"四字，为最要义。反省之结果，即人与禽兽之所由分也。生理作用，人畜无异焉。如饥而思食，渴而思饮，劳而思息，倦而思眠，凡有血气，莫或不尔。唯禽兽则全为生理冲动所支配，人则于生理冲动之时，每能加以思索，是谓反省。反省而觉其不当，则收束其欲望，是谓克己。如饥火内煎，见有可食之物，陈于吾前。禽兽则不问其谁属，辄攫而食之；人则不然，物非所有，固不能夺，即所有权乃属于我，亦当思所以分惠同病之人，此道德之所由生也。《论语》所谓"吾日三省吾身"，又曰"而内自省也"，又曰"内省不疚"，皆申明此反省之要义。凡事思而后行，言思而后出，此立身之大本也。人之所以为万物之灵，即因其具有此种能力，惟必思所以发达之而已。此似易而实最难，惟当慎之于始。譬如以不诚之举动欺人，以快意道他人之短长，传播以为谭柄，此人类之恶根性，自非圣哲，莫不有之。若放纵而不自克，便成习惯，循至此心不能自主，堕落乃不知所届。古来圣贤立教，不外纠正人之此种习惯。惟不自省，至此恶性已成，习惯曾不自觉，则虽有良师益友，亦莫能助也。诸君之年龄，在人生最有希望之时期，然亦为最危险之时期。大抵十五至二十时，乃终身最大之关头，宜谨慎小心，以发达良心之本能，使支配耳目手足，勿为耳目手足所支配。事之来也，可行与否，宜问良心。良心之第一命令，必为真理,宜服从之。若稍迟疑,则耳目手足之欲望,各出其主意,而妄发命令,结果必大错谬。譬诸受他人之所托,代保管其金钱。良心之第一命令,必曰克尽厥职,勿坠信用也。若不服从此命令,则耳目之欲,必曰吾久枯寂,盍借此以入梨园;口腹之欲,必曰吾久干燥,盍借此以访酒家。如是则良心之本能,竟为物欲所蔽矣。小事如此,大事亦何独不然?历史上之恶人,遗臭万世,然当日其良心之第一命令,必无误也。人之主体,乃在良心。须自幼养成良心之独立,勿为四支五官之奴隶。身奴于人,尚或可救;唯自作支体之奴隶,则莫能助。唯当反省克己。

第二,作事之要义。大抵各人之所受用,固自有其独到处,未必从同,若鄙人则以"精力集中"四字,为作事之秘诀,以为必如此,其力乃大。譬诸以镜取火,集径寸之日光于一点,着物即燃,此显而易见者也。凡事不为则已,为之必用全力,乃克有成。昔有一文弱之孝子,力不能缚一鸡。父死未葬,比邻失慎,延及居庐,此子乃举棺而出诸火。此何故?精力集中而已。语曰："至诚所感，金石为开。"又曰："思之思之，鬼神通之。"李广射石而没羽，非无稽也。即以最近之事言之，蔡公松坡体质本极文弱，然去年在四川之役，尝四十昼夜不得宁息，更自出其精力，以鼓将士之勇气，卒获大胜。非精力集中，岂能及此？盖精力与物不同，物力有定限，而精力则无穷。譬诸五百马力之机器，五百即其定量矣。精力则不然，善用之，则其力无限，此人类之所以不可思议也。《论语》所谓"居处恭，执事敬"，此语最为精透。据朱子之所解释，谓"敬者，主一无适之谓"。主一无适，即精力集中而已。法国人尝著一书，以自箴其国人，谓英国人每作一事，必集精力而为之，法人则不如此，英之所以能强也。至于中国，更何论焉，"中"且不有，何"集"之云！执业不对于职务负责任，而思及其次，此我国之国民性也。为学亦然，慧而不专，愚将胜之。学算而思及于文，文固不成，算亦无得，此一定之理也。余最有此等经验。每作一文，或演说，若意志认为必要时，聚精神而为之，则能动人，己之精力多一分，则人之受感动亦多一分。若循例敷衍，未见其有能动人者矣。正如电力之感应，丝毫不容假借也。曾文正[1]谓精神愈用而愈强。愿诸君今日于学业上，日操练此精神，而他日任事，自能收效矣。

第三，学问之要义。勤也，勉也，此古圣贤所以劝人为学之言也。余以为学问之道，宜先在开发本能。孔子曰："人能弘道，非道弘人。"梭格拉底曰："余非以学问教人，乃教人以为学。"此即所谓能与人规矩，不能使人巧，所成几许，求其在我而已。若求学而专以试验及格为宗旨，则试验之后，学问即还诸教师，于我无有也。然则若何？曰：当求在应用而已。譬诸算学，于记帐之外，当用之以细心思；譬诸几何，于绘图之外，当用之以增条理。凡百学问，莫不皆然。若以学问为学校照例之功课，谓非此不足以得毕业证书，则毕业之后，所学悉还诸教师，于己一无所得也。例如体操，学校之常课也，其用在强健身体，为他日任事之预备。若云非此不足

---

[1] 曾文正：即曾国藩(1811—1872)，字伯涵，号涤生，谥文正，晚清名臣，一代大儒。

以得文凭，吾强为之，则假期之后，其可以按日昼寝矣乎，是无益也。孔子曰："古之学者为己，今之学者为人。"学以致用，即为己也；欲得文凭，以炫耀乡人，此为人也。年来毕业学生，奚啻千万，问其可以能致用于国家者，能有几人？此无他，亦曰为人太多，而自为太少耳。愿诸君为学，但求发达其本能，勿务于外，此余所以发至亲爱之精神，全热诚之希望，奉告于诸君也。

# 在各学校欢迎会之演说

## 1917年1月15日在江西会馆

　　题解：由于梁启超与蔡锷发动"护国运动"的成功，1917年1月他抵达北京后，受到各界热烈欢迎。其中15日，京城各大、中学校在江西会馆为其举办盛况空前的欢迎会，到会学生（包括中学高年级学生和大学生）竟达三千多人。梁启超当即热情洋溢地发表演说，演说辞后刊于18—19日《晨钟》。他认为在当时中国，做官最易堕落，且职位少，也不易得，故告诫青年学子不要立志为官，应求人格之独立，加强自我修养。修养之法包括：一是须于学问中求自立之道，二是宜养成良好之习惯，三是宜磨练坚强之意志。这篇讲演的意旨重在破除自古以来读书为做官的不良倾向，而使学子树立独立之人格、精神，是对他们下的一剂重药。这些修身方法于当代大、中学生而言，依然具有重要的指导意义。

鄙人平生每觉学生相对，最为愉快，盖以其富于活泼之精神，使人不倦也。今日在全国之首都，与各学校最高级之生徒相聚于一室，其愉快又当何如！欢迎非所敢当，但乘于难得之机会，与诸君相讨论，固所愿也。

今日种种可悲之现象，非由于在社会上活动之人所造也耶？然于可悲之中，犹有一线之希望，觉此心未可全灰者，则以为往事已矣，来者难诬，安知今日未出社会之人，他日竟不能匡救之也？此其所以愉快也。虽然，今日社会上之腐弊分子，其前此之地位亦正与诸君同，而此辈今日之所以偿国人之希望者则何如矣！万方一慨，而对于首都之感想则尤甚。何则？盖以首都之气习，每为一切风化之先导也。自古皆言京都为首善之区。可为首善，则亦当然可以为首恶矣。今诸君以血气未定年龄，日在此万恶之社会中，与群魔为缘，其危险真不可思议！偶一不慎，堕落将不知胡底，遑论匡救时弊哉！诸君辞学校而上世途之日已渐近，前途方针宜先定之。譬诸登舟，所之地点自当早定，乌可任其飘流而莫知所适也！

志何事？孟子曰："尚志。"盖以志不立，则天下无可为之事。诸君所志若何，余固不能一一以征求答复。然窃以为，欲作官者当不乏其人。余非绝对的谓官之必不可为，成形之国家，机关既备，则司机亦恶可无人也！但以为，立志欲以官为业，非职业之上乘者耳。英国现任首相卢斯佐治[1]之言曰："人生最不幸，乃得巨大之遗产；其次，则每月得定额之收入金。"其意盖谓，不劳而获，必将渐丧失其自身之本能，固万不可；即职业之有无权操于他人，亦不可也。两者之结果，都与人格独立相妨也。卢相以为，英人独立生活之精神日见衰弱，故作此沉痛之语以箴之。吾国承千数百年科举之习，学者久以作官为谋生之途。恶性遗传，于今为烈。愿诸君勿更以学堂为场屋[2]也。太史公作《儒林列传》，其发端一语曰："余读功令，至于广厉学官之路，未尝不废书而叹也。"广厉学官，宁非佳事？何以太史公之深恶痛疾如此其甚也？亦以崇尚功

---

　　[1]　卢斯佐治：今译戴维·劳合·乔治(1863—1945)，英国自由党领导，英国首相，英国杰出政治家、作家。
　　[2]　场屋：科举考试的场所。

名，宦涂太广，则人皆依朝廷以为活，渐丧失其独立之本能耳。至于今日，夫复何言！科举时代，犹有资格为之限，妄念仍略有妨阂；今则无论何人，摇身一变，即可以佩徽章而入公门矣。不劳力而月得厚资，以肥其身，以长其子孙，亦何怪蚩蚩[1]者之趋之若鹜也！农夫锄禾，胼手胝足，途行商旅，风日所侵，以视作官，甘苦莫若。即如诸君校中之教师，朝则登讲坛，夕则编讲义，计其所入，曾不如部中之一主事。若不计人格，而徒论皮囊，则诚彼智而我独愚矣。今之学者，远承科举时代之劣根性，近又熏染于新潮流之恶气习，学之神久已为官之魔所征服，发念作官，亦何足怪？然余以为，此途渐不通行矣。一国之机关几许，亦岂得尽人而官之？惜诸君出世太晚，若早生十年，自当易易。今之毕业归国者，其学问宁不如人，何以官运如此其不亨也？则亦可以废然而返矣。今在帝京，待养于政府者不下数万人，政府则唯仰给于老百姓或外国。正如蠹鱼蚀书，书尽则与之俱弊。在场诸君，计有三千余人，他日能否有三

———————————

[1] 蚩蚩：无知貌。

十人得官,正未可必。坦途多矣,亦何必争此绝路哉!

　　且作官亦何乐之有?今在北京待职之数万人,其对于现任官僚,正如溺鬼之觅代,常欲多方挑拨,挤之使去,而自居其位也。盖官额有限,而求官者则无穷。此等特权,岂能为此少数人所独享而偏枯哉!故今之为官者,譬如一犬得骨,群犬猖猖,以环伺其旁,争夺迨无宁日。一旦罢职,则以昔日之尊荣,又岂肯自贬,与小民争业,宁向轨道外以求生活耳。一切道德之堕落,实由斯始。此人格堕落之途径也。更进而论之,人若久于作吏,则人格亦将废弃。据生理学之试验,一身不常用之部分,则渐失其机能。鄙人之腿,其明证矣。以终日多伏案,绝少运动,今已不能作辽远之旅行。今之为官者,欲成好官僚,非尽将一身之机能而停止之不可。一旦失业,何以为生?东京市上,有乘一推一挽之东洋车者,人都识为达官。还顾我国则何如?北京生活程度之高,殊可惊叹。虽则大国民之气度自与常人殊,而小百姓之负担毋乃太重耶?奢侈之风,实为道德堕落之本原。气骨乃生民所具,其所以低头屈膝，赧颜以向人者，实为欲望所驱迫，至自丧其人格耳。诸君日处于此大烘炉中，宜常提起十二分精神，毋自贻伊戚[1]。国家已为他人所误，勿劳诸君。吾之所以苦口奉劝者，愿诸君毋自误耳。诸君记之，他日自当觉吾言之不谬也。

然则奈何？第一，须于学问中求自立而已。诸君自幼年即受完备之教育，幸福已异乎寻常。若犹云，舍作宦途之粪蛆，无业可图，则未得机会以入学校者，不几尽为饿殍耶？以中国土地之大，待举之事百未逮一，人才缺乏不足分配，以视欧美学者得业之难易，实不可以道里计。人皆苦于己国职业竞争之不易，而以吾国为宝山。吾侪日在宝山，乃一无所睹，此则学识问题，而非有无问题矣。收买制钱之事，非他人已攫数千万而去，而国人乃发觉者耶？始为此业者，即上海某书院之学生也。吾非教诸君孳孳以唯利是图，但举此以为学

---

[1]　自贻伊戚：语出《诗经·小明》："心之忧矣，自诒伊戚。"诒：通"贻"，遗留。伊：此，这。戚：忧伤，痛苦。该词语意思是自己留下这个痛苦。

识得业之明证耳。西人之入中国者，不假资本，而有术可以奔走吾商人。此无他，学问即其资本耳。欲得斯果，唯当于在学之年，先下预备工夫。但求学与用相应，勿徒以试验及格为职志，试验后，即以所学还诸教师也。人之良能，端赖学问以展发之，所谓学以致用也。小学校之学生或未能领会此理，愿诸君其三思之。

第二，宜养成良好之习惯也。纠正恶习惯，其道匪易。吾侪读《曾文正公集》，见其戒食潮烟及晏起，亦尝下大力。以曾文正且如此，况为我辈！此事宜先自审其恶习之所在，乃下工夫，一面宜纠正恶习，一面宜养成良习。以诸君之龄，为功尚易。若行年长大，渐成固习，则大难矣。

第三，宜磨练坚强之意志也。志行薄弱，乃堕落之根本，因循即自误之媒，宜自思之。意志坚强，可以排除一切外界之障碍。外界之障碍无时或无，视己之能力何如耳。若有确乎其不可拔之气，即成功与失败所攸分也。揆诸史乘，自知不谬。有谓意志之强否是在先天，则教育可以无须矣，是大误也。下后天之工夫，当在十七八岁以下，十四五岁以上。盖锻炼意志之事业，过小不可，而过大亦难。锻炼之时，宜从小事下手。曾文正之戒潮烟，即他年平定内乱之下手工夫矣。愿诸君及今以小事作试验，养成坚强之意志，以自成人格，则他日出而任事，自当无往而不成功。愿诸君删除为官之念头，宅心远大，则他日之事业将无穷。过去社会之失望，他日当回复于诸君之手也。

# 学生之自觉心及其修养方法

## 1917 年 1 月在广东高等师范学校演说词

　　题解：1916 年，梁启超与蔡锷一起策划、发动"护国运动"，其间其父在香港去世。因忙于国事，至次年 1 月 17 日他始由北京回家奔丧，途经广州，受广东高等师范学校之邀，忍着丧亲之痛为学生作讲演。该校初创于 1905 年，1912 年改名为广东高等师范学校，为今中山大学的前身，是广东最早的高等学府之一。当时广州市的青年学子闻风而至，欲一睹本省风云人物之风采，故听讲者除了该校学生外，还有许多外校学生。讲演从个人修养和国家前途命运出发，谆谆告诫学子要树立立身求学之根本——自觉心，即自觉幸福之优厚、自觉责任之重大、自觉时代之危险，然后加以修养之功，即锻炼身体、锻炼意志、锻炼脑筋，如此才能成己成物，国家有望。演说词随后发表在 1 月《东方杂志》第 14 卷 1 号上。

　　启超此次返里，实为奔先君之丧，胸中有无限哀痛，故对于各界欢迎，均未敢赴。惟学界诸君，多为素所欲亲炙之人；且教育之事，为国家前途所托命，中国将来一线希望，实悬于诸君之手。故启超今日来此，不徒感激诸君欢迎之意，尤自抱一片热诚，欲领教于诸君。古人谓学问之道，贵互相劝勉。今不敢复以客套之词，烦诸君之听。然对学生诸君，既忝居一日之长，因谨以其经验所得，略为陈之。今日讲演题目曰："学生之自觉心及其修养方法"。

　　此题应分为二节。今先讲自觉心，次乃及其修养方法。何谓自觉心？老子曰："自知者明，自克者强。"《中庸》曰："虽愚必明，虽柔必强。"夫能明能强，在己则人格成立，在国则国家盛强，斯即自觉之谓也。凡人之所以异于禽兽者，全视此一点之自觉心。禽兽虽有知觉运动，与人无殊，然要为生理冲动之结果，故食则不择，食毕不留。人则于生理冲动之外，并能内省，故食物当前，必计其利害得失，以为取舍。此即最单简之自觉心也。自觉之义，与自省同。《论语》所谓"吾日三省吾身","见不贤而内自省",即道自觉心之用也。第此种自觉心,虽野蛮人及无教育人亦有之。人类程度之殊,非属有无问题,仅属强弱问题。文明人则强,野蛮人则弱;多受教育之人则强,不受教育之人则弱。大凡无教育之人,其自觉心于个人立身行己上,容有流露,迨其合群办事之日,则隐而不见,斯实自觉心薄弱之明征也。是故自觉心者,实为共和国民所必不可缺。甚哉!吾国人自觉心之薄弱也!夫天之生人,果有何种意味乎?人居世界,果负何种义务乎?此虽属哲学上问题,然要为人类所必不可不思索者。今我中国人,对于世界及国家之责任如何,此凡为国民者所必当亟求解决者也。而国人每忽视之,无容心焉,斯实自觉心薄弱之过也。要之,吾国人之自觉心,比之外人,饶为薄弱,是无可辩者。呜呼!吾未敢骤望吾国四万万人同时自觉,吾惟望中国少数曾受教育为将来社会中坚人物之学生,先行自觉而已。须知世界无论何种政体,其实际支配国家者,要皆为社会中少数曾受教育之优秀人才。学生诸君，实其选也。苟能自觉，国家前途赖之。今更将关于学生自觉三事，条论于后：

（一）学生当自觉其幸福之优厚。诸君试放眼以观，全国数千万人中，能如尔等入学校受教育者，有几人乎？尔之父母，尔之兄弟姊妹，皆能如尔之放下职业，从容就学乎？此不必徒为家计所限而已，或其时未举教育，或其地未设学校，则虽有力就学，亦抱愿难偿。即就启超言之。启超少时非不好学，资质亦非在中人以下，每欲从良师益友讲求学业。然当时国中欲觅一学校，乃不可得，以故至今各国文字不谙，理科、数学不习，以视诸君，饶有愧色。如斯岂志懦质鲁之咎，良由不得受新式教育所致也。然则诸君今日获沾学校教育，实为人生不易多得之良好机会。宜如何自觉其幸福之优厚，期勿负之，勉力进修，庶对己而无愧。吾谓诸君于修业之暇，当时时反躬自问：若稍不忠诚于学问，其何以对父兄师友，何以对社会国家，并何以对一己乎？亦内省工夫所不可少之事也。此其一。

（二）学生当自觉其责任之重大。学生所享幸福之厚，既如上论；然幸福如何，今姑勿为深邃解释，质言之，则权利尔。有权利斯有义务，为人生不易之原则。责任者即缘义务而生者也。远大责任且勿具论，先就一家言之。今诸君入校就学，父母节衣缩食以供费用，其意亦欲育我成才，庶几丕振[1]家声也。一家之内，岂无叔侄兄弟，共分责任？然吾享权利最优，则父兄之责望者切，而责任所负独重。在家有然，在国家在社会亦然。今诸君所在学校，或则为官立，其经费支出自国库；或则为私立，其学校由社会先觉辛苦经营，其经费由社会众人共同捐助。国家、社会不惜财力，建立此校，以教育我者何为？亦望我于将来能为国家社会尽一点义务也。吾素不欲向青年学子作悲观语，以犯教育上之大讳忌。但言至此，亦不能不一言之：今日中国实已陷于最危险之时期。所以然者，皆由我辈四十以上之人虚度光阴，学无所用，有负国家社会，贻汝辈后起青年以重大之痛苦。所望汝后辈之

---

[1] 丕振：大力振兴。

人,从今奋起直追,直接打救一己,间接打救国家,从根本上再造成一番人格,少弥盖其罪恶。若汝等今犹不自振发,一如吾辈往日,是又增加重罪恶,而使后人食其报也。譬如病者,旧病未起,新病又生。中国前途,尚可救药乎？呜呼！从前留学生回国任事者不知几多人矣,若者搅起民军,若者同化官僚,若者赞成帝制以为国人诟病。夫有知识之人而为恶,其流毒甚于无知识者百倍,所谓才足济奸也。故中国社会之坏,实由十年前之青年堕落所致。诸君不久毕业出校,十年以后,将为社会占有势力之人。能自爱自立,则为社会种无穷之幸福；否则为社会增一重之歹人。近日中国病息奄奄,几届群医束手之候,岂容再复剥斫！故今后幸而国存,实诸君之功；不幸而亡,则诸君之罪。我辈前日之罪,已无以对祖宗。诸君万宜勉其责任,勿蹈覆辙。此其二。

（三）学生当自觉其时代之危险。此非吾故为危词以耸听也。古人有言：人生最危险时代,为十五岁至二十五岁间。贤乎视此,否乎视此。盖人当幼时,立于家庭生活之下,受父若母之监护提携，万不至自陷于歧路。若二十五岁以后，则学识经验，差足自辅。惟十五岁至二十五年间，实为离家庭生活而入学校生活时期，其境况骤变。如乡民迁市，骤转水土，由此而康健者有之，其不幸者，而病而死。夫人自立之力未充，而骤缺他人之扶持，其机最易堕落。校中岂无师长，然监护管理，远不如家庭之周至。亦有良朋，然十益友之益，不敌一损友之害。其害中于品性者尤烈，一旦习惯既成，不易变易。须知个人品性之成立，实在此时期中。为良为否，往后即难改变。夫变化气质之说，吾曾屡用工夫，然时期已过，恒苦其难。质言之，人能为社会最高尚人物，在此时期；为最恶劣人物，亦在此时期。真人生一生死大关头也。不徒品性，学问亦然。人当此少年时期，脑筋易于印受物事，无所学而不成。如植物之幼嫩，可以随意为杯为棬[1]。成长以后，则不能也。人当壮年以后，则为学非常之难。吾往者居留外国，见其各种学艺之美，无一不思学，亦无一有心

[1]　棬：音 quān，屈木制成的盂。

得，至今事事皆无成就。《学记》所谓"时过而后学，则勤苦而难成"也。中年之人，脑筋渐成僵石，不易印受新事物矣。夫天下事物，皆可失而后得；独时间则去而不留。孔子曰："逝者如斯夫，不舍昼夜。"人当青年，不知时间之可宝贵，任意放过，不甚爱惜。既而悔之，已无及矣。譬之纨袴少年，挥金似土；一旦穷乏，求不可得，可胜叹哉！要之品性者，一蹶不易复振；时间者，一去不能复留。诸君须时时以此自省，勿浪度此修养时期也。此其三。

以上三事，诸君能时时以此自省，如曾子之日三省其身，则方法、思想自油然而继起。此实立身、求学之大根本也。吾于是继此，一述修养之方法。

今诸君在学校内修业，有良师训导，苟能留心，则循序渐进，不患无进益。然吾尝见学校学生，其修业凭证同，其毕业凭证同，而出校以后，其在社会上之位置事业殊不相等。可见教室之外，尚有个人修养工夫，实为求学者所必不可忽之事。近年国中先辈，有拟推崇孔子，侪于世界宗教教主。以吾观之，则孔子教人修养人格之法最为完备。吾人每据其一二端，终身行之，受用有余。往者欧洲十九世纪教育思潮，极端崇拜干涉主义，近十数年学风已变，转重个人修养。其解释教育之意义，若曰：教育者，教人能底于自教自育之域也。此实为二十世纪之教育新思想。然吾国教籍中，求可以代表此思想之语，亦颇不乏。如《中庸》之云："能尽其性，则能尽人之性；能尽人之性，则能尽物之性。"尽己性者，发达自己本能之谓。此二语本属哲学上之研究，解释颇近幽邃。但持此以验个人修养之要，则与新教育思想若合符节。今谨以三端，续为诸君告：

（一）锻炼身体。孟子有云："天之将降大任于是人也，必先苦其心志，劳其筋骨，饿其体肤，空乏其身，行拂乱其所为，所以动心忍性，增益其所不能。"此数语，愈读愈觉有力。今从生理学上研究，知人之肢体，以运用而能力益发达，否则衰息。生物学家研究之结果，谓某岛山中有鱼，其目皆盲，以其视觉习而不用故也；温泉水草，入冰水则死，以其生态习而不耐也。医学家研究之结果，谓人之生理机关，其变化甚多。如动耳筋、腹中盲肠，均由久不运用，其机能遂至废止。进化论大家达尔文有言，人类初本有鳃，又言男子初本有乳腺，皆因不用而废。统观以上所述，得悟一大原则：生理机关，不用则废。往日医家研究养胃之法，主张食物当择其易消化者。近日医家乃为大有力之反对，论以为胃之责任，实在消化；若娇养而不尽其用，则消化之力必因而大衰减。蔡松坡此次就医东瀛，过沪时，曾对吾言："纳溪之役，粮食不继，前后四十日，军中以砂杂米同煮充饥。"吾人日常食品，每择取细嫩之质，精美之品，如鸡蛋、牛乳之类，洵易消化矣；一旦当此境遇，将何以堪之？吾之足力甚弱，居恒不耐远行。此次讨袁师起，赴陆督军之召，由安南间道入桂，间关步行数百里。初时顿觉劳苦不堪，数日以后，遂习而不觉。经此劳动之后，前此所患胃病，今乃若失，可见运动之有益个人康健甚大。今以吾国人与外国人体质比较，则强弱极相悬。所以然者，由吾国人好逸居，而外国人好运动也。国者人之积也，人人之体质弱，即国家之体质弱。今欲强一己，强国家，则均当持一锻炼身体主义。虽学校之内，已有关于体育之教科，然吾人必于定规功课之外，须有一种运动兴味。凡肢体各部，若能力不甚发达，即宜勉力练习，以养成一健全体格。此其一。

（二）锻炼意志。夫人之不肖，皆非其初之本愿为之也，其素志必不如是也。方其少在家庭，未有不欲为一佳子弟者；出处社会，未有不欲为一有用人才者。凡少年之人，莫不具有多少志气，但视其能坚持到底，始终贯澈否耳。孔子曰："吾未见刚者。"又曰："强哉矫！"何为刚？何为强？即此种坚强不拔之气也。但求之青年，往往难之，谚语所谓"立脚未定"是也。故人不患无高尚志愿，惟患无坚强不拔之气副之。此实为少年时代所亟须磨练者也。吾国近来道德事业，均极衰落，甚于五季。其原因总由国民意志薄弱。如去年袁氏之乱，无论社会士夫，城野良民，即立身政界中人，亦孰不审其不义，而深为拒绝者。然其结果，则搢绅、商贾，亦纷纷劝进，称帝称臣,内则玷辱人格,外则斩丧国本,皆由意志不坚牢所致。盖人最初之意念,皆遵理性之判断,所谓良心第一命令,无不合于道者。但一转念之顷,则或徇时势,或计利害,意虑辘轳在心上转得几回,则顿变其初志。始终强固不挠,殊非易事。譬之作长行者,愈行而愈倦,故曰"行百里者半九十"。即就小事论之,如戒鸦片之人,能行愿者十不得九,皆由半途吃苦不住,一念放松,遂致前功尽废。古来志行薄弱之士,曾有几人能成事业者乎? 抑古来建功立业之伟事,曾有几人意志薄弱者乎? 或谓学生在校,潜心学业,罕遇磨练意志之机会。不知事无大小,皆可藉以磨砺精神,如学业上勉赴其所短,如操行上勉戒其所癖。意念不起则已,既起以后,必求实行,务达其的[1]而后已;若半途而废,即是为外物所征服,尚有何自立之地乎? 往常见交游朋辈中,其道德学业,年退一年,其原因皆在志行薄弱。寖假[2]成为习惯,必至一事

[1] 的：目的。
[2] 寖假：逐渐,渐渐,寖音 jìn。

无能,而同于废疾,斯亦殆矣。《论语》曰:"知及之,仁不能守之,虽得之,必失之。"《中庸》曰:"择乎中庸而不能几月守。"何以守之? 坚强不拔之意志是也。但坚强意志,与刚愎自用不同,此在自克,彼则自纵。二者又慎勿混视也。此其二。

(三)锻炼脑筋。上言身体以锻炼而发达,脑亦身体之一部,不运用则官能废。故曾文正云:"精神愈励愈出。"孟子又云:"生于忧患,死于安乐。"逸乐者,真死人之具也。今学生居学校中,自有日常功课,尚不至过于逸乐。然当于公课之外,时时运用其思想,以磨励其脑筋。吾国学业进步,所以不及外人者,良由秦汉以后,学生脑力运用之范围隘,不能自由,绝少客观研究。如火热水沸,本日常共见之事,人以发明吸力,我犹熟视无睹。须知天下事物现象,皆有理存,能随在求其所以然之故,即能发见物理原则。科学成立,不外乎是。若仅限于教室所课,教师所授,则天下事物,安能一一而教之? 一人如此,其人学识不长进;人人如此,其学术无发明。处于今日物竞之世,必归淘汰无疑矣。而吾国人习性,每不任自由研究。虽最切近之事,如人强我弱,人胜我败,皆不肯求其故,所以积弱至于此极。夫脑筋磨炼,惟在青年时代为有效。自立之机,实在于此。此其三。

吾欲与诸君所言之语,本不只此。然即此引申之,亦不下数万言。言不在多,贵求其要。吾讷于口,未能畅言。望诸君鉴吾诚意,自相磋励,将来自立立人,诚己诚物,国家赖之,又岂独吾一人之荣幸已也!

# 在南开学校演说词

## 1917 年 1 月 31 日

（周恩来　笔录）

题解：梁启超与南开渊源颇深。南开创办于1904年,初为中学。1917年他受校长张伯苓之邀,首次至该校讲演。1919年南开大学部成立,1921至1924年他在该校讲学,讲授中国文化史、中国历史研究法等。梁启超在南开的讲学深受师生欢迎,如开讲中国文化史时,座无虚席,听讲者常达数百人,不仅有该校师生,还有外校的旁听生。此次讲演(1917年1月31日)由周恩来笔录,后发表于该年《校风》第56、57期。周恩来时为南开中学即将毕业的学生,对此次讲演印象非常深刻,他说:"先生慨然登坛演讲,历时约一钟有半,气度雍容,言若金石,入人脑海。"从此,周恩来好读梁启超诗文,并以此自励,如1918年1月23日《周恩来日记》载："晚间我又拿起梁任公的文集（即《饮冰室文集》）来看，念道'十年以后当思我，举国如狂欲语谁；世界无穷愿无尽，海天辽阔立多时'几句诗，我的眼泪快下来。忽然又想到任公做这诗的时候，不过二十七八岁，我如今已痴长十九岁，一事无成，真正是有愧前辈了。"可见青年时代的周恩来深受梁启超的影响。该讲演主要包括三方面的内容：一是说明个人自立与国家兴盛的关系，欲改革国家，先从己立，然后推己及人——以家化国——泽被全体；二是强调十五岁至二十五岁这段人生时期的重要性，尤其应加强修养、学问之功，养成良好的习惯；三是谈在学校如何修养意志、训练思维，方能成就自己。

任公先生上月三十一日应校长张先生之请，来莅吾校。阖校师生特开欢迎会于礼堂，丐其教言。先生慨然登坛演讲，历时约一钟有半，气度雍容，言若金石，入人脑海。笔之于纸，退而记之，得四千余言。惜余不文，未克以生花之笔，达先生之妙谛，仅述意焉耳。阅者苟深思之，寝馈其中，傥亦他山之助乎！再斯篇草就，得孔君云卿纠正之力甚多。不敢掠美，志此，聊表谢忱。　记者识

　　诸君乎，启超今日值此良机，得来吾向往多年之学校，与诸君相聚一堂，荣幸之至。当二年前，鄙人旅居津门时，即希令子弟来斯学校，并期来此参观，以冀得悉贵校详情，而与学校方面多所联络。盖国中兴学多年，明效尚未大著。使全国学校能悉如南开之负盛名，则诚中国前途之大幸！识此之故，接洽之心，益为迫切。前岁之末，与贵校长本有宿约，嗣以政变，不得已南下，稍尽吾力。延搁年余，今日始达素愿。情积之愈久者，相见亦愈快焉。

　　贵校校风之佳，不仅国内周知，即外人来参观者，亦莫不称许。考其所以致此之由，固原于职教员热心教导，斯能感化学生；然要亦学生能以诚求学，遂成此不朽之名。国内日益推崇，外人因之赞许。而造之之始，固甚难难，非草率从事，所克奏其效也。现今国内对于贵校学生，甚希望大有作为于社会，并望贵校荣誉日与俱长。负斯责者，是在诸君。惟现今之荣誉既不易保持，而未来之责任尤属艰于担任。且责任非一校所私有也，在贵校职教员所以趋全力以教导学生者,亦以国家一线之希望,实系诸二十世纪之新青年。使青年而无忝[1]厥责,则国事尚有希望;非然者,前途不堪设想矣。譬之一家,其子弟恶劣,败坏家声,则其家虽富,终亦见其败亡。家犹国也。以现今国势言,执政者已属有负诸君,乃复使诸君担斯重任,受此忧患。换言之,即作斯政局者,实使诸君艰于前进也。青年中,尤以学校中青年有最大之希望。父兄之期其子弟,重兴已败之家庭,属望之念甚殷;而吾等之视学校青年,犹此志也。是今后国家之兴衰与否,实以诸君之能力为断。彼欧美、日本之青年,其责任之重大,固无待言。然其前辈所作之功业,已如是其盛,故其力不必倍于前,而责已尽,国已日兴。犹之良善家庭,其父兄遗子弟以财产,教之以善道,苟其守成不变,即可保旧状勿替。至若吾国处飘摇欲倒之境,所恃者厥惟青年。而青年尤贵乎有建设之长、排难之力。方之齐家者,处败坏家庭,必先改良其家风。而此家风又为素所熏染,改之维艰。然舍此一道,别无良策。

_____

[1] 无忝:无愧于。

是非有大毅力排万难以创之，不易成功。诸君之于国家，亦宜以改革家风之道改革之，无用其迟疑。盖青年今日之责任，其重大百倍于他人。而又只此一策，足以兴国，自寻生路于万难之中。吾希望诸君处现今之地位，先定一决心焉。知其难处，必破其难关，而后立志定方针，以从事于建设。决心定之于先，方法研之于后，斯不至无所措手足矣。家风之改革，骤视之似属甚难，然吾人不必问如何改法，且不必计前辈执权阻挠与否，但请自隗始[1]。改革一已之恶风劣习，即家风全部已改善一分。使人人皆能如是，则其家风当然转恶为善。以己及人，以家化国，泽被全体。故吾人欲改革国家，不必思及他人，先以一己为主位。敦己之品，坚己之力，如此个人之人格立，一己之根基固矣。以贵校论，校舍若是其小，学生不过千人，较以欧美之学校，犹瞠乎其后。然追想十二年前，天津无所谓南开；而今则巍然峙立，远近咸知者，不过

---

[1] 请自隗始：典出《战国策·燕策一》：燕昭王即位后，欲招揽贤才，谋于郭隗。郭隗曰："今王诚欲致士，先从隗始；隗且见事，况贤于隗者乎？"意指以自己做榜样。后比喻自愿带头。

以数位职员，协力同心，积久所致，仅十二年之差耳。今试取校外之空气比较，已异其味。十数年间数人之力，克使天津污浊空气中立一新鲜空气之所。在诸君为数将及一千，日夕受职教员之熏陶，复授以产出南开学校、开辟新鲜空气所在之能力，其所收效又奚仅如上所述？矧张校长所为之事，非他人所不能为者，亦非有冒艰险、破危难以成之者。使诸君能如造南开之方，造一己能力，亦如贵校长者，则数十年后，其发达何可限量！而全国最坏风气，或可藉斯一廓清之。事之思之维艰，行之而又未见其艰者，皆此类也。

但决心定矣，此后欲在社会上得一立足地，其根本预筹之方法维何？曰在中学校锻炼之时代。何言乎？西人有之：一人之命运否泰，视其在中学校之生命如何以为判。盖人当十五岁以前，其体魄脑力，未甚发达。期其思想言动有自主力，在所不可，而意志之决定力，尤甚薄弱。故其时一切行为，恒恃父母师长之指导。逮出中学而入大学，或置身社会，其时身体发达已足，意志已定。如染恶习，期其改舍，诚非易事。故吾人惟当十五岁至廿五岁之间，为人生最重要之时期，抑亦最危险之时期也。诸君在南开攻读，校风尚好，危险似较他校减少，然不过减少耳。校风为学生所造，品行良否，要仍以一己之修养力如何为断。盖在十五岁以下，其责任可归之父母师长，至此十年中则纯恃己力。昔希腊大哲学家苏格拉底语其弟子言曰："吾非以学问授汝，乃教汝以如何造学问。"斯二语也，为世界教育家所公认，而于中学校尤有莫大之关系。教员之教其学生也，仅教其知学问耳，功课授以如何读法，道德授以如何守法，决非使学生如其言而行，便可立成完人。孔子至圣，所言亦只于指导世人。是故教员授学生造学问之力，苟因其言而悟，推而行之，未有不成完人者也。且在中学校时代，一切习惯品行，皆于是立其基础。善者因之，恶者舍之，一生之人格立矣。不然，时机一过，毕业中学，或出而问世，或投身大学，入自由教育时代，其恶习惯吾人虽欲排去，而种种方面，已挟之使不得遁，其难犹变更帝制而复共和也。譬之吸烟，年长之人，亦知其害。而习惯已成，欲禁吸之,且难于反对帝制。犹早眠早兴者,偶尔失眠,其困苦亦甚。总此以观,恶习惯排去固自不易,而良习惯已养成者去之亦艰。是此十年中,果能舍恶就善,养成良好习惯,则一生可受其益。非然者,"少小不努力,老大徒伤悲"。施一分力,改良习惯于二十五岁以前者,此后用十倍百倍之力,亦未必能矣。品行坚定,既为他年入世之基,则今日在中学校中各种恶习,务必铲之使尽,不容其有丝毫存留。即以诳言论,在今日中国最为流行之恶习,虚夸声势,盛誉他人,虽贤者不免。似此不足为病,实则结果趋全国人民溺于虚妄,而通国皆假。究其因,何莫非幼小养成之? 故举一反三,希诸君立时改革。若俟之异日者,诚非吾所忍言其结果矣。

吾人之品行,何者为满足? 斯诚难以一言尽之。然欲将来立身社会,而不为潮流所激动,入于歧途,则意志坚定是。今吾人欲作一事,以必达其目的为指归,艰难困苦非所计也。此为成功秘诀。方之乘舟,欲抵一地,中途遇逆风。意志薄弱者,必折舟而回,顺则复行。旅进旅退,徘徊中途,终无达彼岸之望。使遇事而悉如此,则均无所成。故凡事欲计其成,必须有一种坚忍不拔之气随之。匠人制桌,陶人制碗,事无大小,致力一也。无论聪明愚鲁,果其气不颓,力不怠,则大小必有成,结果无或殊。所谓"命运",上天非能预判之也。孟子所谓"养吾浩然之气",是固在此十年中锻炼之。使此十年光阴,未掷虚牝[1],意志果克坚定也,则后日事业,终可底成。使优游岁月,无所适止,则结果亦如之。或问曰:养成意志坚定之方维何? 曰:遇事循其理而行。在学校中举动一准乎师长,似无所操练也。实则以小推大,无稍差异。攻读者喜新厌故,择一弃百,不得谓之为是。性近文科者,于算学一道,终以明彻为目的,则结果必如其愿。此学生时代最易发生之事。若是则虽吾性所反对之科,可变为所爱近之课。推之一切,无不破的[2]矣。此属于积极的。若消极者,性远于理化厌之,则令吾所长者,特别发达,随时随事,增吾

---

[1]　虚牝:空谷。光阴掷虚牝,指白白浪费时光。
[2]　破的:箭射中靶子,比喻做事达到目的。

智识。于是吾之品行,当然因之高尚,而意志亦逐渐坚定,一生处世之把握即牢,岂必待出校后而始可注意于磨练也哉!再此种意志当发动时,必须审慎周详。叩之良心而无愧,问之师长而称善,然后倾吾力行之。非则滥行不审,徒见其害也。学算学、习外国语者,因其困难干燥,遂生厌怠之心。然决不能因其难,置之弗学,且从而坚其志,破其难关。一而再,再而三,终见算学、外国语有明通之望也。昔之思想迟滞者,今转因之敏捷。移其智而习他学科,所在皆易。逮入社会,以其坚定之志、敏捷之思,入困难之境,亦无所谓困难矣,盖内界能力可抵抗外界艰难。今日学校之修养,即预储此项能力。磨练多年,他日之结果当然所向无敌。古今中外豪杰圣贤传记,吾日读之,崇拜之,终弗及坚吾意志为益宏多。使诸君尽如是,则一己之人格立,中学校时代之第一品行问题决矣。

　　就智识论,其要亦多同于品行。吾人在社会任事,非有相当智识,断不能率而操觚。矧居今之世,事业之复杂,又百倍于前。学术日新月异。诸君居校攻读课本,固为求相当智识,然仅将此数本书烂熟胸中,非可毕乃事也。无论中国各种书籍不甚充足,即在最完备之国,其学校亦绝对不能授学生以一切应用之学;或尽有之,逮学之既久,出而问此,时期已易,所学又未必合诸世用。矧学校中课本之学问,行之于社会,又绝不能枘凿相入也!然则学校中之课本,终无济于实用,学之何为?曰:是又不然。学校课本授人以造学问方法也。譬之学化学者,必先考查元素,初视水之成分,以为即元素耳,细分之,斯得二种元素。由是观凡百事理,非可骤下判断。多经一次试验,必多一新发现之理。读书不可以一目了然,便妄自尊大。读竟细玩其味,方知作者苦心及命意所在。如在化学试验室,未试验前与既试验后,其感想之差为如何耶?读史者必考其因果,如在战国时之秦,处极西之地,至始皇能兼并六国,统一中原,乃不数十载又亡于楚汉。考其原因,究其得失,思之有悟。叩之教员,或误或是,或有缺憾。取而证之于今,是皆吾人利用读书之效果。他日为外交家,为行政官,胥恃此思矣。犹之习算学者,非仅答一二问题便为能事。使学生尽如是类,则其所学者,初不过受之教员,逮考试时仍还之教员耳,于学生何有?当学几何时,细心揣度,终则脑思细密,收其效用。体操时惧教员扣分,方始临操,身体强健非所计,则终必体魄日羸,自伤其体。因形骸虽经训练,而意志不属,决不得收其实效。反之,体魄日强,益以脑思细密,何求不遂?故吾人在学校中,藉十年锻炼之机,修养意志,开辟学问门径,使入于求学之趣途。以冀此后入世,得机斯能求学,不致学与事截然为两途焉。今南开职教员及学生,均为不可多得之才。而诸君又何幸有如斯之练习场,得以磨练意志,训练脑思。诸君之根本坚固,此后出而升学他校,留学外邦,无论其校风如何,决无妨害。脑思细密,虽高尚学科,亦不至艰于考求。而作事则意志坚定,无所谓困难。处学校如此,入社会亦然。如斯方不负如此之学校,如此之师长也。非然者,以今日时势之危险,社会之恶习,诸君处新鲜空气之所,自不虞有他。一旦出身社会,入污浊之流，其成败不敢必矣。在昔私塾时代，士子终日孳孳，不计意志，逮入世方知力薄能鲜。而今日之社会，又污卑甚于昔。使无坚强意志之学生入之，乌见其不与社会同流哉？昔日学校中人，吾人视之以为佳者，而今日置身社会，便随流合污，毫无克己能力。即由外国归来或毕业大学者，亦多如是。所以然者，岂非磨练工浅，与社会相敌之力薄耶？以学问一端论，近时无复有讲之者，而士大夫尤甚。忆昔二十年前，鄙人居京，欲寻朋辈讲学，甚属易事。适用与否不必计，好学之心固甚盛也。今则言旧学者既渺渺难访，而新学亦复无人过问。若谓旧学陈腐，知者寥寥，故主持无人，岂新学号称时流及由外邦归来者，尚无此倡学能力耶？非不为也，因其昔日在学校中未尝有所磨练。仅受学而已，预备讲义录而已，熟读胸中，考时还授之教员。教员亦与以佳评，学生用是自足，将来效力如何，不暇计也。即有在校时以研究学问发明学理为志者，逮入社会，以其与社会无关，置之不求。初则暂别，继而长辞矣。故今日社会堕落之大原，在已往青年其脑力未尝磨练，意志未尝坚定也。若今者国家万一之希望，纯系诸学校青年之身矣。苟学校青年能人人磨练其脑力，坚定其意志，倡为风气，普及全国，则诚国家无疆之福也。余以此期之全国学校中青年，而于南开尤深吾一层希望。设比较稍佳之南开，其青年亦同世俗浮流，则全国之希望，恐亦随之断绝矣。

鄙人今日之言，望诸君勿视为空言无补，稍加研究，当能辅助诸君之脑思、意志。惟时间匆匆，不得与诸君长谈。他日设有机缘，深盼复来贵校，与诸君多所商榷。然今日一席话，尤望诸君勿忘，幸甚！

# "知不可而为"主义与
# "为而不有"主义

## 1921 年 12 月 21 日北京哲学社公开讲演

　　题解：梁启超可以说中国现代最早意识到现代性问题的学者之一。面对现代社会的忙乱、空虚、无聊、功利等现代性弊病，他在 20 世纪 20 年代提出"趣味主义"人生观、美学观，以抗拒之、化解之。其多篇讲演都阐发或涉及这一人生观或美学观。其实，梁启超一生趣味盎然，故精力充沛，感情投入，孜孜不倦。胡适称他一生为"最有趣味的生活"。他能成就为一代大学者、大作家，与此密切相关。此篇是 1921 年 12 月 21 日他在北京哲学社的公开讲演，主要谈"趣味主义"的一个重要原则，即"无所为而为"。所谓"无所为而为"，就是超越成败，超越功利，为趣味而趣味，为生活而生活，也即生活的趣味化、艺术化。具体而言，包括两个方面：一是孔子的"知不可而为"主义,一是老子的"为而不有"主义。这两种主义都是要把人类无聊的计较一扫而空,喜欢做便做,不必瞻前顾后,合而言之,就是"无所为而为"主义。梁启超认为这种趣味主义是青年修养的一付"清凉散",我想尤其是当代狂热的"成功学""功利学"的一付"清凉散",当能对此二"学"有所拨正。

今天的讲题是两句很旧的话,一句是"知其不可而为之",一句是"为而不有"。现在案照八股的作法,把他分作两股讲。

诸君读我的近二十年来的文章,便知道我自己的人生观是拿两样事情做基础:(一)"责任心";(二)"兴味"。人生观是个人的,各人有各人的人生观,各人的人生观不必都是对的,不必于人人都合宜。但我想,一个人自己修养自己,总须拈出个见解,靠他来安身立命,我半生来拿"责任心"和"兴味"这两样事情做我生活资粮,我觉得于我很是合宜。

我是感情最富的人,我对于我的感情都不肯压抑,听其尽量发展,发展的结果,常常得意外的调和。"责任心"和"兴味"都是偏于感情方面的多,偏于理智方面的很少。

"责任心"强迫把大担子放在肩上,是很苦的,兴味是很有趣的。二者在表面上恰恰相反,但我常把他调和起来,所以我的生活虽说一方面是很忙乱的,很复杂的,他方面仍是很恬静的,很愉快的。我觉得世上有趣的事多极了,烦闷、痛苦、懊恼,我全没有。人生是可赞美的,可讴歌的,有趣的,我的见解便是:(一)孔子说的"知其不可而为之"[1]和(二)老子的"为而不有"。[2]

"知不可而为"主义、"为而不有"主义和近世欧美通行的功利主义根本反对,功利主义对于每做一件事之先,必要问:"为什么?"胡适《中国哲学史大纲》(上)讲墨子的哲学,就是要问为什么,"为而不有"主义便爽快的答道:"不为什么!"功利主义对于每做一件事之后,必要问:"有什么效果?""知不

---

[1] 知其不可而为之:这句话出自《论语·宪问篇》,原文为:子路宿于石门。晨门曰:"奚自?"子路曰:"自孔氏。"曰:"是知其不可而为之者与?"梁启超将其简括为"知不可而为"主义。

[2] 为而不有:《老子》原文中没有"为而不有"这句话,只有"生而不有,为而不恃"等类似的话,这是梁启超对老子思想的一个提炼。

可而为"主义便答道:"不管他有没有效果。"

今天讲的并不是诋毁功利主义,其实凡是一种主义,皆有他的特点,不能以此非彼。从一方面看来,"知不可而为"主义容易奖励无意识之冲动,"为而不有"主义容易把精力消费于不经济的地方。这两种主义,或者是中国物质文明进步之障碍也未可知,但在人类精神生活上,却有绝大的价值,我们应该发明他、享用他。

"知不可而为"主义,是我们做一件事,明白知道他不能得着预料的效果,甚至于一无效果,但认为应该做的,便热心做去。换一句话说,就是做事时候,把成功与失败的念头都撇开一边,一味埋头埋脑的去做。

这个主义如何能成立呢?依我想,成功与失败本来不过是相对的名词,一般人所说的成功,不见得便是成功;一般人所说的失败,不见得便是失败。天下事有许多从此一方面看,说是成功;从别一方面看,也可说是失败。从目前看,可说是成功;从将来看,也可说是失败。比方乡下人没见过电话，你让他去打电话，他一定以为对墙讲话，是没效果的，其实他方面已经得到电话，生出效果了。再如乡下人看见电报局的人在那里乒乒乓乓的打电报，一定以为很奇怪，没效果的，其实我们从他的手里已经把华盛顿会议的消息得到了。照这样看来，成败既无定形，这"可"与"不可"不同的根本先自不能存在了。孔子说："我则异于是，无可无不可。"他这句话似乎是很滑头，其实他是看出天下事无绝对的"可"与"不可"，即无绝对的成功与失败。别人心目中有"不可"这两个字，孔子却完全没有。"知不可而为"，本来是晨门批评孔子的话，映在晨门眼帘上的孔子是"知不可而为"。实际上的孔子，是"无可无不可而为"罢了。这是我的第一层的解释。

　　进一步讲，可以说宇宙间的事绝对没有成功，只有失败。成功这个名词是表示圆满的观念，失败这个名词是表示缺陷的观念。圆满就是宇宙进化的终点，到了进化终点，进化便休止；进化休止，不消说，是连生活都休止了。所以平常所说的成功与失败，不过是指人类活动休息的一小段落。比方我今天讲演完了，就算是我的成功；你们听完了，就算是你们的成功。

到底宇宙有圆满之期没有？到底进化有终止的一天没有？这仍是人类生活的大悬案。这场官司从来没有解决，因为没有这类的裁判官。据孔子的眼光看来，这是六合以外的事，应该"存而不论"，此种问题和"上帝之有无"是一样不容易解决的。我们不是超人，所以不能解决超人的问题，人不能自举其身，我们又何能拿人生以外的问题来解决人生的问题？人生是宇宙的小段片，孔子不讲超人的人生，只从小段片里讲人生。

人类在这条无穷无尽的进化长途中，正在发脚蹒跚而行，自有历史以来，不过在这条路上走了一点，比到宇宙圆满时候，还不知差几万万年哩。现在我们走的，只是像体操教员刚叫了一声"开步走"，就想要得到多少万万年后的成功，岂非梦想？所以谈成功的人，不是骗别人，简直是骗自己。

就事业上讲，说什么周公致太平，说什么秦始皇统一天下，说什么释迦牟尼普渡众生。现在我们看看，周公所致的太平到底在那里？大家说是周公的成功，其实是他的失败。"六王毕，四海一"，这是说秦始皇统一天下了，但仔细看看，他所统一的到底在那里？并不是说他传二世而亡，他的一分家当完了就算失败。只看从他以后，便有楚汉之争，三国分裂，五胡乱华，唐之藩镇，宋的辽金，就现在说，又有督军之割据，他的统一之功算成了吗？至于释迦牟尼，不但说没普渡了众生，就是当时的印度人也未全被他普渡。所以世人所说的一般大成功家，实在都是一般大失败家。再就学问上讲，牛顿发明引力，人人都说是科学上的大成功，但自爱斯坦之相对论出，而牛顿转为失败，其实牛顿本没成功，不过我们没有见到就是了。近两年，来欧美学界颂扬爱斯坦成功之快之大，无比矣。我们没学问，不配批评，只配跟着讴歌，跟着崇拜，但照牛顿的例看来，他也算是失败。所以无论就学问上讲，就事实上讲，总一句话说，只有失败的，没有成功的。

人在无边的"宇"（空间）中，只是微尘；不断的"宙"（时间)中,只是段片。一个人无论能力多大,总有做不完的事,做不完的便留交后人。这好像一人忙极了,有许多事做不完,只好说"托别人做吧"。一人想包做一切事,是不可能的,不过从全体中抽出几万万分之一点做做而已,但这如何能算是成功? 若就时间论,一人所做的一段片,正如"抽刀断水水更流",也不得叫做成功。

孔子说"死而后已",这个人死了,那个人来继续,所以说继继绳绳,始能成大的路程。天下事无不可,天下事无成功。

然而,人生这件事却奇怪的很: 在无量数年中,无量数人所做的无量数事,个个都是不可,个个都是失败。照数学上零加零仍等于零的规律讲,合起来应该是个大失败,但许多的"不可"加起来却是一个"可",许多的"失败"加起来却是一个"大成功"。这样看来,也可说是上帝生人,就是教人作失败事的。你想不失败吗? 那除非不做事,但我们的生活便是事,起居饮食也是事,言谈思虑也是事,我们能到不做事的地步吗? 要想不做事,除非不做人。佛劝人不做事,便是劝人不做人。如果不能不做人,非做事不可。这样看来,普天下事都是"不可而为"的事,普天下人都是"不可而为"的人,不过孔子是"知不可而为",一般人是"不知不可而为"罢了。

"不知不可而为"的人,遇事总要计算计算,某事可成功,某事必失败,可成功的便去做,必失败的便躲避,自以为算盘打对了。其实,全是自己骗自己,计算的总结,与事实绝对不能相应。成败必至事后始能下判断的,若事前横计算、竖计算,反减少人作事的勇气,在他挑选趋避的时候,十件事至少有八件事因为怕失败,不去做了。

算盘打得精密的人,看着要失败的事都不敢做,而为势所迫,又不能不勉强去做,故常说:"要失败啦!我本来不愿意做,不得已啦!"他有无限的忧疑,无限的惊恐,终日生活在摇荡苦恼里。

算盘打得不精密的人,认为某件事要成功,所以在短时间内欢喜鼓舞的做去。到了半路上,忽然发见他的成功希望是空的,或者做到结尾,不能成功的真相已经完全暴露,于是千万种烦恼悲哀都凑上来了。精密的人不敢做、不想做，而又不能不做，结果固然不好；但不精密的人，起初喜欢去做，继后失败了，灰心丧气的不做，比前一类人更糟些。

人生在世界，是混混沌沌的，从这种境界里过数十年，那末，生活便只有可悲，更无可乐。我们对于"人生"，真可以诅咒。为什么人来世上作消耗面包的机器呢？若是怕没人吃面包，何不留以待虫类呢？这样的人生，可真没一点价值了。

"知不可而为"的人怎样呢？头一层，他预料的便是失败，他的预算册子上，件件都先把"失败"两个字摆在当头，用不着什么计算、不计算，拣择、不拣择。所以孔子一生一世，只是"毋意、毋必、毋固、毋我"。"意"是事前猜度，"必"是先定其成败，"固"是先有成见，"我"是为我。孔子的意思，就是说人不该猜度，不该先定事之成败，不该先有成见，不该为着自己。

第二层，我们既做了人，做了人既然不能不生活，所以不管生活是段片也罢，是微尘也罢，只要在这微尘生活、段片生活里,认为应该做的,便大踏步的去做,不必打算,不必犹豫。

孔子说:"无适也,无莫也,义之与比。"[1]又说:"鸟兽不可与同群,吾非斯人之徒欤而谁欤? 天下有道,丘不与易也。"[2]这是绝对自由的生活。假设一个人常常打算何事应做,何事不应做,他本来想到街上散步,但一念及汽车撞死人,便不敢散步;他看见飞机很好,也想坐一坐,但一念及飞机摔死人,便不敢坐。这类人是自己禁住自己的自由了。要是外人剥夺自己的自由,自己还可以恢复;要是自己禁住自己的自由,可就不容易恢复了。"知不可而为"主义,是使人将做事的自由大大的解放,不要作无为之打算,自己捆绑自己。

孔子说:"智者不惑,仁者不忧,勇者不惧。"不惑就是明

---

[1] 这句话出自《论语·里仁篇》,全文作:"君子之于天下也,无适也,无莫也,义之与比。"意思是说:君子对于天下的事,没有规定要这么做,也没有规定不要怎么做,只要符合义就可以做。

[2] 这句话出自《论语·微子篇》,意思是说:我们不可与鸟兽同处,如果不与人群打交道,又同什么打交道呢? 如果天下太平,我孔丘就不需要从事社会变革了。

白,不忧就是快活,不惧就是壮健。反过来说,惑也,忧也,惧也,都是很苦的,人若生活于此中,简直是过监狱的生活。

遇事先计画成功与失败,岂不是一世在疑惑之中? 遇事先怕失败,一面做,一面愁,岂不是一世在忧愁之中? 遇事先问失败了怎么样,岂不是一世在恐惧之中?

"知不可而为"的人,只知有失败,或者可以说,他们用的字典里从没有"成败"二字。那末,还有什么可惑、可忧、可惧呢? 所以他们常把精神放在安乐的地方,所以一部《论语》,开宗明义便说"不亦乐乎","不亦悦乎",用白话讲,便是"好呀""好呀"。

孔子说:"发愤忘食,乐以忘忧,不知老之将至。"可见他作事是自己喜欢的,并非有何种东西鞭策才作的,所以他不觉胡子已白了,还只管在那里做。他将人生观立在"知不可而为"上,所以事事都变成不亦乐乎,不亦悦乎。这种最高尚、最圆满的人生,可以说是从"知不可而为"主义发生出来。我们如果能领会这种见解,即令不可至于乐乎、悦乎的境地,至少也可以减去许多"惑""忧""惧",将我们的精神放在安安稳稳的地位上,这样才算有味的生活,这样才值得生活。

第一股做完了,现在做第二股,仍照八股的做法,说几句过渡的话。"为而不有"主义与"知不可而为"主义,可以说是一个主义的两面:"知不可而为"主义可以说是"破妄返真","为而不有"主义可以说是"认真去妄"、"知不可而为"主义可使世界从烦闷至清凉,"为而不有"主义可使世界从极平淡上显出灿烂。

"为而不有"这句话,罗素解释的很好,他说:人有两种冲动,(一)占有冲动,(二)创造冲动。这句话便是提倡人类的创造冲动的。他这些学说,诸君谅已熟闻,不必我多讲了。

"为而不有"的意思,是不以所有观念作标准,不因为所有观念始劳动,简单一句话,便是为劳动而劳动。这话与佛教说的"无我、我所"相通。

常人每做一事,必要报酬,常把劳动当作利益的交换品,这种交换品只准自己独有,不许他人同有。这就叫做"为而有"。如求得金钱、名誉,因为"有",才去为,有为一身有者,有为一家有者,有为一国有者。在老子眼中看来,无论为一身有,为一家有,为一国有,都算是为而有,都不是劳动的真目的,人生劳动,应该不求报酬。你如果问他:"为什么而劳动?"他便答道:"不为什么。"再问:"不为什么,为什么劳动?"他便老老实实说:"为劳动而劳动,为生活而生活。"

老子说:"上人为之而无以为。"韩非子给他解释的很好:"生于其心之所不能已,非求其为报也。"简单说来,便是无所为而为。既无所为,所以只好说为劳动而劳动,为生活而生活,也可说是,劳动的艺术化,生活的艺术化。

老子还说:"既以为人,己愈有;既以与人,己愈多。"这是说,我要帮助人,自己却更有,不致损减;我要给人,自己却更多,不致损减。这话也可作"为而不有"的解释。按实说,老子本来没存"有""无""多""少"的观念,不过假定差别相,以示常人罢了。

在人类生活中,最有势的便是占有性。据一般人的眼光看来，凡是为人的，好像已便无。例如楚汉争天下，楚若为汉，楚便无，汉若为楚，汉便无；韩信、张良帮汉高的忙谋皇帝，他们便无。凡是与人的，好像已便少。例如我们到磁器铺子里买瓶子，一个瓶子，他要四元钱，我们只给他三元半，他如果卖了，岂不是少得五角？岂不是既以与人，已便少吗？这似乎是和已愈有、已愈多的话相反。然自他一方面看来，譬如我今天讲给诸君听，总算与大家了，但我仍旧是有，并没减少；再如教员天天在堂上给大家讲，不特不能减其所有，反可得教学相长的益处；至若弹琴唱歌给人听，也并没损失，且可使弹的唱的更加熟练；文学家、诗人、画家、雕刻家、慈善家，莫不如此。即就打算盘论，帮助人的虽无实利，也可得精神上的愉快。

老子又说："含德之厚，比于赤子。赤子终日号而不嗄，和之至也。"[1]他的意思就是说，成人应该和小孩子一样，

---

[1] 这句话出自《老子》第五十五章，属于摘引，略去了中间几句。嗄音 shà，嗓音嘶哑。

小孩子天天在那里哭，小孩子并不知为什么而哭，无端的大哭一场，好像有许多痛心的事，其实并不为什么。成人亦然，问他为什么吃，答为饿；问他为什么饿，答为生理上必然的需要；再问他为什么生理上需要，他便答不出了。所以"为什么"是不能问的，如果事事问为什么，什么事都不能做了。

老子说："无为而无不为。"我们却只记得他的上半截的"无为"，把下半截的"无不为"忘掉了。这的确是大错。他的主义是不为什么，而什么都做了，并不是说什么都不做。要是说什么都不做，那他又何必讲五千言的《道德经》呢？

"知不可而为"主义与"为而不有"主义，都是要把人类无聊的计较一扫而空，喜欢做便做，不必瞻前顾后。所以归并起来，可以说这两种主义就是"无所为而为"主义，也可以说是生活的艺术化，把人类计较利害的观念，变为艺术的、情感的。

这两种主义的概念，演讲完了，我很希望他发扬光大，推之于全世界。但要实行这种主义，须在社会组织改革以后，试看在俄国劳农政府之下,"知不可而为"和"为而不有"的人,比从前多得多了。

社会之组织未变,社会是所有的社会,要想打破所有的观念,大非易事。因为人生在所有的社会上,受种种的牵掣,倘有人打破所有的观念,他立刻便缺乏生活的供给。比方作教员的,如果不要报酬,便立刻没有买书的费用,然假使有公共图书馆,教员又何必自己买书呢? 中国人常喜欢自己建造花园,然而又没有钱,其势不得不用种种不正当的方法去找钱,这还不是由于中国缺少公共花园的缘故吗? 假使中国仿照欧美,建设许多极好看、极精致的公共花园,他们自然不去另造了。所以必须到社会组织改革之后,对于公众有种种供给时,才能实行这种主义。

虽是这样说法,我们一方面希望求得适宜于这种主义的社会,一方面在所处的混浊的社会中,还得把这种主义拿来寄托我们的精神生活,使他站在安慰清凉的地方。我看这种主义,恰似青年修养的一付清凉散。我不是拿空话来安慰诸君，也不是勉强去左右诸君，他的作用着实是如此的。

最后，我还要对青年进几句忠告。老子说"宠辱不惊"，这句话最关重要，现在的一般青年，或为宠而惊，或为辱而惊。然为辱而惊的，大家容易知道；为宠而惊的，大家却不易知道。或者为宠而惊的比较为辱而惊的人的人格更为低下，也说不定。五四以来，社会上对于青年可算是宠极了，然根柢浅薄的人，其所受宠的害，恐怕比受辱的害更大吧。有些青年自觉会做几篇文章，便以为满足，其实与欧美比一比，那算得什么学问，徒增了许多虚荣心罢了。他们在报上出风头，不过是为眼前利害所鼓动，为虚荣心所鼓动。别人说成功，他们便自以为成功，岂知天下没成功的事？这些都是被成败利钝的观念所误了。

古人的这两句话，我希望现在的青年在脑子里多转几转，把他当作失败中的鼓舞，烦闷中的清凉，困倦中的兴奋。

# 趣味教育与教育趣味

## 1922 年 4 月 10 日在直隶教育联合研究会讲演

题解：1922 年 4 月 10 日，梁启超在直隶（现为河北）教育联合研究会作讲演。这篇讲演的主旨仍然是"趣味主义"。其实，梁启超的"趣味主义"，是从中国古代"乐感文化"（"乐感文化"这个词来自哲学家李泽厚对中国文化的概括）中转出来的，因为趣味的本质其实就是乐。古代文化重视生命过程之"乐"，"乐"代表古人的生命质量和生命境界。孔子多次讲乐，如说"知之者不如好之者，好之者不如乐之者"，称赞颜回"不改其乐"（《论语·雍也》）；庄子追求精神逍遥之乐；禅宗体悟参禅、打坐、开悟之乐；宋明理学家主张学"孔颜之乐"。这些都是古代文化讲求生命之"乐"的表现，梁氏的"趣味主义"实质上融合了这些内容。这篇讲演的听众是教师，在他们面前，梁启超首先亮出了自己的"趣味主义"人生观。其中一个重要的观点是，趣味是生活的原动力，丧失趣味，生活便无意义。对教师而言，一方面在教学中要采用趣味教育的方法，以唤起学生学习的趣味，使之为学问而学问；另一方面要把教育当作唯一的趣味，教育本是教学相长，确实充满了无穷的趣味，故从事教育是最快乐的事。不幸的是，教育发展到今天，学生为升学、就业而学，教师为升学率、就业率而教，离这种"趣味主义"教育观越来越遥远。这不能不令我们反思当代教育存在的问题。

一

假如有人问我："你信仰的甚么主义？"我便答道："我信仰的是趣味主义。"有人问我："你的人生观拿什么做根柢？"我便答道："拿趣味做根柢。"我生平对于自己所做的事，总是做得津津有味，而且兴会淋漓，什么悲观咧，厌世咧，这种字面，我所用的字典里头，可以说完全没有。我所做的事，常常失败——严格的可以说没有一件不失败——然而我总是一面失败一面做，因为我不但在成功里头感觉趣味，就在失败里头也感觉趣味。我每天除了睡觉外，没有一分钟、一秒钟不是积极的活动,然而我绝不觉得疲倦,而且极少生病,因为我每天的活动有趣得很,精神上的快乐补得过物质上的消耗而有余。

趣味的反面,是干瘪,是萧索。晋朝有位殷仲文[1],晚年常郁郁不乐,指着院子里头的大槐树叹气,说道:"此树婆娑,生意尽矣。"一棵新栽的树,欣欣向荣,何等可爱!到老了之后,表面上虽然很婆娑,骨子里生意已尽,算是这一期的生活完结了。殷仲文这两句话,是用很好的文学技能,表出那种颓唐落寞的情绪。我以为这种情绪,是再坏没有的了。无论一个人或一个社会,倘若被这种情绪侵入弥漫,这个人或这个社会算是完了,再不会有长进,何止没长进,什么坏事都要从此产育出来。总而言之,趣味是活动的源泉,趣味干竭,活动便跟着停止。好像机器房里没有燃料,发不出蒸汽来,任凭你多大的机器,总要停摆。停摆过后,机器还要生锈,产生许多毒害的物质哩。人类若到把趣味丧失掉的时候,老实

---

[1]  殷仲文:殷仲文(? —407),陈郡长平人,东晋大臣、诗人。

说,便是生活得不耐烦。那人虽然勉强留在世间,也不过行尸走肉。倘若全个社会如此,那社会便是痨病的社会,早已被医生宣告死刑。

## 二

"趣味教育"这个名词,并不是我所创造,近代欧美教育界早已通行了,但他们还是拿趣味当手段,我想进一步,拿趣味当目的,请简单说一说我的意见。

第一,趣味是生活的原动力,趣味丧掉,生活便成了无意义。这是不错,但趣味的性质不见得都是好的,譬如好嫖好赌,何尝不是趣味,但从教育的眼光看来,这种趣味的性质当然是不好。所谓好不好,并不必拿严酷的道德论做标准,既已主张趣味,便要求趣味的贯彻,倘若以有趣始,以没趣终,那么趣味主义的精神,算完全崩落了。《世说新语》记一段故事:"祖约性好钱,阮孚性好屐,世未判其得失。有诣约,见正料量财物。客至,屏当不尽,余两小簏,以著背后,倾身障之,意未能平。诣孚,正见自蜡屐,因叹曰:'未知一生当着几量屐!'意甚闲畅,于是优劣始分。"[1]这段话,很可以作为选择趣味的标准。凡一种趣味事项,倘或是要瞒人的,或是拿别人的苦痛换自己的快乐,或是快乐和烦恼相间相续的,这等统名为下等趣味,严格说起来,他就根本不能做趣味的主体。因为认这类事当趣味的人,常常遇着败兴,而且结果必至于俗语说的"没兴一齐来"而后已。所以我们讲趣味主义的人,绝不承认此等为趣味。人生在幼年、青年期,趣味是最浓的,成天价乱碰乱迸,若不引他到高等趣味的路上,他们便非流入下等趣味不可。没有受过教育的人,固然容易如此,教育教得不如法,学生在学校里头找不出趣味,然而他们的趣味是压不住的,自然会从校课以外,乃至校课反对的方向,去找他的下等趣味。结果,他们的趣味是不能贯彻的,整个变成没趣的人生完事。我们主张趣味教育的人,是要趁儿童或青

---

[1]　这段话出于刘义庆《世说新语·雅量》,文字与原文略有出入。祖约,字士少,晋人;阮孚,字遥集,晋人。屏当:收拾。簏:音 lù,竹箱子。蜡屐:给木屐上蜡。几量屐:几双鞋。

年趣味正浓而方向未决定的时候,给他们一种可以终身受用的趣味,这种教育办得圆满,能够令全社会整个永久是有趣的。

第二,既然如此,那么教育的方法,自然也跟着解决了。教育家无论多大能力,总不能把某种学问教通了学生,只能令受教的学生当着某种学问的趣味,或者学生对于某种学问原有趣味,教育家把他加深加厚。所以教育事业,从积极方面说,全在唤起趣味;从消极方面说,要十分注意,不可以摧残趣味。摧残趣味有几条路,头一件是注射式的教育。教师把课本里头东西叫学生强记,好像嚼饭给小孩子吃,那饭已经是一点儿滋味没有了,还要叫他照样的嚼几口,仍旧吐出来看。那么,假令我是个小孩子,当然会认吃饭是一件苦不可言的事了。这种教育法,从前教八股完全是如此,现在学校里形式虽变,精神却还是大同小异。这样教下去,只怕永远教不出人才来。第二件是课目太多。为培养常识起见,学堂课目固然不能太少;为恢复疲劳起见,每日的课目固然不能不参错掉换。但这种理论，只能为程度的适用，若用得过分，毛病便会发生。趣味的性质，是越引越深，想引得深，总要时间和精力比较的集中才可。若在一个时期内，同时做十来种的功课，走马看花，应接不暇，初时或者惹起多方面的趣味，结果任何方面的趣味都不能养成，那么，教育效率可以等于零。为什么呢？因为受教育受了好些时，件件都是在大门口一望便了，完全和自己的生活不发生关系，这教育不是白费吗？第三件是拿教育的事项当手段。从前我们学八股，大家有句通行话，说他是敲门砖，门敲开了，自然把砖也抛却，再不会有人和那块砖头发生起恋爱来。我们若是拿学问当作敲门砖看待，断乎不能有深入而且持久的趣味。我们为什么学数学，因为数学有趣，所以学数学。为什么学历史？因为历史有趣，所以学历史。为什么学画画、学打球？因为画画有趣，打球有趣，所以学画画、学打球。人生的状态本来是如此，教育的最大效能也只是如此。各人选择他趣味最浓的事项做职业，自然一切劳作都是目的，不是手段，越劳作，越发有趣。反过来,若是学法政用来作做官的手段,官做不成怎么样呢?学经济用来做发财的手段,财发不成怎么样呢?结果必至于把趣味完全送掉。所以教育家最要紧教学生知道是为学问而学问,为活动而活动,所有学问,所有活动,都是目的,不是手段。学生能领会得这个见解,他的趣味自然终身不衰了。

## 三

以上所说,是我主张趣味教育的要旨。既然如此,那么在教育界立身的人,应该以教育为唯一的趣味,更不消说了。一个人若是在教育上不感觉有趣味,我劝他立刻改行,何必在此受苦?既已打算拿教育做职业,便要认真享乐,不辜负了这里头的妙味。

孟子说"君子有三乐,而王天下不与存焉",那第三种就是"得天下英才而教育之"。他的意思是说,教育家比皇帝还要快乐。他这话,绝不是替教育家吹空气,实际情形确是如此。我常想，我们对于自然界的趣味，莫过于种花。自然界的美，像山水风月等等，虽然能移我情，但我和他没有特殊密切的关系，他的美妙处，我有时便领略不出。我自己手种的花，他的生命和我的生命简直并合为一，所以我对着他，有说不出来的无上妙味。凡人工所做的事，那失败和成功的程度都不能预料，独有种花，你只要用一分心力，自然有一分效果还你，而且效果是日日不同，一日比一日进步。教育事业正和种花一样，教育者与被教育者的生命是并合为一的，教育者所用的心力，真是俗语说的"一分钱，一分货"，丝毫不会枉费。所以我们要选择趣味最真而最长的职业，再没有别样比得上教育。

现在的中国，政治方面，经济方面，没有那件说起来不令人头痛，但回到我们教育的本行，便有一条光明大路摆在我们前面。从前国家托命，靠一个皇帝，皇帝不行，就望太子。所以许多政论家——像贾长沙一流，都最注重太子的教育。如今国家托命是在人民，现在的人民不行，就望将来的人民。

现在学校里的儿童、青年，个个都是"太子"，教育家便是"太子太傅"。据我看，我们这一代的太子，真是"富于春秋[1]"，典学[2]光明。这些当太傅的，只要"鞠躬尽瘁"，好生把他培养出来，不愁不眼见中兴大业。所以别方面的趣味，或者难得保持，因为到处挂着"此路不通"的牌子，容易把人的兴头打断，教育家却全然不受这种限制。

教育家还有一种特别便宜的事。因为"教学相长"的关系，教人和自己研究学问是分离不开的，自己对于自己所好的学问，能有机会终身研究，是人生最快乐的事。这种快乐，也是绝对自由，一点不受恶社会的限制。做别的职业的人，虽然未尝不可以研究学问，但学问总成了副业了；从事教育职业的人，一面教育，一面学问，两件事完全打成一片。所以别的职业是一重趣味，教育家是两重趣味。

孔子屡屡说："学而不厌，诲人不倦。"他的门生赞美他

---

[1] 富于春秋：意指年少、年轻。典出《史记·曹相国世家》："天下初定，悼惠王富于春秋，参尽召长老诸生，问所以安集百姓。"

[2] 典学：意即勤学。典出《尚书·说命下》："念终始典于学。"

说："正唯弟子不能及也。"一个人谁也不学？谁也不诲人？所难者,确在不厌不倦。问他为什么能不厌不倦呢？只是领略得个中趣味,当然不能自已。你想,一面学,一面诲人,人也教得进步了,自己所好的学问也进步了,天下还有比他再快活的事吗？人生在世数十年,终不能一刻不活动,别的活动都不免常常陷在烦恼里头,独有好学和好诲人,真是可以无入而不自得。若真能在这里得了趣味,还会厌吗？还会倦吗？孔子又说："知之者不如好之者,好之者不如乐之者。"诸君都是在教育界立身的人,我希望更从教育的可好可乐之点,切实体验。那么,不惟诸君本身得无限受用,我们全教育界也增加许多活气了。

# 教育家的自家田地

## 1922年8月5日为东南大学暑期学校学员讲演

题解：1922年8月至1923年1月，梁启超在国立东南大学短期讲学，主讲先秦政治思想史，还到上海、苏州、武昌、长沙等地作讲演。当时，东大聘请海内外知名学者来讲学，包括美国的杜威、孟禄，德国的杜里舒，中国的梁启超、张君劢、胡适等，一时大师云集，可谓"美尽东南"。此外，东大还举办暑期学校。1922年8月5日，梁启超为暑期学校学员作讲演。所谓"教育家的自家田地"，是说在教育工作中有怎样的快乐，他认为在诸种职业中，属教育家最快乐，因为他们教人诲人的同时，就能实现自利利他，且决无冲突。这是梁启超对孔子"学而不厌，诲人不倦"精神的发挥，以指导学员如何快乐地学习与育人。学员见到的生活中的梁启超，正是这种"不厌不倦"精神的体现。当时,梁启超住在南京的成贤街,常有学员来请教,学员见他"右手在写文章,左手却扇不停挥,有时一面在写,一面又在答复同学的问题",异常忙碌,但毫不厌倦,精神饱满。在南京仅半年,于讲学之余,他就完成了十多万字的《先秦政治思想史》、三四万字的《大乘起信论考证》以及十几篇讲演稿。

今天在座诸君,多半是现在的教育家,或是将来要在教育界立身的人,我想把教育这门职业的特别好处,和怎样的自己受用法,向诸君说说,所以题目叫做"教育家的自己田地"。

孔子屡次自白,说自己没有别的过人之处,不过是"学而不厌,诲人不倦"。他的门生公西华听了这两句话,便赞叹道:"正惟弟子不能及也。"我们从小就读这章书,都以为两句平淡无奇的话,何以见得便是一般人所不能及呢?我年来积些经验,把这章书越读越有味,觉得学不难,不厌却难,诲人不难,不倦却难,孔子特别过人处和他一生受用处,的确就在这两句话。

不厌不倦,是孔子人生哲学第一要件。"子路问政……

请益，子曰：'毋倦。'""子张问政，子曰：'居之无倦，行之以忠。'"《易经》第一个卦孔子做的《象辞》说："天行健，君子以自强不息。"你看，他只是教人对于自己的职业忠实做去，不要厌倦，要像天体运行一般，片刻不停。为什么如此说呢？因为依孔子的观察，生命即是活动，活动即是生命，活动停止，便是生命停止。然而活动要有原动力——像机器里头的蒸汽，人类活动的蒸汽在那里呢？全在各人自己心理作用——对于自己所活动的对境感觉趣味。用积极的话语来表他，便是"乐"；用消极的话语来表他，便是"不厌不倦"。

厌倦是人生第一件罪恶，也是人生第一件苦痛。厌倦是一种想脱离活动的心理现象，换一句话说，就是不愿意劳作。你想，一个人不是上帝特制出来充当消化面包的机器，可以一天不劳作吗？只要稍为动一动不愿意劳作的念头，便是万恶渊薮。一面劳作，一面不愿意，拿孔子的话翻过来说："居之倦，则行之必不能以忠。"不忠实的劳作，不惟消失了劳作效率，而且可以生出无穷弊害，所以说厌倦是人生第一件罪恶。换个方面看，无论何等人，总要靠劳作来维持自己生命，任凭你怎样的不愿意，劳作到底免不掉。免是免不掉，愿是不愿意，天天皱着眉，哭着脸，去做那不愿做的苦工，岂不是活活的把自己关在第十八层地狱？所以说厌倦是人生第一件苦痛。

诸君听我这番话，谅来都承认不厌倦是做人第一要件了，但怎样才能做到呢？厌倦是一种心理现象，然而心理却最是不可捉摸的东西，天天自己劝自己说不要厌呀，不要倦呀，他真是厌倦起来，连自己也没有法想。根本救治法，要从自己劳作中看出快乐——看得像雪一般亮，信得像铁一般坚。那么，自然会兴会淋漓的劳作去，停一会都受不得，那里还会厌倦？再拿孔子的话来说："知之者不如好之者，好之者不如乐之者。"一个人对于自己劳作的对境，能够"好之乐之"，自然会把厌倦根子永断了。从劳作中得着快乐，这种快乐，别人要帮也帮不来，要抢也抢不去，我起他一个名，叫做"自己田地"。

无论做何种职业的人,都各各有他的自己田地,但要问那一块田地最广最大最丰富,我想再没有能比得上教育家的了。教育家日日做的,终身做的,不外两件事,一是学,二是诲人。学是自利,诲人是利他。人生活动目的,除却自利利他两项外,更有何事?然而操别的职业的人,往往这两件事当场冲突——利得他人,便不利自己;利得自己,便不利他人。就令不冲突,然而一种活动同时具备这两方面效率者,实在不多。教育这门职业却不然,一面诲人,一面便是学;一面学,一面便拿来诲人。两件事并作一件做,形成一种自利利他不可分的活动。对于人生目的之实现,再没有比这种职业更为接近,更为直捷的了。

学是多么快活啊!小孩子初初学会走,他那一种得意神情,真是不可以言语形容。我们当学生时代——不问小学到大学,每天总新懂得些从前不懂的道理,总新学会做些从前不会做的事,便觉得自己生命内容日日扩大,天下再愉快的事没有了。出到社会做事之后,论理,人人都有求智识的欲望，谁还不愿意继续学些新学问？无奈所操职业，或者与学问性质不相容，只好为别的事情，把这部分欲望牺牲掉了。这种境况，别人不知如何，单就我自己讲，也曾经过许多回，每回都觉得无限苦痛。人类生理、心理的本能，凡那部分久废不用，自然会渐趋麻木。许久不做学问的人，把学问的胃口弄弱了，便许多智识界的美味在前，也吃不进去，人生幸福，算是剥夺了一大半。教育家呢，他那职业的性质，本来是拿学问做本钱，他赚来的利钱也都是学问，他日日立于不能不做学问的地位，把好学的本能充分刺戟。他每日所劳作的工夫，件件都反影到学问，所以他的学问只有往前进，没有往后退。试看，古今中外学术上的发明，一百件中至少有九十件成于教育家之手，为什么呢？因为学问就是他的本业。诸君啊！须知发明无分大小，发明地球绕日原理，固算发明，发明一种教小孩子游戏方法，也算发明。教育家日日把他所做的学问传授给别人，当其传授时候，日日积有新经验，我信得过，只要肯用心，发明总是不断。试想，自己发明一种新事理，这个快活还了得？恐怕真是古人说得"南面王无以易"哩。就令暂时没有发明，然而能够日日与学问相亲，吸受新知来营养自己智识的食胃，也是人生最幸福的生活。这种生活，除了教育家，恐怕没有充分享受的机会吧。

诲人又是多么快活啊！自己手种一丛花卉，看着他发芽，看着他长叶，看着他含蕾，看着他开花，天天生态不同，多加一分培养工夫，便立刻有一分效验呈现。教学生正是这样。学生变化的可能性极大，你想教他怎么样，自然会怎么样，只要指一条路给他，他自然会往前跑。他跑的速率，常常出你意外。他们天真烂漫，你有多少情分到他，他自然有多少情分到你，只有加多，断无减少。有人说，学校里常常闹风潮赶教习，学生们真是难挽。我说，教习要闹到被学生赶，当然只有教习的错处，没有学生的错处，总是教习先行失了信用，或是品行可议，或是对学生不亲切，或是学问交代不下。不然，断没有被赶之理。因为凡学生都迷信自己的先生，算是人类通性。先生把被迷信的资格丧掉，全由自取，不能责备学生。教学生是只有赚钱，不会蚀本的买卖。做官吗，做生意吗，自己一相情愿要得如何如何的结果，多半不能得到，有时还和自己所打的算盘走个正反对。教学生绝对不至有这种事，只有所得结果超过你原来的希望。别的事业，拿东西给了人，便成了自己的损失。教学生绝不含有这种性质，正是老子说的："既以为人己愈有，既以与人己愈多。"越发把东西给人给得多，自己得的好处越发大。这种便宜勾当，算是被教育家占尽了。

自古相传的一句通行话："人生行乐耳。"这句话倘若解释错了，应用错了，固然会生出许多毛病，但这句话的本质并没有错，而且含有绝对的真理。试问人生不该以快乐为目的，难道该以苦痛为目的吗？但什么叫做"快乐"，不能不加以说明：第一，要继续的快乐。若每日捱许多时候苦，才得一会的乐，便不算继续。第二，要彻底的快乐。若现在快乐，伏下将来苦痛根子，便不算彻底。第三，要圆满的快乐。若拿别人的苦痛来换自己的快乐，便不算圆满。教育家特别便宜处：第一，快乐就藏在职业的本身，不必等到做完职业之后，找别的事消遣才有快乐,所以能继续。第二,这种快乐任凭你尽量享用,不会生出后患,所以能彻底。第三,拿被教育人的快乐来助成自己的快乐,所以能圆满。乐哉教育! 乐哉教育!

东边邻舍张老三,前年去当兵,去年做旅长,今年做师长,买了几多座洋房,讨了几多位姨太太。西边邻舍李老四,前年去做议员,去年做次长,今年做总长,天天燕窝鱼翅请客,出门一步都坐汽车。我们当教育家的,中学吗,百来块钱薪水;小学呢,十来二十块。每天上堂要上几点钟,讲得不好,还要捱骂;回家来吃饭,只能吃个半饱。苦哉教育! 苦哉教育! 不错,从物质生活看来,他们真是乐,我们真是苦了。但我们要想一想,人类生活只有物质方面完事吗? 燕窝鱼翅,或者真比粗茶淡饭好吃,吃的时候果然也快活,但快活的不是我,是我的舌头。我操多少心弄把戏,还带着将来担惊受怕,来替这两寸来大的舌头当奴才,换他一两秒钟的快活,值得吗? 绫罗绸缎挂在我身上,和粗布破袍有什么分别,不过旁人看着漂亮些。这是图我快活呀? 还是图旁人快活呢?

须知凡物质上快活，性质都是如此。这种快活，其实和自己渺不相干，自己只有赔上许多苦恼。我们真相信"行乐主义"的人，就要求精神上的快活。孔子的"饭疏食，饮水，曲肱而枕之，乐亦在其中"，颜子的"一箪食，一瓢饮，在陋巷，不改其乐"，并非骗人的话，也并不带一毫勉强，他们住在"教育快活林"里头，精神上正在高兴到了不得。那些舌头和旁人眼睛的顽意儿，他们有闲工夫管到吗？诸君啊！这个快活林正是你自己所有的财产，千万别要辜负了。

说是这样说，但是"知之非艰，行之惟艰"。厌倦的心理仍不时袭击我们，抵抗不过，便被他征服。不然，何至公西华说"不能及"呢？我如今再告诉诸君一个切实防卫方法，你想诲人不倦吗？只要学不厌，自然会诲人不倦。一点新学说都不讲求，拿着几年前商务印书馆编的教科书，上堂背诵一遍完事，今日如此，明日如此，今年如此，明年也如此，学生们听着个个打盹，先生如何能不倦？当先生的，常常拿"和学生赛跑"的精神去做学问，教那一门功课，教一回，自己务要得一回进步,天天有新教材,年年有新教法,怎么还会倦?你想学不厌吗?只要诲人不倦,自然会学不厌。把功课当作无可奈何的敷衍,学生听着有没有趣味,有没有长进,一概不管,那么,当然可以不消自己更求什么学问。既已把诲人当作一件正经事,拿出良心去干,那么,古人说的"教然后知困",一定会发见出自己十几年前在师范学校里听的几本陈腐讲义不够用,非拼命求新学问,对付不来了,怎么还会厌?还有一个更简便的法子,只要你日日学,自然不厌,只要你日日诲人,自然不倦。趣味这样东西,总是愈引愈深,最怕是尝不着甜头,尝着了,一定不能自已。像我们不会打球的人,看见学生们大热天打得满身臭汗,真不知道他所为何来?只要你接连打了一个月,怕你不上瘾?所以真肯学的人,自然不厌;真肯诲人的人,自然不倦。这又可以把孔子的话颠倒过来说,总要"行之以忠",当然会"居之无倦"了。

　　诸君都是有大好田地的人,我希望再不要"舍其田而芸人之田",好好的将自己田地打理出来,便一生受用不尽。

# 学问之趣味

## 1922年8月6日在东南大学为暑期学校学员讲演

      题解：1922年8月6日，梁启超再次为东南大学暑期学校学员作讲演。他一开讲就标举自己"趣味主义"的招牌，现身说法，觉得"天下万事万物都有趣味"，"只嫌二十四点钟不能扩充到四十八点"，一年到头，忙的都是趣味。这确实是梁启超真实人生的写照，你看他才活了56岁，一生大量时间从事政治、教育等活动，却留下了一千多万字的著述，涉及历史学、哲学、文学、法学、教育学、新闻学、经济学、政治学、图书馆学等十几个学科，成就卓著，成为一代学术大师。此篇主要讲如何尝着学问的趣味，包括：一是无所为而为，二是不息的研究，三是深入的研究，四是找朋友切磋。此次讲演，有学生回忆当时的场景和效果："在这次讲演时,听众挤满了一字房会场,超逾预期的效果,不是偶然的。在他讲词的结构上,直接采用古文《七启》《七发》的谋篇布局——从批评一切生活烦琐,最后表达出自己的高超趣向……梁启超这篇文章(即讲演)所以能赢得多数同学的共鸣,还归功于他的化学'亲和力'起了氧化还原作用……同学终于回到学术兴趣的海洋。"

　　我是个主张趣味主义的人,倘若用化学化分"梁启超"这件东西,把里头所含一种原素名叫"趣味"的抽出来,只怕所剩下仅有个○了。我以为,凡人必常常生活于趣味之中,生活才有价值。若哭丧着脸捱过几十年,那么,生命便成沙漠,要来何用? 中国人见面最喜欢用的一句话,"近来作何消遣?"这句话我听着便讨厌,话里的意思,好像生活得不耐烦了,几十年日子没有法子过,勉强找些事情来消他遣他。一个人若生活于这种状态之下,我劝他不如早日投海。我觉得天下万事万物都有趣味,我只嫌二十四点钟不能扩充到四十八点,不够我享用。我一年到头不肯歇息,问我忙什么? 忙的是我的趣味。我以为这便是人生最合理的生活,我常常想运动[1]别人也学我这样生活。

凡属趣味，我一概都承认他是好的，但怎么样才算"趣味"？不能不下一个注脚，我说："凡一件事做下去，不会生出和趣味相反的结果的，这件事便可以为趣味的主体。"赌钱趣味吗？输了怎么样。吃酒趣味吗？病了怎么样。做官趣味吗？没有官做的时候怎么样。……诸如此类，虽然在短时间内像有趣味，结果会闹到俗语说的"没趣一齐来"。所以我们不能承认他是趣味，凡趣味的性质，总要以趣味始，以趣味终。所以能为趣味之主体者，莫如下列的几项：一、劳作，二、游戏，三、艺术，四、学问。诸君听我这段话，切勿误会，以为我用道德观念来选择趣味，我不问德不德，只问趣不趣。我并不是因为赌钱不道德，才排斥赌钱，因为赌钱的本质，会闹到没趣，闹到没趣便破坏了我的趣味主义，所以排斥赌钱。我并不是因为学问是道德，才提倡学问，因为学问的本质，能够以趣味始，以趣味终，最合于我的趣味主义条件，所以提倡

———————————

[1] 运动：劝说。

学问。

学问的趣味，是怎么一回事呢？这句话我不能回答，凡趣味总要自己领略，自己未曾领略得到时，旁人没有法子告诉你。佛典说的"如人饮水，冷暖自知"，你问我这水怎样的冷，我便把所有形容辞说尽，也形容不出给你听，除非你亲自嗑一口。我这题目——学问之趣味，并不是要说学问如何如何的有趣味，只要如何如何便会尝得着学问的趣味。

诸君要尝学问的趣味吗？据我所经历过的，有下列几条路应走：

第一，"无所为"（为读去声）。趣味主义最重要的条件是"无所为而为"，凡有所为而为的事，都是以别一件事为目的，而以这件事为手段，为达目的起见，勉强用手段，目的达到时，手段便抛却。例如学生为毕业证书而做学问，著作家为版权而做学问，这种做法，便是以学问为手段，便是有所为。有所为，虽然有时也可以为引起趣味的一种方便，但到趣味真发生时，必定要和"所为者"脱离关系。你问我："为什么做学问?"我便答道:"不为什么。"再问,我便答道:"为学问而学问。"或者答道:"为我的趣味。"诸君切勿以为我这些话掉弄虚机,人类合理的生活本来如此。小孩子为什么游戏? 为游戏而游戏。人为什么生活? 为生活而生活。为游戏而游戏,游戏便有趣;为体操分数而游戏,游戏便无趣。

第二,不息。"鸦片烟怎样会上瘾?""天天吃。""上瘾"这两个字,和"天天"这两个字是离不开的。凡人类的本能,只要那部分阁久了不用,他便会麻木,会生锈。十年不跑路,两条腿一定会废了,每天跑一点钟,跑上几个月,一天不得跑时,腿便发痒。人类为理性的动物,"学问欲"原是固有本能之一种,只怕你出了学校,便和学问告辞,把所有经管学问的器官一齐打落冷宫。把学问的胃弄坏了,便山珍海味摆在面前,也不愿意动筷子。诸君啊! 诸君倘若现在从事教育事业,或将来想从事教育事业,自然没有问题,很多机会来培养你学问胃口。若是做别的职业呢,我劝你每日除本业正当劳作之外,最少总要腾出一点钟,研究你所嗜好的学问。一点钟那里不消耗了，千万别要错过，闹成"学问胃弱"的证候，白白自己剥夺了一种人类应享之特权啊。

第三，深入的研究。趣味总是慢慢的来，越引越多，像那吃甘蔗，越往下才越得好处。假如你虽然每天定有一点钟做学问，但不过拿来消遣消遣，不带有研究精神，趣味便引不起来。或者今天研究这样，明天研究那样，趣味还是引不起来。趣味总是藏在深处，你想得着，便要入去。这个门穿一穿，那个窗户张一张，再不会看见"宗庙之美，百官之富"，如何能有趣味？我方才说："研究你所嗜好的学问。""嗜好"两个字很要紧。一个人受过相当的教育之后，无论如何，总有一两门学问和自己脾胃相合，而已经懂得大概，可以作加工研究之预备的，请你就选定一门作为终身正业（指从事学者生活的人说），或作为本业劳作以外的副业（指从事其他职业的人说）。不怕范围窄，越窄越便于聚精神；不怕问题难，越难越便于鼓勇气。你只要肯一层一层的往里面追，我保你一定被他引到"欲罢不能"的地步。

第四，找朋友。趣味比方[1]电，越磨擦越出。前两段所说，是靠我本身和学问本身相磨擦，但仍恐怕我本身有时会停摆，发电力便弱了，所以常常要仰赖别人帮助。一个人总要有几位共事的朋友，同时还要有几位共学的朋友。共事的朋友，用来扶持我的职业；共学的朋友，和共顽的朋友同一性质，都是用来磨擦我的趣味。这类朋友，能够和我同嗜好一种学问的，自然最好，我便和他打夥[2]研究。即或不然——他有他的嗜好，我有我的嗜好，只要彼此都有研究精神，我和他常常在一块，或常常通信，便不知不觉把彼此趣味都磨擦出来了。得着一两位这种朋友，便算人生大幸福之一。我想只要你肯找，断不会找不出来。

我说的这四件事，虽然像是老生常谈，但恐怕大多数人都不曾会这样做。唉，世上人多么可怜啊！有这种不假外

---

[1] 比方：比如。
[2] 打夥：夥音 huǒ；打夥，即结伴、联合一起干之意。

求、不会蚀本、不会出毛病的趣味世界，竟自没有几个人肯来享受。古书说的故事"野人献曝"，我是尝冬天晒太阳的滋味尝得舒服透了，不忍一人独享，特地恭恭敬敬的来告诉诸君，诸君或者会欣然采纳吧。但我还有一句话，太阳虽好，总要诸君亲自去晒，旁人却替你晒不来。

# 美术与生活

## 1922 年 8 月 12 日在上海美术专门学校讲演

　　题解：1922 年 8 月中旬，梁启超离开南京到上海作讲演，其中应著名画家刘海粟之邀，在上海美术专门学校讲了三个专题，即《美术与生活》《达芬奇的生平和艺术成就》《论创作精神》。该校 1912 年由刘海粟等创办于上海，初名上海图画美术院，为中国现代第一所艺术学校，后多次更名，其中 1921 年更名为上海美术专门学校。梁启超曾任该校董事。梁与刘同为康（有为）门弟子，梁为早年弟子，刘为晚年弟子（向康学习书法）。此篇是 1922 年 8 月 12 日的讲演，从"趣味主义"的角度切入美术，挖掘美术中的趣味和快乐，从而将美术与生活紧密联系起来，认为美术能使我们的生活有趣、健康。他认为美术之所以能提供给我们趣味，是因为它能描摹自然之美，刻画人类心理、构造理想境界。凡此种种,皆予人以美的享受。此文集中体现了梁氏的"趣味主义"美学观,在现代美学史有一定的价值。对于当时讲演的情形,刘海粟回忆道:"他的讲演气魄很大,词汇丰富,知识渊博,一如他的报章体文章。由于他的《饮冰室文集》在学生中广为流传,对他的讲学反映很热烈。"

诸君,我是不懂美术的人,本来不配在此讲演,但我虽然不懂美术,却十分感觉美术之必要。好在今日在座诸君,和我同一样的门外汉谅也不少,我并不是和懂美术的人讲美术,我是专要和不懂美术的人讲美术。因为人类固然不能个个都做供给美术的"美术家",然而不可不个个都做享用美术的"美术人"。

"美术人"这三个字是我杜撰的,谅来诸君听着很不顺耳,但我确信"美"是人类生活一要素——或者还是各种要素中之最要者。倘若在生活全内容中把"美"的成分抽出,恐怕便活得不自在,甚至活不成。中国向来非不讲美术——而且还有很好的美术,但据多数人见解,总以为美术是一种奢侈品,从不肯和布帛菽粟一样看待,认为生活必需品之一。我觉得中国人生活之不能向上,大半由此,所以今日要标"美术与生活"这题,特和诸君商榷一回。

问人类生活于什么?我便一点不迟疑答道:"生活于趣味。"这句话虽然不敢说把生活全内容包举无遗,最少也算把生活根芽道出。人若活得无趣,恐怕不活着还好些,而且勉强活也活不下去。人怎样会活得无趣呢?第一种,我叫他做石缝的生活,挤得紧紧的,没有丝毫开拓余地,又好像披枷带锁,永远走不出监牢一步。第二种,我叫他做沙漠的生活,干透了,没有一毫润泽;板死了,没有一毫变化。又好像蜡人一般,没有一点血色;又好像一株枯树,庾子山[1]说的"此树婆娑,生意尽矣"。这种生活是否还能叫做生活?实属一个问题,所以我虽不敢说趣味便是生活,然而敢说没趣便不成生活。

---

[1] 庾子山:庾信(513—581),字子山,南北朝时期文学家。其《枯树赋》曰:"殷仲文风流儒雅……顾庭槐而叹曰:'此树婆娑,生意尽矣。'"

趣味之必要既已如此，然则趣味之源泉在那里呢？依我看有三种：

第一，对境之赏会与复现。人类任操何种卑下职业，任处何种烦劳境界，要之总有机会和自然之美相接触——所谓水流花放，云卷月明，美景良辰，赏心乐事，只要你在一刹那间领略出来，可以把一天的疲劳忽然恢复，把多少时的烦恼丢在九霄云外。倘若能把这些影像印在脑里头，令他不时复现。每复现一回，亦可以发生与初次领略时同等或仅较差的效用。人类想在这种尘劳世界中得有趣味，这便是一条路。

第二，心态之抽出与印契。人类心理，凡遇着快乐的事，把快乐状态归拢一想，越想便越有味，或别人替我指点出来，我的快乐程度也增加。凡遇着苦痛的事，把苦痛倾筐倒箧吐露出来，或别人能够看出我苦痛替我说出，我的苦痛程度反会减少。不惟如此，看出、说出别人的快乐，也增加我的快乐；替别人看出、说出苦痛，也减少我的苦痛。这种道理，因为各人的心都有个微妙的所在，只要搔着痒处，便把微妙之门打开了。那种愉快，真是得未曾有，所以俗话叫做"开心"。我们要求趣味，这又是一条路。

第三，他界之冥构与蓦进。对于现在环境不满，是人类普通心理，其所以能进化者，亦在此。就令没有什么不满，然而在同一环境之下生活久了，自然也会生厌。不满尽管不满，生厌尽管生厌，然而脱离不掉他，这便是苦恼根原。然则怎样救济法呢？肉体上的生活，虽然被现实的环境捆死了；精神上的生活，却常常对于环境宣告独立。或想到将来希望如何如何，或想到别个世界，例如文学家的桃源、哲学家的乌托邦、宗教学的天堂净土如何如何，忽然间超越现实界，闯入理想界去，便是那人的自由天地。我们欲求趣味，这又是一条路。

这三种趣味，无论何人都会发动的，但因各人感觉机关用得熟与不熟，以及外界帮助引起的机会有无多少，于是趣味享用之程度，生出无量差别。感觉器官敏则趣味增，感觉器官钝则趣味减；诱发机缘多则趣味强，诱发机缘少则趣味

弱。专从事诱发以刺戟各人器官,不使钝的,有三种利器:
一是文学,二是音乐,三是美术。

今专从美术讲。美术中最主要的一派,是描写自然之
美,常常把我们所曾经赏会、或像是曾经赏会的,都复现出
来。我们过去赏会的影子印在脑中,因时间之经过渐渐淡下
去,终必有不能复现之一日,趣味也跟着消灭了。一幅名画
在此,看一回便复现一回,这画存在,我的趣味便永远存在。
不惟如此,还有许多我们从前不注意,赏会不出的,他都写出
来,指导我们赏会的路。我们多看几次,便懂得赏会方法,往
后碰着种种美境,我们也增加许多赏会资料了。这是美术给
我们趣味的第一件。

美术中有刻画心态的一派,把人的心理看穿了,喜怒哀
乐都活跳在纸上。本来是日常习见的事,但因他写的唯妙唯
肖,便不知不觉间把我们的心弦拨动,我快乐时看他便增加
快乐,我苦痛时看他便减少苦痛。这是美术给我们趣味的第
二件。

美术中有不写实境实态，而纯凭理想构造成的。有时我们想构一境，自觉模糊，断续不能构成，被他都替我表现了，而且他所构的境界种种色色，有许多为我们所万想不到；而且他所构的境界优美高尚，能把我们卑下平凡的境界压下去。他有魔力，能引我们跟着他走，闯进他所到之地，我们看他的作品时，便和他同住一个超越的自由天地。这是美术给我们趣味的第三件。

要而论之，审美本能是我们人人都有的，但感觉器官不常用，或不会用，久而久之麻木了。一个人麻木，那人便成了没趣的人；一民族麻木，那民族便成了没趣的民族。美术的功用，在把这种麻木状态恢复过来，令没趣变为有趣。换句话说，是把那渐渐坏掉了的爱美胃口，替他复原，令他常常吸受趣味的营养，以维持增进自己的生活康健。明白这种道理，便知美术这样东西在人类文化系统上该占何等位置了。

以上是专就一般人说，若就美术家自身说，他们的趣味生活，自然更与众不同了，他们的美感比我们锐敏若干倍，正如牡丹亭说的"我常一生儿爱好是天然"。我们领略不着的趣味,他们都能领略,领略够了,终把些唾余分赠我们。分赠了我们,他们自己并没有一毫破费,正如老子说的"既以为人己愈有,既以与人己愈多"。假使"人生生活于趣味"这句话不错,他们的生活真是理想生活了。

今日的中国,一方面要多出些供给美术的美术家,一方面要普及养成享用美术的美术人。这两件事都是美术专门学校的责任,然而该怎样的督促、赞助美术专门学校,叫他完成这责任,又是教育界,乃至一般市民的责任。我希望海内美术大家和我们不懂美术的门外汉各尽责任做去。

# 敬业与乐业

## 1922 年 8 月 14 日在上海中华职业学校讲演

　　题解：1922 年 8 月 14 日，梁启超在上海中华职业学校作讲演。此讲演仍然是宣扬他的"趣味主义"，即针对职业学校的学生，讲如何在职业中奉行"趣味主义"。他认为，在职业中，一是要敬业，一是要乐业；敬业是责任心，乐业是趣味。故"敬业乐业"四个字是人类生活（职业）的不二法门，而两者是可以调和起来的。所谓敬业，是将全副精力集中到职业上，心无旁骛，用志不分，敬业之状态即蕴含了人生之乐趣，故敬业者必乐业，必对职业产生趣味。在今天，大多数从业者只为薪水的多少或职位的升迁而工作，职业已变得少有趣味。重温梁启超当年的这篇讲演，学习其"趣味主义"，也许会使我们的职业变得有趣起来。

　　我这题目，是把《礼记》里头"敬业乐群"和《老子》里头"安其居，乐其业"那两句话，断章取义造出来。我所说是否与《礼记》《老子》原意相合，不必深求，但我确信"敬业乐业"四个字，是人类生活不二法门。

　　本题主眼，自然是在"敬"字、"乐"字，但必先有业，才有可敬可乐的主体，理至易明。所以在讲演正文以前，先要说说有业之必要。

　　孔子说："饱食终日，无所用心，难矣哉！"又说："群居终日，言不及义，好行小慧，难矣哉！"孔子是一位教育大家，他心目中没有什么人不可教诲，独独对于这两种人，便摇头叹气说道"难、难"。可见人生一切毛病都有药可医，惟有无业游民，虽大圣人碰着他，也没有办法。

　　唐朝有一位名僧百丈禅师，他常常用两句格言教训弟子，说道："一日不做事，一日不吃饭。"他每日除上堂说法之外，还要自己扫地，擦桌子，洗衣服，直到八十岁，日日如此。有一回，他的门生想替他服劳，把他本日应做的工悄悄地都做了，这位言行相顾的老禅师，老实不客气，那一天便绝对的不肯吃饭。

我征引儒门、佛门这两段话，不外证明人人都要正当职业，人人都要不断的劳作。倘若有人问我，百行什么为先？万恶什么为首？我便一点不迟疑答道："百行业为先，万恶懒为首。"没有职业的懒人，简直是社会上蛀米虫，简直是"掠夺别人勤劳结果"的盗贼。我们对于这种人，是要彻底讨伐，万不能容赦的。有人说：我并不是不想找职业，无奈找不出来。我说：职业难找，原是现代全世界普通现象，我也承认。这种现象应该如何救济，别是一个问题，今日不必讨论。但以中国现在情形论，找职业的机会依然比别国多得多，一个精力充满的壮年人，倘若不是安心躲懒，我敢信他一定能得相当职业。今日所讲，专为现在有职业及现在正做职业上预备的人——学生——说法，告诉他们对于自己现有的职业应采何种态度。

第一要敬业。"敬"字为古圣贤教人做人最简易直捷的法门,可惜被后来有些人说得太精微,倒变了不适实用了。惟有朱子解得最好,他说:"主一无适便是敬。"用现在的话讲,凡做一件事,便忠于一件事,将全副精力集中到这事上头,一点不旁骛,便是敬。业有什么可敬呢?为什么该敬呢?人类一面为生活而劳动,一面也是为劳动而生活。人类既不是上帝特地制来充当消化面包的机器,自然该各人因自己的地位和才力,认定一件事去做。凡可以名为一件事的,其性质都是可敬。当大总统是一件事,拉黄包车也是一件事,事的名称,从俗人眼里看来有高下;事的性质,从学理上解剖起来并没有高下。只要当大总统的人信得过我可以当大总统才去当,实实在在把总统当作一件正经事来做;拉黄包车的人信得过我可以拉黄包车才去拉,实实在在把拉车当作一件正经事来做,便是人生合理的生活,这叫做职业的神圣。凡职业没有不是神圣的,所以凡职业没有不是可敬的。惟其如此,所以我们对于各种职业,没有什么分别拣择。总之,人生在世,是要天天劳作的,劳作便是功德,不劳作便是罪恶。至于我该做那一种劳作呢？全看我的才能何如，境地何如，因自己的才能境地做一种劳作，做到圆满，便是天地间第一等人。

怎样才能把一种劳作做到圆满呢？唯一的秘诀，就是忠实。忠实从心理上发出来的，便是敬。《庄子》记痀瘘丈人承蜩的故事，说道："虽天地之大，万物之多，而惟吾蜩翼之知。"凡做一件事，便把这件事看作我的生命，无论别的什么好处，到底不肯牺牲我现做的事，来和他交换。我信得过我当木匠的，做成一张好桌子，和你们当政治家的，建设成一个共和国家同一价值；我信得过我当挑粪的，把马桶收拾得干净，和你们当军人的，打胜一枝压境的敌军，同一价值。大家同是替社会做事，你不必羡慕我，我不必羡慕你，怕的是我这件事做得不妥当，便对不起这一天里头所吃的饭。所以我做事的时候，丝毫不肯分心到事外。曾文正说："坐这山，望那山，一事无成。"我从前看见一位法国学者著的书，比较英法两国国民性，他说："到英国人公事房里头，只看见他们埋头执笔做他的事；到法国人公事房里头，只看见他们衔着烟卷，像在那里出神。英国人走路，眼注地上，像用全副精神注在走路上；法国人走路，总是东张西望，像不把走路当一回事。"这些话比较得是否确切，姑且不论，但很可以为"敬业"两个字下注脚。若果如他们所说，英国人便是敬，法国人便是不敬。一个人对于自己的职业不敬，从学理方面说，便亵渎职业之神圣；从事实方面说，一定把事情做糟了。结果自己害自己。所以敬业主义于人生最为必要，又于人生最为有利。庄子说："用志不分，乃凝于神。"孔子说："素其位而行，不愿乎其外。"我说的敬业，不外这些道理。

第二要乐业。"做工好苦呀！"这种叹气的声音，无论何人都会常在口边流露出来，但我要问他："做工苦，难道不做工就不苦吗？"今日大热天气，我在这里喊破喉咙来讲，诸君扯直耳朵来听，有些人看着我们好苦。翻过来，倘若我们去赌钱，去吃酒，还不是一样的淘神费力，难道又不苦？须知苦乐全在主观的心，不在客观的事。人生从出胎的那一秒钟起,到咽气的那一秒钟止,除了睡觉以外,总不能把四肢五官都阁起不用。只要一用不是淘神,便是费力,劳苦总是免不掉的。会打算盘的人,只有从劳苦中找出快乐来。我想天下第一等苦人,莫过于无业游民,终日闲游浪荡,不知把自己的身子和心子摆在那里才好,他们的日子真难过。第二等苦人,便是厌恶自己本业的人,这件事分明不能不做,却满肚子里不愿意做,不愿意做,逃得了吗? 到底不能,结果还是皱着眉头、哭丧着脸做去,这不是专门自己替自己开顽笑吗? 我老实告诉你一句话,凡职业都是有趣味的,只要你肯继续做下去,趣味自然会发生。为什么呢? 第一,因为凡一件职业,总有许多层累曲折,倘能身入其中,看他变化进展的状态,最为亲切有味。第二,因为每一职业之成就,离不了奋斗,一步一步的奋斗前去,从刻苦中得快乐,快乐的分量加增。第三,职业的性质常常要和同业的人比较骈进,好像赛球一般,因竞胜而得快乐。第四,专心做一职业时,把许多游思妄想杜绝了,省却无限闲烦恼。孔子说:"知之者不如好之者,好之者不如乐之者。"人生能从自己职业中领略出趣味,生活才有价值。孔子自述生平,说道:"其为人也,发愤忘食,乐以忘忧,不知老之将至云尔。"这种生活,真算得人类理想的生活了。

我生平最受用的有两句话:一是"责任心",二是"趣味"。我自己常常力求这两句话之实现与调和,又常常把这两句话向我的朋友强聒不舍。今天所讲,敬业即是责任心,乐业即是趣味,我深信人类合理的生活总该如此,我盼望诸君和我同一受用。

# 什么是新文化
# （科学的理解与自律的情操）

## 1922 年 8 月 31 日在长沙第一中学

题解：1922 年 8 月 31 日，梁启超乘专车抵达长沙，居二日，多处讲演，可谓"马不停蹄"。31 日抵达车站时，湖南省省长赵恒惕及教育界各人士均到站欢迎。下午四时，开始在长沙第一中学讲演《什么是新文化》（后发表于 9 月 1—2 日长沙《大公报》）。次日下午五时，又到该校讲演《湖南教育界之回顾与前瞻》。此二日在长沙的讲演，可谓掀起了一阵狂澜，如 9 月 1 日在遵道会讲演《奋斗的湖南人》时，听众竟达数千人。《什么是新文化》认为讲新文化必先明白两点：一是在知识上要有科学的理解，一是在品格上要有自律的情操。后者涉及修身问题，乃针对"五四新文化运动"提出的"自由"而发。他认为要自由，首先要能自立、自治、自律，要有独立的人格和精神，唯有如此,才能讲自由。否则所谓的自由、解放,只能使社会陷入无序和混乱。这种自立、自治、自律的主张,其实符合儒家的精神。

今天所演的是"什么是新文化"。这几年来所谓新文化运动,举国的先觉相率提倡,一般青年勇猛前进,这是一个顶好的现像,但是口头讲的很多,你若问他什么是新文化?却又有许多答不出来,即或答了出来,也是一个人一样。本来这个问题很难,文化二字包括甚广,人类所发生的文明都可谓之新文化,不过他有许多方面的解释,所以大家反为不懂。不懂还要口头去讲,这可谓无诚意的,即或有诚意的去讲,仅仅对于意思懂得而不能得真正的理解,那末必会发生许多的流弊。所以要讲新文化,必有两个先决的要点:

一、在知识上要有科学的理解;

一、在品格上要有自律的情操。

新文化在现在要养成一种最优秀最新颖的事业,一方要

有新知识，否则在现世站不住；一方要有新人格，否则不能生
存。新知识和旧知识不同的点，就是新的无论何事，总是用
科学的[1]去研究。科学的理解和非科学的理解，如何分别
呢？非科学的理解是专靠很聪明，闭目瞑想，猝然领悟。从
前无论中外，都是如此。这种有时也可得很高层的知识，然
而大概都犯着样样懂，样样不懂，问他真不真，则不能回答。
这都是理想[2]的错误。科学的研究如何呢？凡事必由分
析整理着手，非找到的确底证据不相信；非有澈底了解，不轻
易讲；一个问题都可以还原；驳人家须要预备人家回驳。所
以科学的研究不能笼统，对于前人所说的，非经过多少经验，
不肯相信。对于自己，不能因一时聪明的悟到，即谓了解，总
要〔切〕实研究才相信，才发表。但是研究也不能太多。譬如
今天拿一部文学杂志来讲，明天又拿一部法政杂志来讲，这
是万不成的。所谓科学的理解，是要有窄而深的研究，用科

---

　　〔1〕 此处疑脱"方法"二字。
　　〔2〕 理想：疑为"理解"之误。

学的方法分析整理。据这一点看来,我们现在到底是有科学的理解没有？我相信素来讲新文化的人对于科学是不能诋毁的,但是现在我们中国新文化运动中的人,大多未曾经过此番工夫,轻信附和,人云亦云。譬如我们的衣袖,要研究怎样大小才合卫生,但是现在许多人不这样讲,只看怎样才时髦。人家说不好,即跟着说不好;人家说未必不好,也跟着说未必不好。这层是一般青年最容易发生的毛病,可使知识浅薄,社会坠落。还有一种,本来一样东西他的本质很好,倘无了解的能力,专从表面上看,也会生出毛病出来。譬如共和政体,必用科学的方法去研究分析,要知道如何才是共和,如何才可名实相符。又如现在所谓社会主义,联省自治,仅知道皮毛,不了解他的内容,也是一样。这是很危险的。我们中国就是吃了此亏。现在新文化的好处固多,坏处也有,坏处就是在这里！希望我们以后有志于新文化运动的,赶紧对于从前走错了的路不要走了！还希望找一门专门学,用科学的方法专心研究,万不可犯着笼统毛病,这是新文化主要条件。

关于品格底[1]自律的。新时代需要的人格和旧时代不同之点在什么地方？旧时代无论社会家庭，总是一部分人为主体，一部分人为附属。国家是帝王为主，人民为附属；家庭是父母为主，子女为附属；学校是校长为主，学生为附属。现在所谓新人格，即是各个人到了成人的时候，必有各个人自立的能力，不要专靠别人，作别人的附属，好像在孩提时候，要父母喂饭，现在是要到自己吃饭的时候了。

在先前倚赖还不要紧，因为当时人类分为两阶级：（一）倚赖的，是要受人支配；（二）被倚赖的，是受倚赖的底隶属。这种现像只可在文化幼稚的时代，到现在已经像成了年的人，是不成了。

自由，自治，现在可以说是代表新文化的，但是我们有一宗不能忘的，是为什么才自由呢？可以说，就是不倚赖别人，能自治，这个名之曰"自律"。一个人能自律而不能自由，是

---

[1]　底：相当于现在的"的"，表示领属关系。

先辈的不对。倘若不能自律硬要讲自由，……或还要倚赖别人，是顶不好的，甚至妨害社会秩序，也是有的。现在各学校都有自治团体，这是新教育的精神。中学校以上，要他□可自律，对于自己的情感，应发展的发展，不应发展的要自抑制。这是情操，这是能自律。果真这样，能自治当然让他自治，能走路当然让走；不然，牵着手还怕跌，那能自走呢？

青年要使他达到自治的程度如何，要看他自律的程度如何为标准。譬如学校不要规条，因为学生有自治的能力。假若没这种能力，非管理不可，那末学校自有种规条来管理他。又如图书馆本来没有什么规章，因为一班人已经成了一种遵守的习惯，倘或你要破坏他的习惯，读书高声朗诵，……他也只好立出一种规条来管束你，因为你不能自律。

我看新文化的精神，很有几点和旧文化相同的地方。如从前的法家"信赏必罚"，使社会上现出一种整齐严肃；而儒家则要"道之以政，齐之以刑，民免而无耻"，即是新文化的"自律"，不用旁力去压制他，使他自己去作。法家的方法，非

采用严务的监督不可,如学校一定要用记过、开缺。儒家是
专要人自治,要使社会养成一种各个人都自治的风气,不用
旁人去干涉,这即所谓"有耻且格"。好像学校里学生都有自
治的习惯能力,在教师既免去了许多干涉的烦恼,在学生也
增加无穷的兴趣。那末,儒家主义可以说正合乎新文化了。
我国现代青年,所犯的毛病,遂是不肯努力作自律的工夫,自
己没有养成自律的情操,一心专求要解放,要自由。要知道
上古时代不自律还可以;倘要在解放时代不自律,是不能的。
既不自律,还要求解放,那是更不成了。所以一方面要求解
放自由,一方面要自己看如何才能得到自律的精神。所以我
希望青年们——要作新文化运动,应当要知识上,非做到科
学的理解不可! 在道德品格上,非做到自律的情操不可! 我
今天因时间仓促,对于各位没多大的贡献,不过希望诸位在
以上两点注意罢了!

# 为学与做人

## 1922 年 12 月 27 日为苏州学生联合会公开讲演

 

 

题解：1922 年 12 月，梁启超抽空从东南大学来到苏州，27 日在苏州学生联合会为学生作讲演。虽身染微恙，但他依然热情不减。讲演稿后发表在 1923 年 1 月 15《晨报副刊》上。其核心内容是阐发他的人格主义哲学思想，主要讲两个问题：一是怎样才算是一个人格完善的人，二是怎样才能成为一个人格完善的人。梁启超从孔子"知者不惑，仁者不忧，勇者不惧"三句话着手，并结合现代心理学，认为一个人格完善者包括知、情、意三部分，即儒家所说的智、仁、勇三达德。只有这三者都具备，才算是一个人格完善的人，而要成为一个人格完善的人，必须做到不惑、不忧、不惧。知涉及知识问题，情、意涉及做人(修身)问题，在梁启超看来，都是为学问题，都是做人问题，为学与做人其实是一体的。这篇讲演对指导当时学生如何成才、成人，具有非常重要的价值，故听讲学生情绪高涨，反响热烈。于当代教育而言，此文依然具有重要的指导意义，其思想价值不可忽视。

诸君，我在南京讲学将近三个月了，这边苏州学界里头，有好几回写信邀我，可惜我在南京是天天有功课的，不能分身前来，今天到这里，能够和全城各校诸君聚在一堂，令我感激得很。但有一件，还要请诸君原谅，因为我一个月以来，都带着些病，勉强支持，今天不能作很长的讲演，恐怕有负诸君期望哩。

问诸君："为甚么进学校？"我想人人都会众口一辞的答道："为的是求学问。"再问："你为什么要求学问？你想学些什么？"恐怕各人的答案就很不相同，或者竟自答不出来了。诸君啊！我请替你们总答一句罢："为的是学做人。"你在学校里头学的什么数学、几何、物理、化学、生理、心理、历史、地理、国文、英语，乃至什么哲学、文学、科学、政治、法律、经济、教育、农业、工业、商业等等，不过是做人所需要的一种手段，不能设专靠这些便达到做人的目的，任凭你把这些件件学得精通，你能够成个人不能？成个人，还是别问题。

人类心理有知、情、意三部分，这三部分圆满发达的状态，我们先哲名之为三达德——智、仁、勇。为什么叫做"达德"呢？因为这三件事是人类普通道德的标准，总要三件具备，才能成一个人。三件的完成状态怎么样呢？孔子说："知者不惑，仁者不忧，勇者不惧。"所以教育应分为知育、情育、意育三方面。现在讲的智育、德育、体育不对，德育范围太笼统，体育范围太狭隘。知育要教到人不惑，情育要教到人不忧，意育要教到人不惧。教育家教学生，应该以这三件为究竟；我们自动的自己教育自己，也应该以这三件为究竟。

怎么样才能不惑呢？最要紧是养成我们的判断力。想要养成判断力；第一步，最少须有相当的常识；进一步，对于自己要做的事须有专门智识；再进一步，还要有遇事能断的智慧。假如一个人连常识都没有，听见打雷，说是雷公发威，看见月蚀，说是虾蟆贪嘴。那么，一定闹到什么事都没有主意，碰着一点疑难问题，就靠求神问卜、看相算命去解决，真所谓"大惑不解"，成了最可怜的人了。学校里小学、中学所教，就是要人有了许多基本的常识，免得凡事都暗中摸索，但仅仅有这点常识还不够。我们做人，总要各有一件专门职业。这门职业，也并不是我一人破天荒去做，从前已经许多人做过，他们积了无数经验，发见出好些原理、原则，这就是专门学识。我打算做这项职业，就应该有这项专门学识。例如我想做农吗，怎样的改良土壤，怎样的改良种子，怎样的防御水旱病虫，等等，都是前人经验有得成为学识的。我们有了这种学识，应用他来处置这些事，自然会不惑，反是则惑了。做工、做商，等等，都各各有他的专门学识，也是如此。我想做财政家吗，何种租税可以生出何样结果，何种公债可以生出何样结果，等等，都是前人经验有得成为学识的。我们有了这种学识，应用他来处置这些事，自然会不惑，反是则惑了。教育家、军事家，等等，都各各有他的专门学识，也是如此。我们在高等以上学校所求的智识，就是这一类，但专靠这种常识和学识就够吗？还不能。宇宙和人生是活的，不是呆的，我们每日所碰见的事理是复杂的、变化的，不是单纯的、印板[1]的。倘若我们只是学过这一件才懂这一件，那么，碰着一件没有学过的事来到跟前，便手忙脚乱了。所以还要养成总体的智慧，才能得有根本的判断力。这种总体的智慧如何才能养成呢？第一件，要把我们向来粗浮的脑筋，着实磨练他，叫他变成细密而且踏实。那么，无论遇着如何繁难的事，我都可以彻头彻尾想清楚他的条理，自然不至于惑了。第二件，要把我们向来昏浊的脑筋，着实将养他，叫他变成清明。那么，一件事理到跟前，我才能很从容很莹澈的去判断他，自然不至于惑了。以上所说常识、学识和总体的智慧，都是智育的要件，目的是教人做到知者不惑。

怎么样才能不忧呢？为什么仁者便会不忧呢？想明白这个道理，先要知道中国先哲的人生观是怎么样。"仁"之一

---

[1] 印板：原指印刷用的底板，这里比喻死板不变。

字,儒家人生观的全体大用都包在里头。"仁"到底是什么?很难用言语说明,勉强下个解释,可以说是"普遍人格之实现"。孔子说"仁者人也",意思说是人格完成就叫做"仁"。但我们要知道,人格不是单独一个人可以表见的,要从人和人的关系上看出来,所以"仁"字从二人,郑康成[1]解他做"相人偶"。总而言之,要彼我交感互发,成为一体,然后我的人格才能实现。所以我们若不讲人格主义,那便无话可说,讲到这个主义,当然归宿到普遍人格。换句话说,宇宙即是人生,人生即是宇宙,我的人格和宇宙无二无别。体验得这个道理,就叫做"仁者"。然则这种"仁者"为甚么就会不忧呢? 大凡忧之所从来,不外两端:一曰忧成败,二曰忧得失。我们得着"仁"的人生观,就不会忧成败,为什么呢? 因为我们知道宇宙和人生是永远不会圆满的,所以《易经》六十四卦,始《乾》,而终《未济》。正为在这永远不圆满的宇宙中,才永远容得我们创造进化,我们所做的事,不过在宇宙进化几

---

[1]　郑康成:即郑玄(127—200),字康成,东汉经学大师。

万万里的长途中,往前挪一寸两寸,那里配说成功呢? 然则不做怎么样呢? 不做便连这一寸两寸都不往前挪,那可真真失败了。"仁者"看透这种道理,信得过只有不做事才算失败,肯做事便不会失败,所以《易经》说:"君子以自强不息。"换一方面来看,他们又信得过凡事不会成功的,几万万里路挪了一两寸,算成功吗? 所以《论语》说:"知其不可而为之。"你想,有这种人生观的人,还有什么成败可忧呢? 再者,我们得着"仁"的人生观,便不会忧得失,为什么呢? 因为认定这件东西是我的,才有得失之可言,连人格都不是单独存在,不能明确的画出这一部分是我的,那一部分是人家的,然则那里有东西可以为我所得? 既已没有东西为我所得,当然也没有东西为我所失,我只是为学问而学问,为劳动而劳动,并不是拿学问、劳动等等做手段来达某种目的——可以为我们"所得"的。所以老子说:"生而不有,为而不恃","既以为人己愈有,既以与人己愈多"。你想,有这种人生观的人,还有什么得失可忧呢? 总而言之,有了这种人生观,自然会觉得

"天地与我并生，而万物与我为一"，自然会"无入而不自得"，他的生活，纯然是趣味化、艺术化。这是最高的情感教育，目的教人做到仁者不忧。

怎么样才能不惧呢？有了不惑、不忧工夫，惧当然会减少许多了，但这是属于意志方面的事。一个人若是意志力薄弱，便有很丰富的智识，临时也会用不着；便有很优美的情操，临时也会变了卦。然则意志怎么才会坚强呢？头一件须要心地光明。孟子说："浩然之气，至大至刚，行有不慊于心，则馁矣。"又说："自反而不缩，虽褐宽博，吾不惴焉；自反而缩，虽千万人吾往矣。"俗语说得好："生平不作亏心事，夜半敲门也不惊。"一个人要保持勇气，须要从一切行为可以公开做起，这是第一著。第二件要不为劣等欲望之所牵制。《论语》记："子曰：'吾未见刚者。'或对曰：'申枨。'[1]子曰：'枨也欲，焉得刚？'"一被物质上无聊的嗜欲东拉西扯，那么，百

---

[1] 申枨：字周，春秋时鲁国人，孔子七十二弟子之一。枨，音 chéng。

炼钢也会变为绕指柔了。总之,一个人的意志由刚强变为薄弱极易,由薄弱返到刚强极难。一个人有了意志薄弱的毛病,这个人可就完了,自己作不起自己的主,还有什么事可做? 受别人压制,做别人奴隶,自己只要肯奋斗,终须能恢复自由。自己的意志做了自己情欲的奴隶,那么,真是万劫沉沦,永无恢复自由的余地,终身畏首畏尾成了个可怜人了。孔子说:"和而不流,强哉矫! 中立而不倚,强哉矫! 国有道,不变塞焉,强哉矫! 国无道,至死不变,强哉矫!"我老实告诉诸君说罢,做人不做到如此,决不会成一个人,但做到如此,真是不容易,非时时刻刻做磨练意志的工夫不可。意志磨练得到家,自然是看着自己应做的事,一点不迟疑,扛起来便做,"虽千万人吾往矣"。这样才算顶天立地做一世人,绝不会有藏头躲尾,左支右绌的丑态。这便是意育的目的,要教人做到勇者不惧。

我们拿这三件事作做人的标准,请诸君想想,我自己现时做到那一件——那一件稍为有一点把握。倘若连一件都不能做到，连一点把握都没有，嗳哟！那可真危险了，你将来做人恐怕就做不成。讲到学校里的教育吗，第二层的情育、第三层的意育，可以说完全没有，剩下的只有第一层的知育。就算知育罢，又只有所谓常识和学识，至于我所讲的总体智慧，靠来养成根本判断力的，却是一点儿也没有。这种"贩卖智识杂货店"的教育，把他前途想下去，真令人不寒而栗。现在这种教育，一时又改革不来，我们可爱的青年，除了他更没有可以受教育的地方。诸君啊！你到底还要做人不要，你要知道危险呀！非你自己抖擞精神，想方法自救，没有人能救你呀！

诸君啊！你千万别要以为得些断片的智识，就算是有学问呀。我老实不客气告诉你罢，你如果做成一个人，智识自然是越多越好；你如果做不成一个人，智识却是越多越坏。你不信吗？试想想全国人所唾骂的卖国贼某人某人，是有智识的呀，还是没有智识的呢？试想想全国人所痛恨的官僚政客——专门助军阀作恶、鱼肉良民的人，是有智识的呀，还是没有智识的呢？诸君须知道啊！这些人当十几年前在学校的时代，意气横厉，天真烂漫，何尝不和诸君一样，为什么就会堕落到这样田地呀？屈原说的："何昔日之芳草兮，今直为此萧艾也。岂其有他故兮，莫好修之害也。"天下最伤心的事，莫过于看着一群好好的青年，一步一步的往坏路上走。诸君猛醒啊！现在你所厌所恨的人，就是你前车之鉴了。

诸君啊！你现在怀疑吗？沉闷吗？悲哀痛苦吗？觉得外边的压迫你不能抵抗吗？我告诉你，你怀疑和沉闷，便是你因不知才会惑；你悲哀痛苦，便是你因不仁才会忧；你觉得你不能抵抗外界的压迫，便是你因不勇才有惧。这都是你的知、情、意未经过修养磨练，所以还未成个人。我盼望你有痛切的自觉啊！有了自觉，自然会自动，那么，学校之外，当然有许多学问，读一卷经，翻一部史，到处都可以发见诸君的良师呀！

诸君啊！醒醒罢，养足你的根本智慧，体验出你的人格、人生观，保护好你的自由意志，你成人不成人，就看这几年哩！

# 教育应用的道德公准

## 1922年在南京金陵大学讲演

（康　瀚　李儒勉　笔记）

　　题解：此篇是1922年下半年某日梁启超在南京金陵大学的讲演。该校是1888年由美国基督教会在南京创办的教会大学，初名汇文书院，1910年更名为私立金陵大学，1952年其主体部分并入南京大学。该讲演主要谈道德的公准（标准）问题，先探讨公准的意义及其确立的条件，然后提出道德的四个公准，即同情、诚实、勤劳、刚强，认为这是最普遍、最易遵守的道德公准。梁启超提出的这四个道德公准，和金陵大学的校训"诚、真、勤、仁"似乎有某种联系，其中"同情"对应于"仁"，"诚实"对应于"诚"，"勤劳"对应于"勤"，唯"刚强"与"真"不能对应。不知是梁启超对其校训作某种程度的有意阐发，还是暗合或巧合，有待考证。其实，二者大体都是从儒家思想中提炼出来的。

　　主席，诸君，我今天晚上有机会同诸位见面讨论，是一件很荣幸的事体。我在南京这几天时间很短促，东南大学那边又担任有演讲，所以没有工夫预备，今天晚上实在没有什么重要的话可以贡献诸君，现在所欲同诸君研究的，就是刚才主席所报告的题目："教育应用的道德公准"。

　　现在不是人人都说世道衰微，人心不古，道德的堕落，真有江河日下之势吗？这不单是中国如此，欧美各国亦是免不了的，他们觉得人类的道德，越古越好，到了现在，总不免要每况愈下的。或者说道德和科学及物质文明是成反比例的，科学越发达，物质文明越进步，道德就要堕落和退步的。现在有许多人都有这种感想，但是，诸君，现在的道德果然是堕落吗？或是朝他一方面进化呢？假如现在的道德是果真堕落，应当用什么方法去救济他呢？欲解决这两个问题，非得先定一个道德的公准不可。欲定道德的公准，须先知道公准之意义。

　　什么是公准呢？就是公共的标准。"权然后知轻重，度然后知长短。"欲知道德的够不够,要先知道怎样的道德才是够。果真不够了,用什么方法去补足他。这样,非得有个尺斗不行,所以研究道德的公准这问题,是很重要的。但是道德毕竟有公准没有呢? 大概古来主张道德有公准的学说很多,譬如中国旧学说便是主张道德有公准的,所说"日月经天,江河行地","质诸鬼神而无疑,建诸天地而不悖","放之四海而皆准",此类的话,都足以证明中国道德是有公准的。西洋各国崇拜基督教的,都以基督的道德为准则,合于基督所言所行的,无论何时何地都可以通行,欧洲如此,美洲亦是如此。所以无论中外,在一百年以前,都主张道德有公准的。不过,近来因科学和哲学自由发展的结果,就有一派的学说,不认道德是有公准的,他们以为道德是随时随地演进变迁的,所谓放诸四海、行之百世不生弊害的,是靠不住的。譬如基督教《旧约圣经》说:"人欲杀他的长男,作上帝的牺牲。"这算是道德,设使他爱惜他的儿子,不肯献给上帝,那就是不道德了。但是在现在看来,杀人做牺牲,到底是道德，还是不道德呢？又如欧美女子社交自由，男女交际，算不得什么。从前中国女子深居简出，从不许抛头露面在外边走的，现在在坐诸位，一半是女子，当着这深夜和男子杂坐一堂，这岂不是道学先生所谓极不道德的事体吗？但是诸位自己想想，诸位今天是道德，还是不道德呢？设使我今天说你们是不道德，这不是笑话吗？诸如此类，可见道德应该因时制宜，随机应变，不宜用什么公准去束缚他，以致失掉道德的真象，阻碍道德的进步。这一派的学说，主张道德没有公准的，都是持之有故，言之成理。但是依我个人的意见，道德应有公准为是，因为假使道德没有公准，道德的自身便不免蹈空，陷落虚无，人生在世界上，无论对己对人，都要毫无把握，所以我主张有公准说。

既然道德要有公准，我们用什么方法去找出这公准来呢？如此不可不先定一公准之公准，譬如道德的公准，是一丈或八尺，但是怎样定这公准之公准，就是一丈或八尺呢？音乐的公准是音符，音符是由黄钟之宫定的，所以这黄钟之宫就是音乐公准的公准。长度的公准是公尺，就是"米突[1]"，这米突乃是取自巴黎子午线自地球之赤道至北极，分做一千万分之一，这一千万分之一，便是米突的公准，便是公准的公准。道德公准的公准是什么呢？依我看来，道德的公准至少有三个条件：

（一）道德是要永久的。无所谓适于古者不适于今，合于今者不合于后的，好像牺牲长子献给上帝，在古时是道德，在现在是不道德。

（二）道德是要周遍的。能容涵许多道德的条目，并不相互发生冲突。

（三）道德是对等的。没有长幼、贵贱、男女之分，只要凡是人类，都要遵守的，依照他去做便是道德，不然便不是道德。

依照上面所说的三个条件看来，可见我们修身教科书里面所说的，和历来传袭的伦理观念，能够合于第一条的，未必

---

[1] 米突：即计量单位米，法语 mètre 的音译。

能够合于第二条。譬如父子、君臣之间，父施之子，君施之臣，是道德的，子若同样的反报之父，臣同样的反报之君，便是大逆不道，这样自然不能做道德的公准。

道德公准的条目越少越好，那些主张道德有公准的，常常被那主张无公准的人所驳倒，便是因为繁文缛节，条目太多，所以往往不能自圆其说，这是很危险的。所谓道德者，须人人竭诚信奉，可以反求诸己，施诸他人，此心泰然，所向无阻，否则难免良心之责备，为社会所不容。如此，道德的权威方能存在；不然，无论你多大的力量，亦是不能维持的。

我们中国的老前辈，常常叹惜我们中国道德日渐堕落，他们硬把二十年前的道德观念，琐琐屑屑的责备我们，强迫着我们去行，结果依然行不通；或者不能自圆其说。一般的人便以为不能行，悍然不去行了；或是冒着道德的招牌，干那些不道德的事，这不更糟了吗？所以我们现在要讲道德的公准，万万不能把从前琐琐屑屑的条目，责备现在的人，只宜从简单入手，条目越少，遵守较易，道德的权威，便易养成。无论何人，违犯了这公准，便免不了受良心的责备，和社会制裁。故道德的公准，不可没有，又不可过多，而最普遍最易遵守的道德公准，不外下列四条：

（一）同情——反面是嫉妒；

（二）诚实——反面是虚伪；

（三）勤劳——反面是懒惰；

（四）刚强——反面是怯弱。

上述四者，无古今中外之分，随时随地都应遵守的，四者包涵很广，却并无不相容纳，且是对等的重要。即就同情心而论，非谓父可不必慈，子却必孝；君不必待臣以礼，臣必须事君以忠。本国人对本国人，固然应该敬爱，便是本国人对外国人，何尝不应如是呢？小孩固应诚实，长成了后，难道便可以说谎欺诳吗？做老爷的固然应该勤勤恳恳去做，老太爷和少爷便可以坐吃享福吗？就是刚强一项，亦非谓某种人是应该刚强，某种人可以不必的。

用以上四种做道德公准，一定能行的，因为道德的目的不外下述二者：

（一）发展个性；

（二）发展群性。

凡是一个人不能发展他的个性，便是自暴自弃。孔子说："惟天下至诚，为能尽其性；能尽其性，则能尽人之性。"这尽人之性，便是一个人处着特殊的地位，将固有的特色尽量发挥，这才不辜负我们的一生。而人生在世界上所以能够生存，不光是恃着个人，尤贵在人与人的关系，这就是群。我们家庭，至小的单位是夫妇，大之有父子、兄弟，在邻里有乡党，在学校有同学，在工厂有同事，在国家有国人。所以一方面我们要发展个性，他一方面又要发展群性，能够如此，才算是有了高尚的道德。

（一）同情。世上一切道德的根源，都起于爱——同情心。相爱是万善之根，相妒是万恶之源，就是最高尚的互助和博爱，亦是由于同情所产生的。孟子说："恻隐之心，仁之端也。"这不是说恻隐就是仁，但他是仁之端。同情比较恻隐尤其宽大,恻隐不过是因人的苦痛,生出怜惜的意思。同情不但是怜惜人的苦痛,而且是与人同乐的。

嫉妒争斗是万恶之源,而同类相残,几乎成了世上普遍的通病,人为万物之灵,这罪恶是尤其大的。你看资本家、老爷们,那个不吃人肉,吮人血呢?因妒的结果:家庭内姒娌不和,兄弟阋墙;一国里头两党执政,互相排挤;国与国之间,生出许多战事。世界许多罪恶,都是"妒"字造成的。这样看来,可见同情是道德,嫉妒是罪恶。拿这公准去批评道德,可知古今中外所主张的极端狭隘的爱国论,亦是不道德。此外如同阶级战争,就是平民与贵族的战争,劳工与资本家的冲突等等,好处固然不少,而根源于嫉妒,藉端报复,仍为不道德。

(二)诚实。诚实为道德,虚伪为罪恶,用不着解释,各宗教都如此说,早已成为公准了。但是各宗教究竟有虚伪性没有呢?基督徒能够真不虚伪的有几个呢?大概总免不了做面子的。和尚、道士尤其如此。伪的道德,在社会上早已成为有权威的了。中国何尝不讲诚实呢？设使社会上不带几分假，终是行不通，甚且说你是不道德。譬如父母死了，哀恸是人情之常，但是哀恸亦是因人不同，且不必整天的在那里哀恸。晋朝嵇康父母死了，每天吃饭喝酒，同平常一样，但是他伤心起来，便号咷大哭，哭过了后，浑身变色。不过他不但没有挨饿，反而饮酒，这在道德上有什么妨碍呢？现在的人，父母死了，必要卧苫枕块[1]穿麻扶杖，才算哀恸。设使一个人不卧苫枕块，穿麻扶杖，却披上一件大红绣袄，他虽然哀恸到十二分，社会责备他说他不孝、不道德。反之，他纵然毫无哀恸，而穿上麻服，社会亦就无言可说。这不是社会奖励虚伪吗？欧美各国亦是如此，明知故犯的很多，知道诚实当行，而不能行的更是不少。

（三）勤劳。古人有说："万恶淫为首，百善孝为先。"我却欲改窜着说："万恶惰为首，百善勤为先。"因为上帝创造世

---

[1] 卧苫枕块：古代丧制，父母丧事期间，不住寝室，卧于草席，以土块为枕。苫，音 shān，草垫子。

人,并不是他开了面包铺,消售不了,给我们白吃的。世上无论何人,勤劳是他的本分,设使他不劳作而吃饭,便是抢劫侵占,一切虚伪嫉妒,种种罪恶,因此而起。但是历来宗教家和政治家,到底是奖励勤劳,还是奖励懒惰呢?释迦牟尼削发入山,四十九年苦行救世,每天只吃中饭,而教人不倦,他是勤劳可嘉的。和尚就绝对不同了,他们整天静坐入定,无所事事。静坐入定好不好,是另一问题,但是他们享受清福,我们这般俗子,劳劳碌碌做什么呢?耶稣基督是勤劳,基督教徒便不然了,罗马教皇乃是天下一个顶懒惰的人。孔子学不厌,诲不倦,他是个很勤劳的人。后来的儒生读了四书五经,便藉以骗钱做官,下焉者无恶不做,上焉者清廉自守。然人不是石狮子,可以坐着不吃,光是清廉自守,还是不够,所以要学孔子的不懒惰,然而这样人很少。宗教如此,政治亦然,祖宗立了功勋,子孙可以世袭封爵,祖宗的遗产可以传留子孙,子孙便可以安坐而食。这不是政治奖励懒惰吗?懒惰已被世人承认为罪恶,而政治、宗教反而奖励之,可谓是孟子所说的"无是非之心"了。

（四）刚强。人生在世，光是能够勤劳还不够。因为一个人如须发展个性或群性时，不能天天都走平坦的道路上，有时不免要向崎岖狭隘的路走走。平路固然可恃我们平常的力量去行，设使遇着艰难的路，足以妨碍及侵害我们的发展时，独力不克制服，则种种道德学问不免被困降伏。一个人尽管你五十九年有道德，临了六十那一年，失了刚强的能力，不能持下去，便是不道德了。一个人有了刚强的能力，凭你有多大的压力，要我行虚伪不诚实，便抵死不干，勤劳亦是这样。凡人欲能护卫自己，不使堕落，非恃刚强不行。

以上所述的四种公准，能够看得透，体得切，每天的言语行动，都照着去做，事事都求合乎公准。社会的批评亦把这四种做标准，合的为道德，不合为不道德。教育界亦不必多言费事，只好牢牢记住，我们欲看教育的进步与否，只看被教者能遵守此四者与否。

# 治国学的两条大路

## 1923 年 1 月 9 日为东大国学研究演讲

(李竞芳　记录)

题解：1923 年 1 月 9 日，梁启超在东南大学国学研究会为师生作讲演。这是他关于国学研究的一篇重要文章。关于国学的定义、范围，至今众说纷纭，莫衷一是，有认为指"国故之学"，有认为指"六艺之学"，有认为指以儒家为主的中国文化，有认为指整个中国传统文化，等等。梁启超认为，国学包括两部分，一是文献的学问，一是德性的学问。前者就是"五四"时所讲的"整理国故"的事业，属知的范围，要用客观的科学方法去研究。后者即修身之学(或人生哲学)，属行的范围，要用内省和躬行的方法去研究。对于前者，时人论之甚多，最有价值的是对后者的探讨。按照梁启超的说法，德性的学问(修身之学)是国学里头最重要的一部分，人人都应当领会、践行。

　　确实！这部分学问是国学的精华，是中国古人立身处世的智慧的精炼概括，是他们精神信仰和追求的提炼升华。一个民族有一个民族的根，中华民族的根就在这里。这种学问使中国人不断从中获得生命的智慧和力量，支撑着中华民族生生不息，日新又新。但这种学问，不能仅仅当作知识之学去作客观的研究，而更应如梁启超所言要用内省和躬行的方法去"研究"。这种"研究"不是客观的，而是体证的，即要用整个生命去体悟、证会、践履。遗憾的是，梁启超提出这一国学分类以及研究方法并未得到重视，现代学者恰恰将这种学问视作知识之学去作客观的研究，于是一门生命的学问、践履的学问变成了一门知识的学问、文献的学问，活学问变成了死学问。因此要恢复古代修身之学的活力，虽然客观的了解也是必不可少的，但这仅仅是初步，更重要的是要依梁启超提出的方法去"研究"（即践行），这才是根本之路、终极之路。这就不仅仅是专家、学者之事，而是每个中国人之事。

　　　　梁先生在宁讲学数月，每次讲稿均先期手自编定，此

　　　　次因离宁在即，应接少暇，故本讲稿仅成其上篇，下篇则

　　　　由竞芳笔记，谨附识。

诸君，我对于贵会，本来预定讲演的题目是《古书之真伪

及其年代》，中间因为有病，不能履行原约。现在我快要离开南京了，那个题目不是一回可以讲完，而且范围亦太窄，现在改讲本题，或者较为提纲挈领，于诸君有益罢。

我以为研究国学有两条应走的大路：

一、文献的学问，应该用客观的科学方法去研究。

二、德性的学问，应该用内省的和躬行的方法去研究。

第一条路便是近人所讲的"整理国故"这部分事业，这部分事业最浩博、最繁难而且最有趣的，便是历史。我们是有五千年文化的民族，我们一家里弟兄姊妹们，便占了全人类四分之一，我们的祖宗世世代代在"宇宙进化线"上头不断的做他们的工作，我们替全人类积下一大份遗产，从五千年前的老祖宗手里一直传到今日，没有失掉。我们许多文化产品，都用我们极优美的文字记录下来，虽然记录方法不很整齐，虽然所记录的随时散失了不少，但即以现存的正史、别史、杂史、编年、纪事本末、法典、政书、方志、谱牒，以至各种笔记、金石刻文等类而论，十层大楼的图书馆也容不下。拿历史家眼光看来，一字一句，都藏有极可宝贵的史料；又不独史部书而已，一切古书，有许多人见为无用者，拿他当历史读，都立刻变成有用。章实斋[1]说："六经皆史。"这句话我原不敢赞成，但从历史家的立脚点看，说"六经皆史料"，那便通了。既如此说，则何只六经皆史，也可以说诸子皆史，诗文集皆史，小说皆史，因为里头一字一句，都藏有极可宝贵的史料，和史部书同一价值。我们家里头这些史料，真算得世界第一个丰富矿穴。从前仅用土法开采，采不出什么来，现在我们懂得西法了，从外国运来许多开矿机器了，这种机器是什么？是科学方法。我们只要把这种方法运用得精密巧妙而且耐烦，自然会将这学术界无尽藏的富源开发出来，不独对得起先人，而且可以替世界人类恢复许多公共产业。

这种方法之应用，我在我去年所著的《历史研究法》和前

---

[1] 章实斋：即章学诚(1738—1801)，字实斋，号少岩，清代史学家、思想家。

两个月在本校所讲的《历史统计学》里头，已经说过大概，虽然还有许多不尽之处，但我敢说这条路是不错的。诸君倘肯循着路深究下去，自然也会发出许多支路，不必我细说了，但我们要知道，这个矿太大了，非分段开采不能成功，非一直开到深处不能得着宝贝。我们一个人一生的精力，能够彻底开通三几处矿苗，便算了不得的大事业。因此我们感觉着有发起一个合作运动之必要，合起一群人在一个共同目的、共同计画之下，各人从其性之所好以及平时的学问根柢，各人分担三两门，做"窄而深"的研究，拼着一二十年工夫下去，这个矿或者可以开得有点眉目了。

此外和史学范围相出入或者性质相类似的文献学还有许多，都是要用科学方法研究去，例如：

（一）文字学。我们的单音文字，每一个都含有许多学问意味在里头，若能用新眼光去研究，做成一部《新说文解字》，可以当作一部民族思想变迁史或社会心理进化史读。

（二）社会状态学。我国幅员广漠，种族复杂，数千年前之初民的社会组织，与现代号称最进步的组织同时并存。试到各省区的穷乡僻壤，更进一步入到苗子、番子居住的地方，再拿二十四史里头蛮夷传所记的风俗来参证，我们可以看见现代社会学者许多想像的事项，或者证实，或者要加修正。总而言之，几千年间一部竖的进化史，在一块横的地平上可以同时看出，除了我们中国以外，恐怕没有第二个国了。我们若从这方面精密研究，真是最有趣味的事。

（三）古典考释学。我们因为文化太古，书籍太多，所以真伪杂陈，很费别择，或者文义艰深，难以索解。我们治国学的人，为节省后人精力，而且令学问容易普及起见，应该负一种责任，将所有重要古典都重新审定一番，解释一番。这种工作，前清一代的学者已经做得不少，我们一面凭藉他们的基础，容易进行；一面我们因外国学问的触发，可以有许多补他们所不及。所以从这方面研究，又是极有趣味的事。

（四）艺术鉴评学。我们有极优美的文学美术作品，我们应该认识他的价值，而且将赏鉴的方法传授给多数人，令国民成为"美化"。这种工作，又要另外一帮人去做，我们里头有性情近于这一路的，便应该以此自任。

以上几件，都是举其最重要者。其实，文献学所包含的范围还有许多；就是上所讲的几件，剖析下去，每件都有无数的细目。我们做这类文献学问，要悬着三个标准，以求到达：

第一求真。凡研究一种客观的事实，须先要知道他"的确是如此"，才能判断他为什么如此。文献部分的学问，多属过去陈迹，以讹传讹、失其真相者甚多。我们总要用很谨严的态度，子细别择，把许多伪书和伪事剔去，把前人的误解修正，才可以看出真面目来。这种工作，前清"乾嘉诸老"也曾努力做过一番，有名的清学正统派之考证学便是。但依我看来，还早得很哩，他们的工作算是经学方面做得最多，史学、子学方面便差得远，佛学方面却完全没有动手呢。况且我们现在做这种工作，眼光又和先辈不同，所凭借的资料也比先辈们为多，我们应该开出一派"新考证学"，这片大殖民地，很够我们受用咧。

第二求博。我们要明白一件事物的真相，不能靠单文孤证，便下武断，所以要将同类或有关系的事情网罗起来，贯串比较，愈多愈妙。比方做生物学的人，采集各种标本，愈多愈妙，我们可以用统计的精神，作大量观察。我们可以先立出若干种"假定"，然后不断的搜罗资料，来测验这"假定"是否正确。若能善用这些法门，真如韩昌黎说的"牛溲马勃[1]，败鼓之皮，兼收并蓄，待用无遗"，许多前人认为无用的资料，我们都可以把他废物利用了。但求博也有两个条件：荀子说"好一则博"，又说"以浅持博"。我们要做博的工夫，只能择一两件专门之业为自己性情最近者做去，从极狭的范围内生出极博来，否则件件要博，便连一件也博不成，这便是好一则博的道理。又满屋散钱，穿不起来，虽多也是无用，资料越发丰富，则驾驭资料越发繁难，总须先求得个"一以贯之"的

---

[1] 牛溲马勃：牛溲，即牛尿，一说车前草，利小便；马勃，俗称牛屎菇、马蹄包，可治疮。比喻一般人认为无用的东西，在懂得性能的人手里可成为有用的物品。

线索,才不至"博而寡要",这便是以浅持博的道理。

第三求通。好一固然是求学的主要法门,但容易发生一种毛病,这毛病我替他起个名,叫做"显微镜生活",镜里头的事物看得纤悉周备,镜以外却完全不见。这样子做学问,也常常会判断错误。所以我们虽然专门一种学问,却切不要忘却别门学问和这门学问的关系。在本门中,也常要注意各方面相互之关系,这些关系,有许多在表面上看不出来的,我们要用锐利眼光去求得他,能常常注意关系,才可以成通学。

以上关于文献学,算是讲完,两条路已言其一。此外,则为德性学,此学应用内省及躬行的方法来研究,与文献学之应以客观的科学方法研究者绝不同。这可说是国学里头最重要的一部分,人人应当领会的,必走通了这一条路,乃能走上那一条路。

近来国人对于知识方面很是注意,整理国故的名词,我们也听得纯熟。诚然整理国故,我们是认为急务,不过若是谓除整理国故外,遂别无学问,那却不然。我们的祖宗遗予我们的文献宝藏，诚然足以傲世界各国而无愧色，但是我们最特出之点，仍不在此，其学为何？即人生哲学是。

欧洲哲学上的波澜，就哲学史家的眼光看来，不过是主智主义与反主智主义两派之互相起伏，主智者主智，反主智者即主情、主意。本来人生方面，也只有智、情、意三者，不过欧人对主智特别注重，而于主情、主意亦未能十分贴近人生。盖欧人讲学，始终未以人生为出发点，至于中国先哲则不然，无论何时代、何宗派之著述，凤皆归纳于人生这一途，而于西方哲人精神萃集处之宇宙原理、物质公例等等，倒都不视为首要。故《荀子·儒效》篇曰："道，仁之隆也……非天之道，非地之道，人之所以道也。"儒家既纯以人生为出发点，所以以"人之所以为道"为第一位，而于天之道等等，悉以置诸第二位。而欧西则自希腊以来，即研究他们所谓的形而上学，一天到晚，只在那里高谈宇宙原理，凭空冥索，终少归宿到人生这一点。苏格拉底号称"西方的孔子"，很想从人生这一方面做工夫，但所得也十分幼稚。他的弟子柏拉图更不晓得循着这条路去发挥,至全弃其师传,而复研究其所谓天之道。亚里斯多德出,于是又反趋于科学,后人有谓道源于亚里斯多德的话,其实他也不过仅于科学方面,有所创发,离人生毕竟还远得很。迨后斯端一派[1],大概可与中国的墨子相当,对于儒家,仍是望尘莫及。一到中世纪,欧洲全部统成了宗教化,残酷的罗马与日耳曼人悉受了宗教的感化,而渐进于迷信。宗教方面,本来主情、意的居多,但是纯以客观的上帝来解决人生,终竟离题尚远。后来再一个大反动,便是"文艺复兴",遂一变主情、主意之宗教,而代以理智。近代康德之讲范畴,范围更过于严谨,好像我们的临"九宫格"一般。所以他们这些,都可说是没有走到人生的大道上去。直至詹姆士、柏格森、倭铿[2]等出,才感觉到非改走别的路不可,很努力的从体验人生上做去,也算是把从前机械的、唯物的人生观拨开几重云雾,但是真果拿来与我们儒家相比,我可以说仍然幼稚。

―――――――――――

[1] 斯端一派:即晚期古希腊哲学斯多亚学派,是希腊化时代一个影响极大的思想流派。
[2] 倭铿:今译奥伊肯,德国现代哲学家。

　　总而言之,西方人讲他的形而上学,我们承认有他独到之处,换一方面,讲客观的科学,也非我们所能及。不过最奇怪的,是他们讲人生也用这种方法,结果真弄到个莫明其妙。譬如用形而上学的方法讲人,是绝不想到从人生的本体来自证,却高谈玄妙,把冥冥莫测的上帝来对喻。再如用科学的方法讲,尤为妙极。试问人生是什么?是否可以某部当几何之一角、三角之一边?是否可以用化学的公式来化分化合,或是用几种原质来造成?再如达尔文之用生物进化说来讲人生,征考详博,科学亦莫能摇动,总算是壁垒坚固,但是果真要问他人之所以异于禽兽者安在?人既自猿进化而来,为什么人自人而猿终为猿?恐怕他也不能给我们以很有理由的解答。总之,西人所用的几种方法,仅能够用之以研究人生以外的各种问题;人,决不是这样机械易懂的。欧洲人却始终未澈悟到这一点,只盲目的往前做,结果造成了今日的烦闷,彷徨莫知所措。盖中世纪时,人心还能依赖着宗教过活,及乎今日,科学昌明,赖以醉麻人生的宗教完全失去了根据。人类本从下等动物蜕化而来，那里有什么上帝创造，宇宙一切现象，不过是物质和他的运动，还有什么灵魂？来世的天堂既不可凭，眼前的利害复日相肉搏，怀疑失望，都由之而起，真正是他们所谓的世纪末了。

以上我等看西洋人何等可怜，肉搏于这种机械唯物的枯燥生活当中，真可说是始终未闻大道，我们不应当导他们于我们祖宗这一条路上去吗？以下便略讲我们祖宗的精神所在，我们看看是否可以终身受用不尽，并可以救他们西人物质生活之疲敝。

我们先儒始终看得知行是一贯的，从无看到是分离的。后人多谓"知行合一"之说为王阳明所首倡，其实阳明也不过是就孔子已有的发挥。孔子一生为人，处处是知行一贯，从他的言论上也可以看得出来，他说"学而不厌"，又说"为之不厌"，可知"学"即是"为"，"为"即是"学"。盖以知识之扩大，在人努力的自为，从不像西人之从知识方法而求知识，所以王阳明曰："知而不行，是谓不知。"所以说这类学问，必须自证,必须躬行,这却是西人始终未看得的一点。

又儒家看得宇宙人生是不可分的,宇宙绝不是另外一件东西,乃是人生的活动,故宇宙的进化,全基于人类努力的创造,所以《易经》曰:"天行健,君子以自强不息。"又看得宇宙永无圆满之时,故《易》卦六十四,始《乾》,而以《未济》终,盖宇宙《既济》,则乾坤已息,还复有何人类? 吾人在此未圆满的宇宙中,只有努力的向前创造。这一点,柏格森所见的,也很与儒家相近。他说宇宙一切现象,乃是意识流转所构成,方生已灭,方灭已生,生灭相衔,方成进化;这些生灭都是人类自由意识发动的结果,所以人类日日创造,日日进化,这意识流转,就唤作精神生活,是要从内省直觉得来的。他们既知道变化流转就是宇宙真相,又知道变化流转之权操之在我,所以孔子曰:"人能弘道,非道弘人。"儒家既看清了以上各点,所以他的人生观十分美渥,生趣盎然。人生在此不尽的宇宙当中,不过是蜉蝣、朝露一般,向前做得一点是一点,既不望其成功,苦乐遂不系于目的物,完全在我,真所谓"无入而不自得"。有了这种精神生活，再来研究任何学问，还有什么不成？那么，或有人说，宇宙既是没有圆满的时期，我们何不静止不作？好吗？其实不然。人既为动物，便有动作的本能，穿衣吃饭也是要动的，既是人生非动不可，我们就何妨就我们所喜欢做的，所认为当做的做下去。我们最后的光明，固然是远在几千万年、几万万年之后，但是我们的责任，不是叫一蹴而几的达到目的地，是叫我们的目的地日近一日。我们的祖宗，尧、舜、禹、汤、孔、孟……在他们的进行中，长的或跑了一尺，短的不过跑了数寸，积累而成，才有今日。我们现在无论是一寸半分，只要往前跑，才是为现在及将来的人类受用，这都是不可逃的责任。孔子曰："士不可以不弘毅，任重而道远，仁以为己任，不亦重乎！死而后已，不亦远乎！"所以我们虽然晓得道远之不可致，还是要努力的到死而后已，故孔子是"知其不可而为之者"，正为其知其不可而为，所以生活上才含着春意。若是不然，先计较他可为不可为，那么情志便系于外物，忧乐便关乎得失，或竟因为计较利害的原故，使许多应做的事反而不做，这样还那里领略到生活的乐趣呢？

再其次，儒家是不承认人是单独可以存在的，故"仁"的社会为儒家理想的大同社会。仁字，从二人，郑玄曰："仁，相人偶也。"（《礼记注》）非人与人相偶，则"人"的概念不能成立，故孤行执异，绝非儒家所许。盖人格专靠各个自己，是不能完成，假如世界没有别人，我的人格从何表现？譬如全社会都是罪恶，我的人格受了传染和压迫，如何能健全？由此可知，人格是个共同的，不是孤另的，想自己的人格向上，唯一的方法是要社会的人格向上；然而社会的人格，本是各个自己化合而成，想社会的人格向上，唯一的方法又是要自己的人格向上。明白了这个，力和环境提携，便成进化的道理。所以孔子教人"己欲立而立人，己欲达而达人"，所谓立人达人，非立达别人之谓，乃立达人类之谓。彼我合组成人类，故立达彼即是立达人类，立达人类即是立达自己。更用"取譬"的方法，来体验这个"达"字，才算是"仁之方"。其他《论语》一书，讲"仁"字的，屡见不一，见儒家何其把"仁"字看得这么重要呢？即上面所讲的，儒家学问专以研究"人之所以为道"为本，明乎仁，人之所以为道自见。孟子曰："仁也者，人也；合而言之，道也。"盖仁之概念，与人之概念相函，人者，通彼我而始得名，彼我通，乃得谓之仁。知乎人与人相通，所以我的好恶即是人的好恶，我的精神中同时也含有人的精神。不徒是现世的人为然，即如孔孟远在二千年前，他的精神亦浸润在国民脑中不少。可见，彼我相通，虽历百世不变。儒家从这一方面看得至深且切，而又能躬行实践，"无终食之间违仁"，这种精神影响于国民性者至大。即此一分家业，我可以说真是全世界唯一无二的至宝。这绝不是用科学的方法可以研究得来的，要用内省的工夫，实行体验，体验而后，再为躬行实践。养成了这副美妙的仁的人生观，生趣盎然的向前进，无论研究什么学问，管许是兴致勃勃，孔子曰"仁者不忧"，就是这个道理。不幸汉以后，这种精神便无人继续的弘发，人生观也渐趋于机械，八股制兴，孔子的真面目日失。后人曰称"寻孔颜乐处"，究竟孔颜乐处在那里，还是莫明其妙。

我们既然诵法孔子,应该好好保存这分家私——美妙的人生观——才不愧是圣人之徒啊!

此外,我们国学的第二源泉就是佛教。佛[1]本传于印度,但是盛于中国,现在大乘各派,五印全绝,正法一派全在中国。欧洲人研究佛学的甚多,梵文所有的经典,差不多都翻出来,但向梵文里头求大乘,能得多少,我们自创的宗派,更不必论了。像我们的禅宗,真可算得应用的佛教,世间的佛教,的确是印度以外才能发生,的确是表现中国人的特质,叫出世法与入世法并行不悖,他所讲的宇宙精微,的确还在儒家之上。说宇宙流动不居,永无圆满,可说是与儒家相同。曰"一众生不成佛,我誓不成佛",即孔子立人达人之意,盖宇宙最后目的,乃是求得一大人格实现之圆满相,绝非求得少数个人超拔的意思。儒佛所略不同的,就是一偏于现世的居多,一偏于出世的居多,至于他的共同目的,都是愿世人精神方面完全自由。现在"自由"二字,误解者不知多少。其实人

---

[1] 此处疑有阙漏,或当作"佛教"、"佛法"。

类外界的束缚,他力的压迫,终有方法解除,最怕的是"心为形役",自己做自己的奴隶,儒佛都用许多的话来教人,想叫把精神方面的自缚解放净尽,顶天立地,成一个真正自由的人。这点,佛家弘发得更为深透,真可以说佛教是全世界文化的最高产品。这话,东西人士都不能否认。此后全世界受用于此的正多。我们先人既辛苦的为我们创下这分产业,我们自当好好的承受,因为这是人生唯一安身立命之具。有了这种安身立命之具,再来就性之所近的,去研究一种学问,那么才算尽了人生的责任。

诸君听了我这夜的演讲,自然明白我们中国文化,比世界各国并无逊色,那一般沉醉西风,说中国一无所有的人,自属浅薄可笑。《论语》曰"人虽欲自绝,其何伤于日月乎? 多见其不知量也。"这边的诸同学,从不对于国学轻下批评,这是很好的现象。自然,我也闻听有许多人讽刺南京学生守旧,但是只要旧的是好,守旧又何足病诟? 所以我很愿此次的讲演,更能够多多增进诸君以研究国学的兴味。

# 东南大学课毕告别辞

## 1923 年 1 月 13 日讲演

(李竞芳　王觉新　笔记)

题解：梁启超在东南大学讲学半年，离别前夕(1923 年 1 月 13
日)，结束东大的讲课，并充满深情地发表课毕告别演说。东大讲学
时期，他留给学生的印象是："广额深目，精力充沛，语音清晰，态度
诚恳"，"挟带云南口音的普通话"；"当时第觉其和易近人，乐于奖掖
后进少年"。在告别演说中，梁启超先略谈如何治学的方法，然后重
点谈如何救治当时教育中的"精神饥荒"问题，认为为学的首要任务
就是救"精神饥荒"。如何救呢？梁启超认为，重在确立高尚的人生
观，其内容为相信"宇宙未济，人类无我"，具体而言：一是认为宇宙
是不圆满的，正在创造中，故人生只是努力向前，不忧成败；二是人
(我)不能独立存在，实际上没有一个独立的"我"，只是"毋我""无

我",故不忧得失。不忧成败,不忧得失,当然人生兴味盎然,精神不
衰。梁启超严厉批评了现代美式教育所造成的"精神饥荒"的状
态——"忙",从生忙到死,使人变成消化面包的机器或供给宇宙间
物质运动的燃料,从而丧失了人的精神价值、人格尊严,使人无限地
苦闷、彷徨和失望。如今社会更是高速发展,虽然带来了物质的一
片繁荣,但造成了人的高度的"忙"以及情绪上的"烦",丧失了生活
的悠闲和精神的快乐。故梁启超的批评似乎更是对我们当代而发,
他提出的人生观或许能为我们忙碌而迷茫的人生提供一个指南。


    诸君,我在这边讲学半年,大家朝夕在一块儿相处,我很
觉得快乐。并且因为我任有一定的功课,也催逼着我把这部
十万余言的《先秦政治思想史》著成,不然,恐怕要等到十年
或十余年之后。中间不幸身体染有小病,即今还未十分复
原,我常常恐怕不能完课,如今幸得讲完了。这半年以来,听
讲的诸君,无论是正式选课,或是旁听,都是始终不曾旷课,
可以证明诸君对于我所讲有十分兴味。今当分别,彼此实在
很觉得依恋难舍,因为我们这半年来,彼此人格上的交感不
少。最可惜者,因为时间短促,以致仅有片面的讲授,没有相

互的讨论,所谓教学相长,未能如愿做到。今天为这回最末的一次讲演,当作与诸君告别之辞。

诸君千万不要误解,说梁某人是到这边来贩卖知识,我自计知识之能贡献于诸君者实少。知识之为物,实在是无量的广漠,谁也不能说他能给谁以绝对不易的知识,顶多亦只承认他有相对的价值,即如讲奈端[1]罢,从前总算是众口同词的认为可靠,但是现在,安斯坦[2]又几乎完全将他推倒。专门的知识尚且如此,何况像我这种泛滥杂博的人,并没有一种专门名家的学问呢? 所以切盼诸君,不要说我有一艺之长,讲的话便句句可靠,最多,我想,亦只叫诸君知道我自己做学问的方法。譬如诸君看书,平素或多忽略不经意的地方,必要寻着这个做学问的方法,乃能事半功倍。真正做学问,乃是找着方法去自求,不是仅看人家研究所得的结果,因为人家研究所得的结果,终是人家的,况且所得的也未必

---

[1]　奈端:今译牛顿(1643—1727),英国著名物理学家。
[2]　安斯坦:今译爱因斯坦(1879—1955),世界著名物理学家。

都对。讲到此处,我有一个笑话告诉诸君,记得某一本小说里说:"吕纯阳下山觅人传道,又不晓得谁是可传,他就设法来试验。有一次,在某地方,遇着一个人,吕纯阳登时将手一指,点石成金,就问那个人要否。那人只摇着头,说不要。吕纯阳再点一块大的试他,那人仍是不为所动,吕纯阳心里便十分欢喜,以为道有可传的人了。但是还恐怕靠不住,再以更大的金块试他,那人果然仍是不要。吕纯阳便问他不要的原因,满心承望他答复一个热心向道,那晓得那人不然,他说:'我不要你点成了的金块,我是要你那点金的指头,因为有了这指头,便可以自由点用。'"这虽是个笑话,但却很有意思,所以很盼诸君,要得着这个点石成金的指头——做学的方法——那么,以后才可以自由探讨,并可以辩正师传的是否。教拳术的教师,最少要希望徒弟能与他对敌,学者亦当悬此为鹄,最好是要青出于蓝而胜于蓝。若仅仅是看前人研究所得,而不自行探讨,那么,得一便不能知其二,且取法乎上,得仅乎中。这样,学术岂不是要一天退化一天吗? 人类知识进步,乃是要后人超过前人。后人应用前人的治学方法,而复从旧方法中开发出新方法来,方法一天一天的增多,便一天一天的改善,拿着改善的新方法去治学,自然会优于前代。我个人的治学方法或可以说是不错,我自己应用来也有些成效,可惜这次全部书中所说的,仍为知识的居多,还未谈做学的方法。倘若诸君细心去看,也可以寻找得出来,既经找出,再循着这方法做去,或者更能发现我的错误,或是来批评我,那就是我最欢喜的。

我今天演讲,不是关于知识方面的问题。诚然,知识在人生地位上,也是非常紧要,我从来并未将他看轻。不过,若是偏重知识,而轻忽其他人生重要之部,也是不行的。现在中国的学校,简直可说是贩卖知识的杂货店,文、哲、工、商,各有经理,一般来求学的,也完全以顾客自命。固然欧美也同坐此病,不过病的深浅,略有不同。我以为长此以往,一定会发生不好的现象。中国现今政治上的窳败[1],何尝不是

——————

[1] 窳败:腐败,窳音 yǔ。

前二十年教育不良的结果？盖二十年前的教育，全采用日德的军队式，并且仅能袭取皮毛，以至造成今日一般无自动能力的人。现在哩，教育是完全换了路了，美国式代日式、德式而兴，不出数年，我敢说是全部要变成美国化，或许我们这里——东南大学——就是推行美化的大本营。美国式的教育，诚然是比德国式、日本式的好，但是毛病还很多，不是我们理想之鹄。英人罗素回国后，颇艳称中国的文化，发表的文字很多，他非常盼望我们这占全人类四分之一的特殊民族，不要变成了美国的"丑化"。这一点可说是他看得很清楚。美国人切实敏捷，诚然是他们的长处，但是中国人即使全部将他移植过来，使纯粹变成了一个东方的美国，慢讲没有这种可能，即能，我不知道诸君怎样，我是不愿的。因为倘若果然如此，那真是罗素所说的，把这有特质的民族变成了丑化了。我们看得很清楚，今后的世界决非美国式的教育所能域领，现在多数美国的青年，而且是好的青年，所作何事？不过是一生到死，急急忙忙的，不任一件事放过，忙进学校、忙上课、忙考试、忙升学、忙毕业、忙得文凭、忙谋事、忙花钱、忙快乐、忙恋爱、忙结婚、忙养儿女，还有最后一忙——忙死。他们的少数学者，如詹姆士之流，固然总想为他们别开生面，但是大部份已经是积重难返。像在这种人生观底下过活，那么，千千万万人，前脚接后脚的来这世界上走一趟，住几十年，干些什么哩？唯一无二的目的，岂不是来做消耗面包的机器吗？或是怕那宇宙间的物质运动的大轮子，缺了发动力，特自来供给他燃料。果真这样，人生还有一毫意味吗？人类还有一毫价值吗？现在全世界的青年，都因此无限的凄惶失望，知识愈多，沉闷愈苦，中国的青年，尤为利害。因为政治社会不安宁，家国之累，较他人为甚，环顾宇内，精神无可寄托。从前西人唯一维系内心之具，厥为基督教，但是科学昌明后，第一个致命伤便是宗教。从前在苦无可诉的时候，还得远远望着冥冥的天堂。现在呢，知道了，人类不是什么上帝创造，天堂更渺不可凭，这种宗教的麻醉剂，已是无法存在。讲到哲学吗，西方的哲人，素来只是高谈玄妙，不得真际，所足恃为人类安身立命之具，也是没有。再如讲到文学吗，似乎应该少可慰藉，但是欧美现代的文学，完全是刺戟品，不过叫人稍醒麻木，但一切耳目口鼻所接，都足陷人于疲敝，刺戟一次，疲麻的程度又增加一次，如吃辣椒然，寖假而使舌端麻木到极点，势非取用极辣的胡椒来刺戟不可。这种刺戟的功用，简直如有烟癖的人，把鸦片或吗啡提精神一般，虽精神或可暂时振起，但是这种精神，不是鸦片和吗啡带得来的，是预支将来的精神，所以说，一次预支，一回减少，一番刺戟，一度疲麻。现在他们的文学，只有短篇的最合胃口，小诗两句或三句，戏剧要独幕的好。至于荷马、但丁、屈原、宋玉，那种长篇的作品，可说是不曾理会。因为他们碌碌于舟车中，时间来不及，目的只不过取那种片时的刺戟，大大小小，都陷于这种病的状态中。所以他们一般有先见的人，都在遑遑求所以疗治之法。我们把这看了，那么，虽说我们在学校应求西学，而取舍自当有择，若是不问好歹，无条件的移植过来，岂非人家饮鸩，你也随着服毒，可怜可笑孰甚？

近来国中青年界很习闻的一句话，就是"智识饥荒"，却不晓得还有一个顶要紧的"精神饥荒"在那边。中国这种饥荒，都闹到极点，但是只要我们知道饥荒所在，自可想方法来补救；现在精神饥荒，闹到如此，而人多不自知，岂非危险？一般教导者，也不注意在这方面提倡，只天天设法怎样将知识去装青年的脑袋子，不知道精神生活完全而后多的知识才是有用。苟无精神生活的人，为社会计，为个人计，都是知识少装一点为好。因为无精神生活的人，知识愈多，痛苦愈甚，作歹事的本领也增多。例如黄包车夫，知识粗浅，他决没有有知识的青年这样的烦闷，并且作恶的机会也很少。大奸慝的卖国贼，都是智识阶级的人做的。由此可见，没有精神生活的人，有知识实在危险。盖人苟无安身立命之具，生活便无所指归，生理、心理并呈病态。试略分别言之：就生理言，阳刚者必至发狂自杀，阴柔者自必委靡沉溺。再就心理言，阳刚者便悍然无顾，充分的恣求物质上的享乐，然而欲望与物质的增加率，相竞腾升，故虽有妻妾宫室之奉，仍不觉快乐；阴柔者便日趋消极，成了一个竞争场上落伍的人，凄惶失望，更为痛苦。故谓精神生活不全，为社会，为个人，都是知识少点的为好。因此我可以说为学的首要，是救精神饥荒。

救济精神饥荒的方法，我认为东方的——中国与印度——比较最好。东方的学问，以精神为出发点；西方的学问，以物质为出发点。救知识饥荒，在西方找材料；救精神饥荒，在东方找材料。东方的人生观，无论中国、印度，皆认物质生活为第二位，第一就是精神生活，物质生活仅视为补助精神生活的一种工具，求能保持肉体生存为已足，最要在求精神生活的绝对自由。精神生活，贵能对物质界宣告独立，至少要不受其牵掣。如吃珍味，全是献媚于舌，并非精神上的需要，劳苦许久，仅为一寸软肉的奴隶，此即精神不自由。以身体全部论，吃面包亦何尝不可以饱，甘为肉体的奴隶，即精神为所束缚，必能不承认舌——一寸软肉为我，方为精神独立。东方的学问道德，几全部是教人如何方能将精神生活对客观的物质，或己身的肉体宣告独立，佛家所谓解脱，近日所谓解放，亦即此意。客观物质的解放尚易，最难的为自身——耳目口鼻……的解放。西方言解放，尚不及此，所以就东方先哲的眼光看去，可以说是浅薄的，不澈底的。东方的主要精神，即精神生活的绝对自由。

求精神生活绝对自由的方法，中国、印度不同，印度有大乘、小乘不同，中国有儒、墨、道各家不同，就讲儒家，又有孟荀、朱陆的不同。任各人性质机缘之异，而各择一条路走去，所以具体的方法，很难讲出，且我用的方法，也未见真是对的，更不能强诸君从同。但我自觉烦闷时少，自二十余岁到现在，不敢说精神已解脱，然所以烦闷少，也是靠此一条路，以为精神上的安慰。至于先哲教人救济精神饥荒的方法，约有两条：

（一）裁抑物质生活，使不得猖獗，然后保持精神生活的圆满，如先平盗贼，然后组织强固的政府。印度小乘教即用此法，中国墨家、道家的大部以及儒家程朱，皆是如此。以程朱为例，他们说的持敬制欲，注重在应事接物上裁抑物质生活，以求达精神自由的境域。

（二）先立高尚美满的人生观，自己认清楚，将精神生活确定，靠其势力以压抑物质生活。如此，不必细心检点，用拘谨功夫，自能达到精神生活绝对自由的目的。此法可谓积极的，即孟子说"先立乎其大者，则其小者不能夺也"，不主张一件一件去对付，且不必如此。先组织强固的政府，则地方自安，即有小丑跳梁，不必去管，自会消灭，如雪花飞近大火，早已自化了。此法佛家大乘教，儒家孟子、陆、王皆用之，所谓"浩然之气"，即是此意。

以上二法，我不过介绍与诸君，并非主张诸君一定要取某种方法。两种方法虽异，而认清精神要解脱这一点却同，不过说青年时代应用的，现代所适用的，我以为采积极的方法较好，就是先立定美满的人生观，然后应用之以处世。至于如何的人生观方为美满，我却不敢说，因为我的人生观未见得真是对的，恐怕能认清最美满的人生观，只有孔子、释迦牟尼有此功夫。我现在将我的人生观讲一讲，对不对，好不好，另为一问题。

我自己的人生观，可以说是从佛经及儒书中领略得来，我确信儒家、佛家有两大相同点：

（一）宇宙是不圆满的，正在创造之中，待人类去努力。所以天天流动不息，常为缺陷，常为未济，若是先已造成——既济的，那就死了，固定了。正因其在创造中，乃如儿童时代，生理上时时变化。这种变化，即人类之努力，除人类活动以外，无所谓宇宙。现在的宇宙，离光明处还远，不过走一步比前好一步，想立刻圆满，不会有的，最好的境域——天堂、大同、极乐世界——不知在几千万年之后，决非我们几十年生命所能做到的。能了解此理，则作事自觉快慰。以前为个人、为社会做事，不成功，或做坏了，常感烦闷，明乎此，知做事不成功，是不足忧的。世界离光明尚远，在人类努力中，或偶有退步，不过是一现相，譬如登山，虽有时下，但以全部看，仍是向上走。青年人烦闷，多因希望太过，知政治之不良，以为经一次改革，即行完满，及屡试而仍有缺陷，于是不免失望。不知宇宙的缺陷正多，岂是一步可升天的。失望之因，即根据于奢望过甚。《易经》说："乐则行之，忧则违之，确乎其不可拔。"此言甚精采，人要能如此看，方知人生不能不活动，而有活动，却不必往结果处想，最要不可有奢望。我相信孔子即是此人生观，所以"发愤忘食，乐以忘忧，不知老之将至"。他又说："智者乐水，仁者乐山；智者动，仁者静，智者乐，仁者寿。"天天快活，无一点烦闷气象，这是一件最重要的事。

（二）人不能单独存在，说世界上那一部分是我，很不对的。所以孔子"毋我"，佛家亦主张"无我"。所谓无我，并不是将固有的我压下或抛弃，乃根本就找不出我来。如说几十斤的肉体是我，那么，科学发明，证明我身体上的原质，也在诸君身上，也在树身上。如说精神的某部分是我，我敢说今天我讲演，我已跑入诸君精神里去了，常住学校中许多精神，变为我的一部分，读孔子的书及佛经，孔佛的精神，又有许多变为我的一部分。再就社会方面说,我与我的父母、妻子,究竟有若干区别,许多人——不必尽是纯孝——看父母比自己还重要,此即我父母将我身之我压小。又如夫妇之爱,有妻视其夫,或夫视其妻,比己身更重的,然而何为我呢?男子为我,抑女子为我,实不易分。故澈底认清我之界限,是不可能的事(此理佛家讲得最精,惜不能多说)。世界上本无我之存在,能体会此意,则自己作事,成败得失,根本没有。佛说:"有一众生不成佛,我不成佛。""我不入地狱,谁入地狱?"至理名言,洞若观火。孔子也说:"诚者,非但诚己而已也……"将为我的私心扫除,即将许多无谓的计较扫除,如此,可以做到"仁者不忧"的境域。有忧时,就是"先天下之忧而忧",为人类——如父母、妻子、朋友、国家、世界——而痛苦,免除私忧,即所以免烦恼。

我认东方宇宙未济、人类无我之说,并非论理学[1]的认识,实在如此。我用功虽少,但时时能看清此点,此即我的

---

[1] 论理学:即逻辑学。

信仰，我常觉快乐，悲愁不足扰我，即此信仰之光明所照。我现已年老，而趣味淋漓，精神不衰，亦靠此人生观。至于我的人生观，对不对，好不好，或与诸君的病合不合，都是另外一问题。我在此讲学，并非对于诸君有知识上的贡献，有呢，就在这一点，好不好，我自己也不知道。不过，诸君要知道自己的精神饥荒，要找方法医治。我吃此药，觉得有效，因此贡献诸君采择，世界的将来，要靠诸君努力。

# 怎样的涵养品格和磨练智慧

## 1924年6月在清华学校讲演

(贺麟　张荫麟　笔记)

题解：1924年6月某日，梁启超受校长曹云祥之邀到清华学校为学生作讲演，为示对梁先生的尊重，校长也亲自聆听了讲演。讲演辞随后发表于6月《清华周刊》第318期。在讲演中，梁启超痛心批评近20年来青年的堕落，希望在校学生早下涵养之功，把人生的根基打牢，将来到社会上才能立定脚跟。涵养方法包括：一是有精到的技能，二是有高傲的志气，三是有真挚的信仰，四是有浓深的兴趣。其中第一点是说应掌握专门技能以维持必要的生活，不至于因经济压力而堕落，然后才谈得到培养人格，后三点才是真正的修身问题。尤应注意者，他所说的"信仰"是广义的，不单指宗教信仰，而是"除开现在之外，相信还有未来远大的境界"。该讲演辞由高年级学生贺麟(1902—1992)、张荫麟(1905—1942)笔录而成。此二人后来分别成为著名的哲学家、史学家。1929年梁启超逝世后，张荫麟撰有悼念文章《近代中国学术史上之梁任公先生》，高度评价其政治和学术上的成就。贺麟则在《当代中国哲学》一书中称赞梁启超："终身精神发皇，元气淋漓，抱极健康乐观的态度，无论环境如何，均能不忧不惧，不为失望恐怖所侵入。"

校长，诸君，我今年所担任的演讲，缺课太多，实在对不起诸君。讲起道德，我自己就首先惭愧。不过这是因家庭间事所牵，无可如何，诸君当能见谅。

今晚所讲的是怎样的涵养品格和磨练智慧，一方面是属于德育，一方面是属于智育。

但有一句话我要首先申明的，无论讲德育、智育，我绝不相信有独步单方。我相信"头头是道"，"同归殊涂"，不能呆板的固执一偏之见。古今中外名人所讲，都不过是许多路中照一条路。我现在不过把我自己所认为很好的路，自己所曾走过的路，贡献给诸君。

近年以来，青年品格之低降实在是不可掩的事实。其最

大的原因，就是经济的压迫。现在世界各国，都感觉经济的
困难，而中国为尤甚。全国人好像困在久旱的池塘中的鱼，
大家在里面争水吃。现在如此，将来恐怕更要利害。人们不
能不生存，因为要生存，就会顾不得品格了。大部分青
年——尤其是在清华的青年，受着父母的庇荫，现在尚未感
觉到这种困难。不过此境不可长久，将来这种狂风暴雨，诸
君终有身当其冲之一日，到时便知此中的危险了。

但是，许多还未身当这种压迫之冲的青年，早已经变坏
了！他们虽是学生，已俨然变成小政客，日夜钩心斗角，求占
人家的便宜，出不正当的风头。这种现象，从前已有之，近日
为甚。盖自"五四运动"以后，青年的精神，一方面大为振作，
一方面也就发生弊端。其重要的原因，由于政界的恶浊空气
传染进教育界去了。没廉耻的教育家，往往拿金钱去买弄学
生。一般青年，虽无引诱，已难保不堕落。何况教育当局，处
在师长地位的，竟从中利用，"以身作则"，其结果那堪设
想呢？

像诸君在清华，社会坏习气尚未十分侵入，经济的压迫也不厉害，所以空气较为干净，品格尚能保持至相当的程度。但在此时若不把品格的根底打好，将来一到恶浊的社会里，也就危险了。

唉！我看二十年来的青年，一批一批的堕落下去，真正痛心得狠！从前一班慷慨激昂满腔热血的青年，一到社会里去，不几年，因为受不起风波，便志气消失，渐渐的由失意而堕落。在他一方面，有些碰到好机会的，便志得意满，但没些时受了社会恶浊的同化，生平的志气，和从前的学识渐渐的不知消归何所了。近年来的青年，好像海潮一般，一波一波的往下底降。正如苏东坡所谓，大江东去浪声沉，多少英雄豪杰，雨散灰飞。若长是如此，中国前途，真不堪设想了。所以在我们青年品格未固定、可善可恶的时候，须得早早下点涵养功夫，把根基打好，将来到社会里才能不屈不挠，立得住脚。

涵养的方法是怎样呢？我以为必须注意下列各点：

（一）有精到的技能；

（二）有高傲的志气；

（三）有真挚的信仰；

（四）有浓深的兴趣。

第（一）项，可以说是完全属于物质方面。因为生在现在的社会，非有精到的本事，不能维持生活。生活不能维持，还讲什么道德？孔子说："饭疏食饮水，曲肱而枕之，乐亦在其中矣。"这话诚然不错，不过也要有"疏食"可"饭"，有水可饮，才能"乐在其中"。"贤哉回也！一箪食，一瓢饮，在陋巷，人不堪其忧，回也不改其乐。贤哉回也！"这话诚然不错；不过也要有"箪食""瓢饮""陋巷"，才能"不改其乐"。所以总要有维持最低限度生活的技能，才可以维持人格。况且现在的经济状况和从前不同，例如"一瓢饮"，从前是"昏夜叩人之门户，……无不与者"；现在北京城里是用自来水，倘使孔子、颜子住在今日北京城，没有钱买自来水，便不能生活。可见许多从前不用劳力可得的，现在却不能了。又如诸葛亮、陶潜，都是躬耕自给的,但是假使他们生在现代,要想耕田,也非有金钱买田不行。可见许多从前只要用劳力便可得到的东西,现在却不能了。所以,必有可以换得金钱的精到技能,才能维持生活。

外国是有产阶级与无产阶级对抗,而中国是有业阶级与无业阶级对抗。现在中国讲共产主义者,大都是无业游民,不过拿这些主义来混饭吃。我记得从前上海有一个身穿洋服,手持士的[1]的"先生",坐着人力车去高昌庙、龙华寺,半路频拿士的击车夫,说:"快的走! 不要误我的事!"问他什么事,他说,他现在正赶时候到那里讨论劳动问题! 现在中国所谓大总统、大元帅、巡阅使、总司令、督军、省长……固然是无业游民,而骂他们、反对他们最激烈的,也何尝不是无业游民? 拿枪乱杀的,固然〔是〕无业游民,而高唱裁兵的,又哪一个不是无业游民? 中国所以闹到这样糟,都是为此。

这些话谁也知道,而且谁也不愿意做无业游民。但因为

---

[1] 士的:英语 stick 的音译,即手杖。

没有技能，或有技能而不精到，找不到事做，结果便流为游民。所以我说精到的技能，"精到"二字，应该特别注意。有了精到的技能，要找相当职业，固然现在比从前难些。在欧美各国，许多人虽有相当的技能还找不到职业；但是在中国，只要你有精到的技能，若说找不到职业，我绝不相信。有人说："技能何尝靠得住？你看：某人也做总统了，某人也做总长了，某人某人也做督军、省长……了！他们何尝有些技能？"这些事实，诚然有之，但凭借机会而居上位，不过是少数的例外，社会上最后的公道，总是有的。现在中国社会对于人才的需要甚紧迫，外国回来的学生，虽一天比一天多，而能供给社会需求的还少，因为他们大半是不懂国情。我刚才和人谈天，说起某人大倡小学改革，而他的改革是根据美国某埠的。像这种人，于中国情形全不了解，谁还找他办事？又如有许多在外国学经济的人，对于本国经济状况反不十分熟悉。虽然中国银行界需人才，他们怎能办得了呢？所以我觉得找不到职业的，有十分之七八是自己对不起社会；社会对不起自己的,总是极少数的例外。如果真正有精到的本事,人人且争着要找他,更不愁找不到职业。例如学做茶碗,倘若你能做得真真价廉物美,谁也争着要买你的。例如北京城里几位有真学问的教授,倘若他们肯他就,处处学校都要争着请他们。又例音乐界的萧友梅,倘若他肯出马,什么音乐会也少不了他。所以在目前只怕自己没有真本领,有真本领而会饿死的我真不相信。诸君无论学哪一门学问,总要学到精绝,学到到家,维持生活是绝对不成问题的。

有技能可以维持生活,不致因被经济压迫而堕落,然后才可以讲得到人格。

讲到涵养品格,第一要养成高傲的志气。倘若没有高傲的志气,见了别人住一百块钱一个月的房子,自己住五十块钱一个月的,比不上他,便羡慕他,要学他;见了别人坐汽车、马车,自己坐人力车,比不上他,便羡慕他,要学他。因为羡慕他,要学他,于是连人格都不顾。大多数人品格之堕落皆由于此——由于物质生活之提高。

孟子说:"堂高数仞,榱题数尺,我得志,不为也;食前方丈,侍妾数百人,我得志,不为也;般乐饮酒,驱骋田猎,后车千乘,我〔得志,〕不为也。"有了这种高傲的志气,自己有自己的做人方法,"在彼者皆我所不为",便不会因羡慕他人物质的享用而移其志。孟子尝称道狂狷说:"不得中道而与之,必也狂狷! 狂者进取,狷者有所不为。"狷者"不屑不洁"。能如是,自然可以养成高傲的志气。所以我讲道德,不主张消极的节制,而主张积极的提高,放大与扩充。像庄子所说,"背若泰山,翼若垂天之云,抟扶摇羊角而上者九万里,去以六月息"的大鹏,决不屑和斥鹦争一粒粟,因为他们度量大小不同之故。许多人决不会见一个铜子而动心,决不会因一个铜子而杀人放火;但是一块钱,十块钱,一千块钱,一万块钱⋯⋯就不同了!

你看因十块钱的津贴而变节的学生,真不知多少! 孟子"鱼我所欲"章说得好:"一箪食,一豆羹,得之则生,弗得则死。嘑尔而与之,行道之人弗受;蹴尔而与之,乞人不屑也。

万钟则不辨礼义而受之，万钟于我何加焉？为宫室之美，妻妾之奉，所识穷乏者得我与?"一个铜子和一万块钱，一箪食、一豆羹和万钟，实在有什么分别？无论为大为少，而把自己人格卖掉，都是睬不起自己。所以孟子批评他道："是亦不可以已，此之谓失其本心。"我们要把志气提高，把度量放大，不为一铜子的奴隶，也不为一万块钱的奴隶，更不为宫室之美，妻妾之奉，所识穷乏者得我，而卖掉自己的人格。于物质之奉，如鹪鹩巢于深林，不过一枝；鼹鼠饮河，不过满腹。此外世人以为狠[1]快乐，狠荣耀的东西，我看他如大鹏之看斥鹦的一粒粟一样，那么，品格就高尚了。

还有一层，志气高傲，才可以安处风波，不怕逆境。人生不能不碰风波，捱得过风波，便到坦途。终身在风波中的狠少，许多人因为志气太小，当不住风波，便堕落下去。人生之能否成功，全看其能否捱得风浪。譬如航行一千里的水程，中途遇着风浪便不敢进，那就永无登彼岸之希望。有了高傲

---

[1] 狠：相当于"很"。

的志气,不为困难所挠,打破了难关,以后便一帆风顺了。

所以我们用不着战战兢兢地去防备堕落,只要提高志气,"先立乎其大者,则其小者不能夺"了。

高傲的志气,青年人多有之,不过多因为操持不坚,后来日渐消磨至尽。且光有志气,尚恐怕有客气之病,故必须济之以真挚的信仰。

所谓信仰,不单指宗教,凡政治家信仰某种主义,文学家信仰他的优美的境界,以及凡信仰某种主张见解,都是信仰。总而言之,信仰者,就是除开现在以外,相信还有未来远大的境界。有了信仰,拿现在做将来的预备,无论现在怎样感觉痛苦,总以为所信的主义,将来有无限光明。耶苏为什么死在十字架而不悔?因为他相信他的流血可以超救众生。一个人若有信仰,不独不肯作卑污苟且的事,且可以忘却目前恶浊的境界,而别有一种安慰;于目前一切痛苦、困难,都不觉得失望,不发生惧怕,所以我希望青年们总要有一种真挚的信仰。

　　人们在空间和时间中的活动能力很小，无论如何，一切现实活动，总为时间、空间所限。但是理想则不然，无论什么地方，什么时间，我们的理想都可以达到。所以信仰是可以打破时间和空间的束缚的。人若没有信仰，只知目前现世，那么，生活就未免太干燥无味了。

　　最后讲到趣味的生活，这可说是我个人自得的法门。

　　有人问子路：孔子是什么样人？子路不答。孔子对他说："你何不告诉他：'其为人也，发愤忘食，乐以忘忧，不知老之将至。'"可见孔子生平，也是深得力于趣味。

　　一个人于他的职业的本身自然要有浓深的趣味。同时最好于职业以外选择一种有浓深趣味的消遣——如踢球、围棋、歌乐等——来陶冶性情。这种趣味浓深的消遣，至好在青年时代养成，庶几将来别的坏习惯不会"取而代之"。

　　我所谓兴趣，是要没有反面的。譬如吃，也许是有趣，但吃多了生病便没趣了；譬如赌，也许有趣，赌输了便没趣了；其他类此者举之不尽——这类的消遣，不能算是趣味的。

我个人是一个书呆子，觉得无论做什么事情，都比不上做学问这样有兴趣。生平在政治上打了好几个跟斗，为功为罪且别论，所以不致堕落到十八层地狱者，都是因为养成了读书的趣味。

以上我所说的四层，完全是积极的提高，就是孟子所谓"先立乎其大者"，宋儒如陆象山、明儒如王阳明都以此为教。

现在要讲到怎的磨练智慧，因为时候已不早，只能简略的说。

有人主张主观的静坐修养，以求智识。这条路我不赞成。我以为要客观的考察，才可以得到智识，其方法不外：

（一）发生问题要大胆；

（二）搜集整理资料要耐烦；

（三）判断要谨密。

天下事最怕以不成问题了之。没有问题，便没有研究。不会读书的人，看见书全是平面的；会读书的人，觉得书是凹凸不平的。我们要训练自己的脑筋，于别人所不注意处注意,于别人所不怀疑处怀疑。天下古今,那一时、那一地没有苹果落地,而因之发明引力的只有奈端;那一时、那一地没有水汽掀壶盖,而因之发明蒸汽机关的只有一瓦特;因为他们能对于别人以为不成问题的发生问题。

我们对于事物所以不会发生问题者,由于有所"蔽",《荀子·解蔽》篇说得最透切。"蔽"有两种,一种是自己蔽自己——自己的成见蔽自己;一种是蔽于别人——或为古人所蔽,或为今人所蔽,或为时代所蔽,都是蔽于别人。能打破这两种蔽,便看见什么东西都是浮起,都会去注意他[1]。

既发生了问题,要想解决他,不能空口讲白话,必须以资料为根据。达尔文养鸽子养了二十余年,观察蚂蚁打架观察了若干年,才得到资料来做他生物学上发明的根据。资料不会找我们,非我们耐烦去找他不可。自然界如此,书本上也是如此。找到了资料,要耐烦去整理他,分析他。这两步工夫做到,则此问题之解决,思过半矣。

---

[1] 他:民国时,"他"字可指代第三人称之动物或事情。

下判断的工夫，和发生问题相反。发生问题越大胆越好，但下判断要十分细心谨慎，丝毫不能苟且。倘若发现反证，必须勇于改正，甚至把全部工作弃却亦所不惜，千万勿为成见所蔽。

关于磨练智慧，我最后还有两句话：

一是荀子所说的"好一则博"。怎么"好一"反会"博"呢？许多不会做学问的人样样都想懂，结果只是一样都不懂。譬如开一间商店，与其挂起种种货色都有的招牌，而种种货色都不完备，何如专办一种货，而能完备呢？所以入手研究学问，范围愈狭愈好。而在此范围以内，四方八面都要晓得透澈。例如我这学年担任讲"近三百年中国学术史"，三百年以前，我可以不管，但是在这三百年以内，不独学术的本身，而且学术与政治的影响，学者的生活，学者的年龄等问题，都要知道。能如是，那就是博了。又例如做一个人的年谱——我常说做年谱最可为初学磨练史学技术——于那个人的生平思想，以及时代背景等，都能熟悉，这便是博了。

学问无论大小，无论有用没用，皆可以训练自己的脑筋。把脑筋训练好，道路走熟，以后无论所研究什么东西，都得着门径了。

最末一句话，就是孟子所谓"深造自得"。我们求学万不可光靠教育，万不可光靠课本，要"深造自得"。做学问想得深刻的印象，想真正的训练脑筋，要不怕吃苦，不怕走冤枉路。宁可用狠笨的方法，费狠多的时候，去乱碰乱冲；不要偷懒，不要贪便宜。历尽困苦艰难求来的学问，比之安坐而得的，一定更透澈，更有深刻的印象。

现在的学校教育，教授法太好，学习太容易，最足以使学生"软化"。尤其是美国式的教育，最喜欢走捷径，结果得之易，失之也易。所以我警告诸君，要披荆斩棘，求"深造自得"。

以上所讲的，虽然极普通，但都是我个人所得。上面也说过，我不过把所认为狠好的，所曾走过的路贡献给诸君。

# 政治家之修养

## 1925年12月为清华大学政治学研究会所作讲演

(张锐　吴其昌　笔记)

题解：1925年9月初，梁启超受聘担任清华大学国学院导师，并入住学校，开始了四年的清华教书生涯，这也是他一生中任教时间最长的一段岁月。12月某日，为该校政治学研究会作讲演。该学会为清华学生于1920年所创。讲演辞由学生张锐、吴其昌笔录而成，后发表于12月《清华周刊》第24卷第16号及12月27日《国闻报》第2卷第5期。笔录者张锐情况不详，吴其昌(1904—1944)为研究院学生，师从梁启超、王国维，其生命的最后阶段为撰写传记《梁启超》呕心沥血，仅成半部而病逝于抗战大后方乐山。在讲演中，梁启超以过来人的身份，对学生讲如何才能成为一个政治家。他认为欲将来成为一个政治家，必须要在学识、才能、德操三个方面加以修养。梁启超忧时伤国，一片爱国热忱，期冀有志于政治活动的青年学子能成为"政治家"而不是"官僚"，从而改变政治上的种种积弊，为中国未来的政治界开辟一个新纪元。今天欲从政的学生当重温梁启超的这篇讲演，学习如何做一个真正的政治家而不是职业的官僚。

政治家之修养，此题在现今状况之下，颇有讲之必要。然"政治家"一名词，在现代为最不合时宜之名词。现今合时宜者在做"官"，不在做"政治家"。故有志于"做官"者，此等问题，正可不必一顾。近年来中国之状态，根本无政治可言，亦无所谓政治家。但有"暴民"与"军阀"，互相勾结而活动。故此处此情况之下，颇为悲观。惟因前涂陷于极悲观之境，故我人有志研究政治学者，愈不得不讲修养，以为将来运用之预备，以期一洗从前之积弊，而造成政治界上一新纪元。故此问题，在现时颇有讲之必要，今分三部讲之：

一、学识之修养；

二、才能之修养；

三、德操之修养。

（一）学识之修养。政治贵在实行，而非空言所能了事。然学识则亦断不可少，而尤其是在当代之政治。凡当代政治之实情，及当代政治上必需之学问，无论何如，必应有充分之了解，但不可以空泛之原理，以衡制一切耳。空泛之原理，如《论语》云"政者，正也"，以其原理而言之，则丝毫不误，而无适于用。凡所谓一切主义，一切原理，皆属于次要部分。譬如医生用药，必须按方对病，随时随处应变，不可云我抱泄泻主义，我抱刻补主义。近时丁在君、胡适之曾言"少谈主义，多谈问题"，此言我以为极是。因主义本身，并无好坏，惟视合乎情形与否。譬如附子、肉桂、大黄、礞石，可以杀人，亦可以生人，惟视病状如何耳！故我人习政治者，不应专讲空论，专讲主义。须知政治是一国的、一时的，但能合时合地者，即是良好政治。譬如井田制度，非不善也，而现时中国情形，则绝对不可行。外国学者，学理纷纭，莫衷一是，然而何者果适宜于中国，则吾人必须先能研究中国本身问题。至于澈底了解，方可有应用之处，方可有取舍别择之能力。否则虽熟背外国法律,亦丝毫无用。

研究问题,应注意下列二点:

(1) 应注重历史上的研究。此项包括甚广,因政治非突然的产物,必有其前因,然后有其后果。研究政治者,必须了解其前因。譬如医生,必须寻讨受症人起病之原因,及其起病后之经过,方可下药。政治家之研究政治,完全同一原理。例如研究关税问题,至少应详细参考《马凯条约》[1]《南京条约》等,以明酿成现在恶果之渊源。吾人对于关税问题,无论其态度或强硬,或软弱,而此种有直接关系之历史,皆应注意。

(2) 应注重现状。譬如医生,既知病源之所在,然犹必须日验其温度,时按其脉搏,不可有一时之粗忽,政治现状之研究亦然。此项研究,广义的可谓之"社会调查",狭义的可谓之"政治调查"。因政治之为物,刻刻在变化之中,故我人

---

[1] 《马凯条约》:即《中英续议通商行船条约》,光绪二十八年(1902)9月5日由吕海寰、盛宣怀与马凯签订,故又称《马凯条约》。

必须以精密敏锐之眼光,时时注意及之。

学问为问题的,非主义的。研究问题,须注重其历史及现状。修养训练之法,不仅限于书本上之知识,或他人之谈话。当使自身对之,苦心搜讨,下切实之研究,不贵博而贵精,最好每年内择政治上两三重大问题而研究之,必以澈底了解为目的。如是浸淫其中久之,则我人之脑经当渐精密,手段亦渐稳固。愈久愈精,则我人虽在学校内,而政治知识已具。他日出而作实际政治时,即能触类旁通,随机应变矣。

此个人之修养方法也。尚有一团体的修养方法,惜乎中国学校,从未有行之者。此种方法,即英人所谓"模拟议会"是也。英著名大学,如剑桥、牛津,行之最盛。当举行时,各种情形,与政府实际情形,完全相同。每年举行一次,所有学生,皆须加入,即不发言,亦应履行表决之义务。提案必须为具体的讨论,问题必须为国家目前实际上重要之问题。学生中分为二党,甲为政府党,则乙为反对党。他日甲党下野,则乙党执政,而甲党反对之。政府党组织内阁后,即提出政治施设之具体计划，反对党出而反驳之，然后付议会表决。当举行时，视之极为尊重，并非视为游戏。除请本校教员出席为旁观及顾问外，又请国内真正之大政治家出席，加以批评及指导。往往有国家政府未决之问题，而学校模拟政府先已决行，国家政府不无少少受其影响者。英美人民之政治训炼，大多根基于是。其后投身政治界者，固可得一番之经验，即一般人民，亦可养成参与政治之习惯，与精密的判断力。此种"模拟议会"，比较实际议会，如觉更有生趣。

模拟议会讨论一问题，必求澈底了解，费时在所不计。须知五分钟、十分钟之辩论，全无用处，此美国人之特性，而中国人所刻意模仿者。然实际上讨论一大问题，非一二小时不办。诸君如有意在清华首创模仿议会，最佳题案，如广州政府将不日公布两案，统一广东后，即日实行：（一）《三三一案》，（二）《四四二案》。（一）案谓田产，三归田主，三归佃户，三归国有，一归中央执行委员会。（二）案谓财产，四归本人，四归国有，二归中央执行委员会。（实行其共产主义。）大可加以注意及讨论。又如关税问题，关税自主，根本无讨论余地，而其过渡办法，及履行自主之手续，则甲党之计划，乙党不妨反对之。此种模仿议会，于实际政治甚有裨补，惜中国无人提倡之者。我怀此意已久，而无机会发表。忆昔居日本时，早稻田大学首创此举，其后日本全国各校，风起仿行，此为极有价值之修养。最好中国由我清华大学首创之，使他校闻风而起，则收效于他日者，实为无量。

（二）才能的修养。此五字，严格论之，似稍有语病。因大政治家类皆具有天才，如非人力所能为。然而天才，并非完全可恃，故吾人必须有相当之修养以辅之。须知有天才者，固无待乎修养，然既有天才，而又能加之修养，则其成就，必更有可观也。即中才而有相当之修养，亦可得相当之效果，若是乎，修养之不可以不讲也。所谓才能者有四：（1）组织，（2）执行，（3）著述，（4）演讲。

（1）组织。中国人之特性，最缺乏者，组织力也。盖往昔之传统思想，完全以个人为单位。以为个人者，天下国家之一份子也,个人尽能自治其身,则天下国家,安得而不治?故《大学》之政治观念,在"先修其身","身修而后家齐,家齐而后国治,国治而后天下平"。华人特性,已缺乏组织力,而又经圣人如此提倡,故中国团体生活几等于零。今以小例之,如中国侨外之留学生,以个人与个人敌,则中国学生从未落人之后,且往往超人之前;若以团体言之,则彼三人所组织者,可敌中国十人所组织者矣。以此推大,则今日中国处此列强之中,非特别注重组织力不能。

(2)执行。孙中山谓"知难行易",余谓未必然。中山之组织能力极佳,而其执行能力则不逮其组织[1]能力远甚。执行须实行之,非空言执行方法所能济。且执行,必须有一二经验丰富之领袖人才,为之指导。春秋时,有父兄执政,子弟观政之制,如子展、伯有、子皮、子产,以次递升。又如今英之外相张伯伦,幼时即为其父老张伯伦之秘书,及其父死,即升为外长,其经验已极丰富矣。

---

[1]　组织:原作"执行",据文意改。

（3）著述，（4）演讲。此二项，前此不甚重要。盖以前政治家，重在得君，今则重在得民。重在得君，但求君一人之信任，即可实现其计划，故无著述、演讲之必要。然当时之伏阙上书，亦可谓之著述；游说纵横，亦可谓之演讲。现代重在得民，则有所施设，必须求民众之了解。故必赖著述及演讲，以征求社会之同情。

在政治确在轨道上行动之时代，则此后二项才能，二者必有其一，方能在政界活动，使中国而无真正之民主政体，则邦国即将云亡，尚何研究政治之可言。如不欲中国之即亡，而欲促真正民主政治之实现，则此二项才能，关系极重要矣。然在此项才能之中，必须注意一点，即不应空言谩骂，禁人之言论自由是也。须知政党虽为政治上不可免之事，然亦必出之心平气和之态度，绝对不能以暴力威迫对方，或类似此项之行动也。

此四项才能之中，前二项在学校中，几无练习之机会。其原因，盖此二项皆偏于实施方面。空言者固无论矣，即有模拟之行动,一方面可以今日之行为,作他日之预备;一方面可于学校之团体上,实验政治之雏形。然须知学校团体,与社会团体,迥乎不类。故此二项,吾人在学校中,修养之机会极少也。

著述及演讲,在学校中修养之机会,亦不甚多。故凡所谓"才能的修养"之四项,在学校中,皆不易实行。最好能追随一富有学识及经济之前辈大师,而作其助手,如前此所讲英外相张伯伦之类。而在今日之中国,则吾人有志研究政治者,所感受惟一之痛苦,即为无良好合格之前辈而随之。使随非其人,则不特无益,反有害也。故在今日,惟在我辈努力以求诸己而已。

(三)德操之修养。德操之修养,似又可分为二种:(1)德量,(2)操守。今分别言之。

(1)德量。政治上之道德,亦随政治之状况而变易。前此所谓政治道德,类皆讲求个人之私德,如清、廉、勤、敏之类。而在今日,则讲求个人之私德以外,又须讲求人与人相互之道德。在今日民主政体之下，政治家惟一之道德，在能容纳异己——能有容纳反对党之气量。否则，欲出于一己之自由垄断，则其结果必至反至于专制。不应全无证据，而动辄诋毁他人之人格；不应遽尔以"卖国贼"三字，为攻击敌党无敌之利器。又敌党当权之时，应尽监督之责，而不应有"撤台"之行为。此种举动，可谥之为"极无价值之消极抵抗"。又如同议一案，敌党主张，为我所反对，然我应须有充分之理由，与之辩论，不可作"意气"之争闹。又一经通过之后，则吾个人或少数人，虽始终持反对之态度，不少改变，然同时必须履行服从之义务。尽可继续无穷，提出于下次会议，而当时则不可不服从多数。是故在一定轨道上之政治，必须有容纳敌党之容量。所谓德量者，此其一。

又为政党领袖者，应绝对的丝毫无嫉妒之心。真正伟大之领袖，必能用较己更高之人物。如汉高祖但能将将，若云将兵则远不如韩信、彭越，谋画则远不如张良、陈平。而高祖能用而尽其才，故帝业克成。若丝毫有嫉妒之心，欲恃一己之聪明才力,以总揽一切,则无论如何,结果必败。如项羽有一范增而不能用,而卒归于亡,此皆其明证也。民国以来之政治家,如袁世凯,不能谓之无才,而根本之病即在于此。段祺瑞等,亦有此弊。故吾人但视某人部下有较彼更高之人材,似即可假定其人为有领袖之才能。《大学》云:"若有一臣,断断猗,无他技,其心休休焉,其似有容也。人之有能,若己有之。"作领袖者,正必须有此种之怀抱,虚心下怀,一言之善,吾必纳之,一技之长,吾必用之。如此,方能有济。又作领袖者,最好能择定一人,因其特长,而专任一事,听其发展,而不少加掣肘。彼所不能当者,我代当之。如此,则人各尽其死力,见效较易,而收效较大矣。能用,则全任之;不能用,则立罢之。此为为领袖者必要之条件。须如齐桓公之于管仲,吴大帝之于张昭,唐玄宗之于宋璟,方可谓有容人之量也。"容人之量",为领袖者惟一之要素。若遇事而嫉妒才高者,排斥异己者,则当时缺一人之助,犹是小事,恐此后必归于失败也。所谓德量者,此其二。

（2）操守。政治界本为鲍鱼之肆，易染恶浊。盖专以权利为后盾者，而于在今日之中国为尤甚。二十来，不知有多少青年，在学校中确具有爱国热诚，而一入社会，则亦随之俱污，殊为可叹。现时政治活动，几于无论如何，不能出下列二项之斜途：得意者，作"红的"坏官僚；失意者，则取极卑劣手段以运动，亦所不恤。不出孔子所谓"患得患失"之一语。若吾人苟有志欲作真正之政治家者，首先必须抱定有"忍饿"之决心，否则随波逐流，与恶社会相浮沉，不数年，即没世无闻。此不特贻害国家，亦徒然牺牲一生。吾愿吾人有志走政治路者，先具有"至死不变强者矫"之精神，与夫"临大节而不渝"之操守。所谓操守者，此其一。

又政治生活，不能不稍用手段。然而用手段，务须有一种限制，不能因欲达吾之目的，则凡可以达目的者，即无所不为。更不能少有卑鄙之丑态，又不当因欲达某项另有作用、并非正当之目的，而滥用其手段，如陈炯明、郭松龄等之行为。须知张作霖，人人得而诛之，惟独郭松龄不能诛之；孙中山，人人可以反对之，惟独陈炯明不可反对。吾人即欲在中国获有政权，亦不应引狼入室，以乱国家，所谓"行一不义，杀一不辜，而得天下，不为也"。或有难者，谓："设有道义之人，不用手段，即不能得政权，其优善之政治，即不得实现，不更可惜乎？则何妨权而变之，稍用手段，以期实现其优善之政治，不犹得逾于失乎？"其实不然，中国现时之乱，即在政客之太不择其手段，日暮途穷，倒行逆施。在政治中奋斗愈久者，此等恶习亦愈重。初因目的而不择手段，后即以污浊手段为目的。中国之乱，完全根据于是，故吾人必须深戒而痛改之。所谓操守者，此其二。

又吾人为政，当以是非之公论为标准，不当因危言而退缩，不当因甘言而诱惑。盖政治上必有相反之两派，吾党得势，则一切政治施设，但求有利于国、民，无愧于良心，即可放胆行去。而失势之党，必故作危词以恐吾，甘词以诱我，冷语以讽我，尼语以阻我，鄙语以笑骂吾。吾但问此项政治，果有益于国、民与否，如果为国、民造福，则当抱"死有所不恤，利有所不顾"之矢誓。一切不正当之言论，丝毫不可为所煽动。若朝三暮四，瞻前顾后，"一凡人誉之，即自以为有余，一凡人阻之，即自以为不足"。此皆所谓"软疲玩熟，无风骨之人也"。所谓操守者，此其三。

吾人如欲养成政治上一伟大之人格，最好专取法于一人。此有如习字然，其初必须模一家，其后乃可变化无方。或谓习字及政治等种种学问，皆须天才，似无待乎模仿。不知既有天才，而更能模仿，则所谓百尺竿头，更进一步者也。模仿之人物，如当世无当意之人，则可于历史上求之。既模仿之，则其初须一举一动，无不效之，如拿破仑一生之学凯沙[1]，苏东坡一生之学白香山等是。在中国历史上之政治人物，可资吾人之模仿者，远之如诸葛亮、王安石、张居正，近之如曾国藩、胡林翼等等，惟在学者任择。但近者则较远者易以模仿，曾与胡皆出自书生，处危难之势，肩重大之任，而勇往直前，义无反顾，互相策勉，互相扶助，其精神诚有足

---

[1] 凯沙：今译为"凯撒"。

多者。

今所讲者,大略尽此。甚望诸君他日有志治政治活动者,于此加以特别注意,即不欲作政治活动者,似亦应注意及之也。

按此文,梁先生讲演已久,后又面语其昌,附益数段。故与讲时微有增多,因此整理,略费时日。然课繁事剧,卒不得暇,稽延过久,不胜歉仄之至! 其昌志

# 清华研究院茶话会演说辞

## 1926 年 11 月

（陆侃如　刘节　合记）

题解：1926 年 11 月某日，清华大学研究院举办第一次茶话会，参与者包括校长曹云祥、导师梁启超、陈寅恪等以及研究生 30 余人。讲演词由研究生刘节、陆侃如笔录，后发表于 12 日《清华周刊》第 389 期。刘节（1901—1977），字子植，浙江温州人，后成为著名的历史学家。陆侃如（1903—1978），字衍庐，江苏海门人，后成为著名的古典文学研究专家。在演说中，梁启超批评现代教育只注重知识的教育，而忽视德性的教育，学校变成了"贩卖知识的地方"，因此希望清华国学院能改变这一不良风气，而发展出一种新学风，即将现代教育与古代书院教育相融合，培养出智仁勇三者兼具或知识与德性二者兼具的人才。他要求学生立志成为一流人物，且用绵密的修养工夫来成就自己;毕业后更能开创新学风,以改造教育和社会。事实上,清华国学院大致达到了这一理想目标。可惜的是,随着王国维、梁启超的先后离世,办了四年的国学院便风流云散,消失在历史的尘埃中。而"现代"教育的车轮滚滚向前,"传统"德性教育则几乎消失殆尽。我们认为,当年清华国学院的教育精神和成就,应该是今日高校办学的一个重要借鉴。此文与后文《北海谈话记》合观,可更了解梁启超关于国学院的教育精神。

校长,诸位先生,诸位同学:

今天是研究院第一次茶话会,本来早就要开,因王静安[1]先生有不幸的事发生,到上海去了,所以缓后了许久。到今天,大家有个聚会的机会,我很高兴。

我们研究院的宗旨,诸君当已知道。我们觉得,校中呆板的教育不能满足我们的要求,想参照原来书院的办法——高一点说,参照从前大师讲学的办法——更加以最新的教育精神。各教授及我自己所以在此服务,实因感觉从前的办法

---

[1] 王静安:即王国维(1877—1927),字静安,号观堂,晚清民国著名学者,清华四大导师之一。下面所说"有不幸的事发生",是指其长子王潜明1926年病逝于上海。

有输入教育界的必要,故本院前途的希望当然是很大的,但希望能否实现,却不全在学校当局,还在诸位同学身上。我所最希望的,是能创造一个新学风,对于学校的缺点加以改正。固然不希望全国跟了我们走,但我们自己总想办出一点成绩,让人家看看,使人知道这是值得提倡的,至少总可说,我们的精神可以调和现在的教育界,使将来教育可得一新生命,换一新面目。

现在的学校大都注重在智识方面,却忽略了智识以外之事,无论大学、中学、小学,都努力于智识的增加。智识究竟增加了没有,那是另一问题,但总可说现在学校只是一个贩卖智识的地方。许多教员从外国回来,充满了智识,都在此发售,学生在教室里若能买得一点,便算好学生。但学问难道只有智识一端吗?智识以外就没有重要的吗?孔子说过:"知仁勇三者,天下之达德也。"又说:"知者不惑,仁者不忧,勇者不惧。"又说:"好学近乎知,力行近乎仁,知耻近乎勇。"这都是知仁勇三者并重的。不但中国古圣贤所言如此,即西国学者也未尝不如此。所谓修养人格、锻炼身体，任何一国都不能轻视。现在中国的教育真糟，中国原有的精神固已荡然，西洋的精神也未取得，而且政治不良，学校无生气，连智识也不能贩卖了。故我们更感到创造新学风的必要。

本院同学，一部分是受过大学教育的，一部分是从名师研究有素的，在全国教育界占最高位置。受到这种最高教育的人，当然不能看轻自己，从本院发生一个新学风，是我们唯一的责任。若仍旧很无聊的冒充智识阶级，便不必在此修学。既到这里，当立志很高，要做现代一个有价值的人，乃至千百世的一个有价值的人。孟子说："士何事？曰：尚志。"孔子说："吾十五而志于学。"立志高的人犹恐未必成功，何况立志不高的人？诸同学既在这全国最高学府内修业，必当发愤做一个伟大的人——小之在一国，大之在世界；小之在一时，大之在千古。

所谓伟大的人，必如何而可，不能不下一解释：这并不看他地位之高低，与事业之大小来断定，若能在我自己所做的范围以内，做到理想中最圆满的地位，便算伟大。从前日本一个老学者，在日俄大战以后，说东乡大将的功劳，与做皮靴的工人一样。因为没有大将固不能战胜俄国，然没有好的皮靴也不能战胜。所以不能拿事情的大小来比较价值的高低，只要在自己所做的事业中做一个第一流的人物，便算了不得。诸同学出校后，若做政治家，便当做第一流的政治家，不要做一个腐败的官僚；若做学问家，便当做第一流的学问家，能发前人所未发而有益于后人；若做教员，便当做第一流的教员，中小学教员不算寒酸，大学教员不算阔，第一流的小学教员，远胜于滥竽的大学教员。总之，无论做何事，必须真做得好，在这一界内必做到第一流。诸位必须把理想的身分提高。孟子说："孔子不得中道而与之，必也狂狷乎！狂者进取，狷者有所不为也。"又说："孔子岂不欲中道哉？不可必得，故思其次也。"他说狂者："其志嘐嘐[1]然，曰古之人，古之人！夷考其行，而不掩焉者也。"孔子门弟子，如曾点，年纪

---

[1] 嘐嘐：形容志大且言大。嘐音 jiāo。

与孔子差不多,可以说是一个狂者,然孔子很奖励他。所以我们要把志气提高,自己想这样做,做不到不要紧,但不要学一般时髦人,必要自己真有所成就,做人必须做一个世界上必不可少的人,著书必须著一部世界上必不可少的书,这是我们常常要提醒的。

本源既立,我们便要下一番绵密的工夫来修养,大约有两个方法:一是因性之所近的来扩充,二是就自己所短的来矫正。第一法是孟子的主张,第二法是荀子的主张,我们当二法并用。一方面要看出自己长于那一点,竭力去发挥,便容易成功,修养道德是如此,砥砺学问也如此。但一方面要注意自己的短处,我们总不能没有缺点,或苦于不自知,或知而怯于矫正。孔子说颜渊死了便无好学的人,而所谓好学,即"不贰过,不迁怒"二句,这是说缺点当勇于改正,自己不知,若经师友告知,当立刻改去。这是古圣贤终生修己教人的工夫,也是学问天天进步的基础,便是年纪老了,也不停止,尤其在青年的时候,当如何磨砺,才把底子打好。

现在学校教育真可痛心,无法令青年养成这种习惯。小学教育,我不很明了;中学教育,从不注意到修养方面,整天摇铃上课,摇铃下课,尽在历史、地理、物理、化学转来转去。安分守己的青年,尚可得些机械的智识,然出校后,也无处找饭吃,找不到,便要颓丧下去;幸而找到,则混了几十年,便算过了一世。还有对于政治运动很热心的,连机械的工课也无心听了。政治固当注意,但学无根底,最易堕落,或替官僚奔走,或钩结军阀,承望他们的颜色,做个秘书,这是最糟的。激烈的,便只知破坏一切,以攫取政权,若能达到目的,便什么坏事都可做。这派人的领袖既如此,青年自然也跟着这个方向去。

在此黑暗时代,青年以为实力派更糟,与其向这"黑"的方面走,不如向"赤"的方面走。不要说青年如此,便是我五十多岁的人,觉得既无第二派,自然不趋于黑而趋于赤。青年若能心地洁白,抱定正当目的去干破坏的事业,坚持到底,也还不妨。但千百人中,恐无一人能如此。少有成功,便趾高气扬;偶有失败,便垂头丧气;或投降军阀,什么坏事都能干出。这黑与赤的两条路都是死路,青年不入于彼,即入于此。若将来的青年仍如此,则国家便没有希望了。我们五十多岁的人不要紧,至多不过二十年,好事也做不多,坏事也做不多;青年日子正长,青年无望,则国家的文化便破产了。

全国青年都在这状态之下,本院同学的责任特别重。诸君在全国青年中虽占少数,但既处于最高地位,自当很勇敢的负此担子,跳出来,细察一般青年的缺点,从事于移风易俗的工作。若大家有此志,当可成功。古圣贤一二人可开一新风气,何况我们有三四十人。三人为众,三十人便十倍了。且学校生命是很长的,一年三十人,十年便三百人。出校后,若能互通声气,立志创造新学风,不怕一般青年怎样堕落,我们发心愿来改正,终有成功的一日。诸位在此切实预备,在智识外,要注意修养,或同学间互相切磋,或取师长的行动做模范,将来在社会上都能做第一流人物,便可不辜负学校当局创办本院的好意,及各位教授在此服务的苦心了。

# 蔡松坡与袁世凯

## 1926 年 12 月 25 日在清华大礼堂讲演

　　题解：1926 年 12 月 25 日，"护国运动"发动十周年之际，时任清华大学国学院导师的梁启超，作为亲身经历者，为纪念这一运动，在清华大礼堂为师生作大会讲演。当日虽天气寒冷，但学生热情高涨，早早到来，挤满了整个大礼堂。讲演辞后发表于 29 日《晨报副镌》。在讲演中，梁启超没有谈自己的功劳，而是从比较蔡锷（松坡）与袁世凯入手，分析武力弱小的一方蔡锷之所以战胜武力强大的一方袁世凯，在于前者代表了国民意志力，以强大的国民意志力作后盾故能取得成功。同时国民意志力的发挥，又需要英雄人物的人格指导力、人格感化力来发动，而蔡锷正具有这样的人格力量。蔡锷的人格不是天生的，而是从学习、锻炼中得来的，他以王阳明、曾国藩等为模范来修养自己。一句话,"护国运动"的胜利本质上是靠人格修养来达成的。这是梁启超关于修身的一个重要观点,对于王阳明、曾国藩等之所以取得事功上的成就,他亦作如是观。这是梁氏用生动的实例来阐发儒家修身、齐家、治国、平天下的道德修养思路。最后,他希望青年学子人人都学蔡锷,人人都做蔡锷。

　　今天令我很感动,到这儿一看,这样大的礼堂,黑压压的都坐满了,方才又听见主席说,十二点钟的时候,已经有许多人来,到一点钟,早没空位子了。大冷的天气,难得大家还这样热心,我自己很害怕,怕我的言论不足以副诸君之望。从今天到的人这么多,可以看出全国人拥护共和的心理:我们的心理,就是全国人心理的表现。因为今天是拥护共和、恢复国体的纪念,大家才到这儿来,不单为听某人的讲演,为的是共和之失而复得,国体之危而复安,都在今天,所以格外的高兴了。

　　今天去护国之役——云南起义,刚满十周年。十年前,蔡松坡将军,在云南起义抗袁,他所谓"为人格而战",使得已失的人格保全,已坏的国体恢复,就在今天。不过今年纪念的意味，比往年格外重大，因为今年是十周年，所以对于蔡将军的感想，格外深长些。每年到今天，立刻想起两个人：一个是护国将军蔡锷，一个是洪宪皇帝袁世凯。我今天不是比较他们二人的优劣，乃是报告事实。对他们二人，我不愿多下批评，不过这幕很有名的戏剧，他们二人是主脚，不得不提出来大概讲讲。

我们对于这个拥护共和的纪念，觉得十年前那种义举，给我们两种教训：

一、国民意志力的伟大。

二、人格指导力的伟大。

从第一项，我们可以看出，无论什么力量，都比不上国民意志力：要是全国国民公共意志所反对的，无论什么力量，当之必破。十年前护国之役，两边的力量，绝对不成比较。袁世凯在武力方面，历史很深，从清末淮军起，他就发生关系。他本是淮军子弟出身，淮军方面，自李文忠[1]死后，承

---

[1] 李文忠：即李鸿章(1823—1901)，谥文忠。

继的人，便是袁世凯。清末小站练新军，他又是第一个人，在满洲政府下面，他的势力，已经布满于北洋几省了。辛亥革命，与袁世凯毫不相干，结果政治大权，完全落到他手里，革命党人几无所得。以他从前的地位，清末的地位，假使稍知世界大势，国民真意，要建设强固国家，并不是不可能。但是他在作临时大总统时，已经在作当洪宪皇帝的梦，著著预备，都不外想满足他个人的野心。我们觉得这个人可惜，又觉得这个人可恨。

那时所谓新军，不过七八师人，器械比较精良，士卒比较有训练，都在他一人手里。假使他仗着这种兵力，维持治安，保护秩序，一切措施，咸以民治精神为准则，不特无人反对，大家一定帮忙。但是他不替国家设想，专替自己设想。即如张勋、倪嗣冲[1]，在那时一个不过千余人，都是些腐败队伍，早应当设法解散，而且他的力量解散张、倪的军队易如反掌，不过他怀着鬼胎，恐怕自己手下的新军靠不住，极力拉拢

---

[1]　倪嗣冲：安徽阜阳人，皖系军阀中实力人物。

张、倪二人，以为牵制。不错，他虑得很是，后来帝制发生，段祺瑞、冯国璋都不赞成，总算他有先见之明了。北洋军队，在我们看来，腐败不堪，但在民国初年，实在比较稍好，他把张、倪一流人物留下，北洋的名誉便让他们弄糟了。

他一面拉拢腐败军队，抵制新军；一面又勾结下级军官，抵制上级军官，中国军纪算是他一手破坏的。按理一师一旅，应当由师长、旅长管去，他恐怕师、旅长权大，天天同下级官军勾结，连长、排长可以直接同他见面。与士卒同甘苦，古来名将，原是有的，但是老袁的用意不同，他想连长、排长都受他的指挥，不受师、旅长的指挥，师、旅长的命令，连、排长可以不遵行，须得问他请示去。等到他作皇帝时，上级军官虽然反对，下级军官仍然赞成，他便可以毫无忌惮了。我们但知道，外交方面，他断送了许多权利；财政方面，他滥借了许多外债；还不知道军事方面，弄得纲纪毫无，士卒离散啊！

他这种举动，起初大家以为他别无深意，不过是他见识不到罢了。直到筹安会发生，筹备大典，大家才知道老袁用心不浅,种种举动,种种预备,都为的是这一著。几十年的势力,慢慢地培植,作总统时,已经在那儿预备当皇帝了。当民国三四年之交,筹安会的论调,高唱入云,老袁自谓算无遗策,瞪眼看看全国,差不多没有人能同他抵抗。他并不是不知道,全国国民,珍重而且拥护我们的五色国旗。他很明白,全国国民,都反对他当皇帝。不过他以为要抵抗,除非要有充分的力量,眼看作全国人是不济事的。他以为头一种力量是枪炮,放着手里有几十万雄兵,还怕谁来;第二种力量是金钱,有的是外债,有的是造币厂,不愁劳人不顺着他的指头动。但是结果怎么样?几十万雄兵,几千万金钱,其效力几等于零,他的皇帝,于是当不成。由这一点看,他根本上没有知识,全不了解国民意志力的伟大。

转过头来,看蔡松坡方面,护国军起的时候,闹得轰轰烈烈,到底有多少人,当时不知道。他拍出来四处求援的电报,亦只吹他有几多军队,几多器械。后来战事完了,从军中字纸篓中,找出他支配军队的清单,不过三千一百三十个大人。

他不单初出兵是这么多人，始终是这么多人，不曾得一点接济。好几月后，才有几省独立响应，但是远水不救近火，他只能以孤军奋斗，好像下围棋，走得没有眼了。你想，这是如何的危险？他自出兵以来，以三千一百三十人，与袁世凯相对抗。初战在叙府，蔡方有多少人，我没调查清楚，袁方为冯玉祥一旅。蔡军得胜，冯军退到成都，袁世凯看见事情大了，才倾全国之兵力去讨伐他。

袁军从汉口开到重庆泸州的，是他亲信的长胜军，第三师、第七师。直接在前线的是第三师，曹锟是师长，那时吴子玉[1]许还是团长。此外四川方面，依附袁军的不少。总数大致不下十万人。三千对十万，人数既很悬殊，枪炮的良窳，子弹的多寡，简直不成比较，军饷方面，更不用说。老袁以为蔡松坡不过么小卒，满不在意。不特老袁如此想，一般人亦如此想；就是外人方面，虽觉得蔡松坡人可佩服，其实不过表示表示而已，绝对不会成功的。就是松坡自身，亦是毫无

---

[1] 吴子玉：即吴佩孚(1874—1939)，字子玉，北洋军阀。

把握，他从北京到天津，由天津转日本，又由日本回云南。临别的时候，与我相约两句话："成功就下野，决不争地盘；失败就殉国，决不想亡命。"我们都觉得这句话，不过讲讲而已，见面的机会，恐怕这是最后一次了。蔡松坡向国内国外的，都说是为争人格而战。这句话从何说起呢？老袁强奸民意，伪造几十万人的劝进表，以为全国人都像王莽篡汉时，大家劝进一样。松坡觉得这样一来，我国人在世界上，太没有面子了，他出头争一回已失的人格，原不打算成功。

但是后来虽不能击败袁军，尚能两下相持，几个月后，袁军内部，纷纷离散，各省又独立响应，老袁一气而亡。固然，袁若不死，十万不够，再添十万，最后失败，总仍属在松坡，不过最少可以表示国民的真意。反过来，松坡若败，他带的三千人，一个个都死完，老袁亦不会成功，因为他违反民意，迟早是要败的。蔡松坡所以打胜，自己的力量，不过一小部分，大部分的力量，靠那视之不见、听之不闻的国民意志力。袁世凯虽拥几十万雄兵，又有全国官吏，为作爪牙。事实上，全国人心都反对他。当筹安会发起时,早已痛心疾首,不过大家没有表示的机会而已。所以老袁名义上有十万雄兵,实际上不过一个独夫。以十万对三千,固然彼众我寡;以三千对独夫,就变成彼寡我众了。我们全国人的意志,借蔡松坡的力量表现;他的力量,又靠全国人的意志支持。从这一点看来,令我们十分兴奋。不要看见国内军阀,如何作威作福,自己失望,其实不相干:大军阀如袁世凯尚还不济事,何况二等袁世凯,三等袁世凯,将来一定要走同一的命运。他们那种力量,都不是真力量,那种力量发挥得愈大,愈能激起全国民的意志力,他们的独夫资格,一天天的加增。由建设在国民意志方面的力量看他们,都不过是些纸老虎。

以国民意志对独夫的战争,头一次为蔡松坡与袁世凯,虽然不算十分成功,但是以三千对十万,以少对多,终能得最后胜利。由此可知,靠国民意志作后盾,总可以有相当成就。我们看现在作威作福的军阀,不要以为不得了,他们的力量实际上很有限,国民意志力一天天的进步,他们的力量一天天的减少。一等袁世凯去了,二等三等袁世凯亦去了,四等五等的袁世凯,亦将照样的下去。这都是表示国民意志力伟大的证明,很可以令我们兴奋。

从第二项,我们可以看出国民意志力,要有人格指导力,才能充分表现。要是人格指导力小,国民意志力,亦不易发挥出来。洪宪帝制发生,大家看五色国旗,被人扯破了,很生气,很悲愤。当时想作蔡松坡的事业,有同样见解、同样理想的人,谅来不少,但是都没有作出来,惟有他一人成功。他为什么能成功? 一方面靠从前的地位,所以能得到从前的地位,所以能举起义旗,所以能抵抗到底,还是靠人格感化。因此我对于蔡松坡平日的修养,大概的讲讲。

松坡弱不胜衣,家道清贫,我同他关系很深,知道很清楚。十五岁时,他入湖南时务学堂,作第一批的学生,从邵阳家下到长沙,穷得到搭船的钱都没有,十一月大冷天气,冒冰霜走路去的。后来时务学堂解散,赴日本留学,到上海,身边只剩下一百二十文有孔的铜钱,都从亲戚朋友凑合起来的,算是穷极了。他体子又不强,永远是瘦瘦的,后来早死,身体弱是主要的原因,但是他很能刻苦耐劳,身体他时常设法校正恢复。他一生最得力的,是陆象山[1]、王阳明的学问,见人讲话,说不到几句,便引到阳明、象山。他又对他的乡先辈曾文正[2]、胡文忠[3]很佩服,拿来作他的模范人格。他说胡文忠才气太大,虽令人佩服,然不好学;曾文正虽正,然而努力校,是最好的模范。他在青年时,约当十五、十六、十七这几年,旁的学问没有,惟一心学曾文正、王阳明,得的工夫到是不少,后来出外留学,学识增加,先有底子,以后学的愈多,学得愈有力量。他个人的性格同修养大概如此。

他从日本回来,当时学新兵的人很少,许多地方都找他,起先到广西,后来又到云南。在云南约三四年,适逢辛亥革命,能就首先独立,又派兵援四川,援贵州,在督军位上,有三

---

[1] 陆象山:即陆九渊(1139—1193),字子静,号象山,南宋心学家。
[2] 曾文正:即曾国藩(1811—1872),谥文正。
[3] 胡文忠:即胡林翼(1812—1861),谥文忠,晚清中兴名臣之一,湘军重要首领。

年之久。那时他看是武人拥兵自卫,恐怕酿成藩镇的祸乱,他要以身作则,首先要求解除兵柄,屡次打电报到北京辞职,袁世凯不许可他。他因为自己主张,非贯彻不可,去意异常坚决,老袁到底放他走了。他自从毕业后,作军官六七年,作都督三年,死的时候,不惟没有存钱,反负了五千多块钱的账。幸喜债主还好,不问他追要了。他死了,家里还是从前一般的穷困,没有片田,没有块瓦,衣服朴素,饮食粗陋。他的老太太、夫人、小姐、公子,全靠政府的恤金、朋友的奠仪,生利来养活。这些虽是小节,很可以看出他对于辞受取予,异常严格,国家以外,不知道有个人,所以他的人格,很能使大家相信。

旁的人同他一般的志气,旁人作不出,他作得出。他起义时,离云南几年了,一个手无寸铁的人,千辛万苦,跑到云南,到的时候,气象为之改观。他以十二月十九到云南,到后不满一礼拜,护国军的旗帜,就举起来了。他走的时候,本来很秘密,但是动身以后大家就知道了。一到云南,金融立刻平息,人民以十二分的热忱欢迎他,请他报告北京的情形,他于是发表主张,要为人格而战,云南人异常感动。十二月十九以前,还是这个地方,还是这般国民,群众意志,为什么不能表现? 云南并不是没有长官,当时的长官为唐继尧,唐为什么不能起义? 唐以现任都督,所不敢作的,蔡以前任都督资格去,人心如发狂,立刻作出来了,皆因人格伟大,大家看见后佩服,说坏一点,依赖,才能有这种样子。这并不是临时做到的,要靠平日的修养。他平日能以人格示云南,所以一旦出头,大家放心高兴,随他作去,可以由他初起义时,看出他人格的伟大。

他从出兵后,头一次在叙府打胜仗,再往前进,到纳谿,与十万袁军相对抗。本来有三千多人,加上四川响应的军队,有一两万人,但是都不得力,打先锋的退下来了,他在后方努力支持,败军如潮水一般。旁的军官都以为没有法子,主张退,他虽坚持,然拗不过大家的意思,慢慢地持冷静的态度退下。本来不退,到了非退不可时,还能看好地点、时间及步骤，一步步的往后退。那时他很悲愤，军中遗墨中，有这两句话："熬不过最后五分钟，实在可惜。"退到大洲驿，士气异常颓丧，慢慢想方法恢复，他让大家休息、吃饭、洗脸、换衣、休息。用了两天一夜的工夫，一连一连的慰问，士气大振。他于是下命令说，再退一步，不是我们的死所：排长退，连长斩之；连长退，营长斩之；旅长、师长退，总司令斩之；总司令退，全军斩之。军容又从新恢复起来。

　　这个时候，袁军陆续到了，云南方面，可是毫无接济。以三千之众，当十万之兵，前后支持，凡两个半月。据后来在他军中的人说，他每天只睡一个半钟头，吃的饭异常粗糙，带泥沙咽下。自总司令到小兵无不捉襟见肘，这几天的困难，就可想而知了。他与袁军接触，大战三回，小战六七回，每攻击一次，袁军总受大创。两个多月的工夫，袁军只能把他包围，不能把他击退，后来渐渐的袁军兵心离散，然后这三千多被包围的军队，复活过来。据他军中的人说，只有他，才能于大敌包围之下，如此镇定，饥寒交迫，士气仍然旺盛，换一个人，绝对办不到。大家都同心同德，自愿同生同死，皆因他感化力大，令人佩服，所以能以极少极微的力量，抵抗强敌，终能获最后胜利。

从这点看来，救国要靠国民意志力，国民意志力时常有的，所谓公论自在人心，但是国民意志力，要靠伟大人格作指导。有伟大人格指导，国民意志可以发生作用；没有，就不能发生作用。当时，有力量反袁的人如国民党，都亡命在海外，所以袁氏心目中，以为不会有人抵抗他了，那里知道又跳出一个蔡松坡，与他为难呢！假使没有蔡松坡，我不敢说袁世凯亦做不成皇帝，然局面必不如此，亦许能维持一二年的局面，但民气决不会如此发扬，这是我们可以断定的。所以国民意志力，要伟大人格去指导；有伟大人格指导，民气可以很旺。我们不必怕持枪的人，他们的力量有限得很，要想抵抗他们容易，单看我们的人格修养何如。如果人格可以令许多人相信，事到临头，自然可以担负重任，抵御强敌。但这不在临时，乃靠平日的修养。

　　蔡松坡自十六七岁起，不断的锻炼精神，锻炼身体，自己觉得不伟大，以伟大人物，如王阳明、曾文正作模范，好像一盏明灯，远远地照耀着、领导着，人格就一天天的扩大了。以他的地位，比他的模范人物王阳明、曾文正，自然他觉得不够，但是我们看来，只有关系还要重大，没有赶不上的。我们还要知道，他死得早，死时不过三十五岁，假使他有王、曾一般的高寿，成就或者还要伟大点，亦未可知。蔡松坡不是天才，体气不好，努力锻炼，知识不够，努力用功，毕竟能做到如此伟大，在中国史上无论如何，总有他的地位。大家的才气，不弱似蔡松坡，他坚苦卓绝，进行不懈，我们亦坚苦卓绝，进行不懈，必能做到他那个样子。因为今天的纪念，大家都想他学他，乃至十年后的纪念，还想到二十年前有这样一个人，人人努力，人人都可以作蔡松坡，这才是这个纪念的价值，这个纪念会才算不虚开了。

# 王阳明知行合一之教

## 1926年12月在北京学术讲演会及清华学校讲稿

题解：1926年12月，梁启超在北京学校讲演会、清华大学同时讲《王阳明知行合一之教》，因内容丰富，分多次才讲完。讲演稿后发表在该月20日至次年2月12日《晨报》上。梁启超大讲、详讲阳明学，是有很深的学术、文化背景的。青年时，他在万木草堂跟随康有为学习陆王心学，此后一直服膺之。心学不仅是其学术思想的根基，而且还是其修身养性的重要指导。因之亦一直致力于阐扬、传播此学，如1897年主办时务学堂时，向学生授以陆王心学的修养论；再如1905年编纂的《德育鉴》和《节本明儒学案》，核心内容是心学，尤其是阳明学。梁启超晚年尤其大力弘扬阳明学，一个更为重要的原因是现代学校几乎变成了"智识贩卖所"，而缺乏人格修养的学问,故学生之精神无所寄托。欲救治这一弊病,梁启超认为王阳明的"致良知"之教,乃最简捷、最有效的方法,甚至可以说是"唯一的救济法门",为学界"独一无二之良药"。此讲演稿集中而详细地阐述了王阳明的修身之学,主要包括三个方面:一是"知行合一"说的主要内容,二是"知行合一"说的哲学根基,三是"致良知"的具体修养工夫。比起民国时期,我们现在的学校更加缺乏修身之学,而社会风气也亟待改善,故王阳明的"知行合一、致良知"之教于今日尤为迫切,更值得提倡。人人都应知行合一,人人都应致良知,天下风气之转,关乎每一个人,故此讲演稿值得深入研读,并依之躬行。

# 一 引 论

现代(尤其是中国的现在)学校式的教育,种种缺点,不能为讳,其最显著者,学校变成"智识贩卖所"。办得坏的不用说,就算顶好的吧,只是一间发行智识的"先施公司":教师是掌柜的,学生是主顾客人。顶好的学生,天天以"吃书"为职业,吃上几年,肚子里的书装的像蛊胀一般,便算毕业。毕业以后,对于社会上实际情形不知相去几万里,想要把所学见诸实用,恰与宋儒高谈"井田封建"无异,永远只管说,不管做。再讲到修养身心、磨炼人格那方面的学问,越发是等于零了。学校固然不注意,即使注意到,也没有人去教,教的人也没有自己确信的方法来应用,只好把他搁在一边拉倒。青年们稍为有点志气,对于自己前途切实打主意的,当然不满意于这种畸形教育,但无法自拔出来,只好自己安慰自己说道:"等我把智识的罐头装满了之后,再慢慢的修养身心与及讲求种种社会实务吧。"其实那里有这回事,就修养方面论,把"可塑性"最强的青年时代白白过了,到毕业出校时,品格已经成型,极难改进,投身到万恶社会中,像洪炉燎毛一般,拢着边便化为灰烬。就实习方面论,在学校里养成空腹高心的习惯，与社会实情格格不入，到底成为一个书呆子，一个高等无业游民完事。青年们啊！你感觉这种苦痛吗？你发见这种危险吗？我告诉你唯一的救济法门，就是依着王阳明知行合一之教做去。

知行合一是一个"讲学宗旨"，黄梨洲说："大凡学有宗旨，是其人之得力处，亦即学者之入门处。天下之义理无穷，苟非定以一二字，如何约之使其在我？"（《明儒学案发凡》）所谓"宗旨"者，标举一两个字，或一两句话头，包举其学术精神之全部，旗帜鲜明，令人一望而知为某派学术的特色。正如现代政治运动、社会运动之"喝口号"，令群众得个把柄，集中他们的注意力，则成功自易。凡讲学大师标出一个宗旨，他自己必几经实验，痛下苦功，见得真切，终能拈出来，所以说是"其人得力处"。这位大师既已循着这条路成就他的学问，他把自己阅历甘苦指示我们，我们跟着他的路走去，当然可以事半功倍，而得和他相等的结果，所以说是"即学者入门处"。这种"口号式"的讲学法，宋代始萌芽，至明代而极成。

"知行合一"，便是明代第一位大师王阳明先生给我学术史上留下最有名，而且最有价值的一个口号。

口号之成立及传播，要具备下列各种要素：（一）语句要简单。令人便于记忆，便于持守，便于宣传。（二）意义要明确。明谓显浅，令人一望而了解；确谓严正，不含糊模棱以生误会。（三）内容要丰富。在简单的语句里头能容得多方面的解释，而且愈追求可以愈深入。（四）刺激力要强大。令人得着这个口号，便能大感动，而且积极的向前奋进。（五）法门要直捷。依着他实行，便立刻有个下手处，而且不管聪明才力之大小，各各都有个下手处。无论政治运动、学术运动、文艺运动等等，凡有力的口号，都要如此。在现代学术运动所用口号，还有下列两个消极的要素：（一）不要含宗教性。因为凡近于迷信的东西，都足以阻碍我们理性之自发，而且在现代早已失其感动力。（二）不要带玄学性。因为很玄妙的道理，其真价值如何姑勿论；纵使好极，也不过供极少数人高尚娱乐之具，很难得多数人普遍享用。根据这七个标准,来评定中外古今学术之"宗旨"——即学术运动之口号,我以为阳明"知行合一"这句话,总算最有永久价值,而且最适用于现代潮流的了。

阳明所用的口号,也不止一个,如"心即理",如"致良知",都是他最爱用的。尤其是"致良知"这个口号,他越到晚年叫得越响。此外如"诚意",如"格物",都是常用的。骤看起来,好像五花八门,应接不暇,其实他的学问是整个的,是一贯的,翻来覆去,说的只是这一件事。所以我们用"知行合一"这个口号代表他的学术全部,是不会错的,不会挂漏的。

口号须以内容丰富为要素,既如前述。"知行合一"这句话,望过去像很简单,其实里头所含意义甚复杂、甚深邃,所以先要解剖他的内容。

## 二 "知行合一"说之内容

把知行分为两件事,而且认为知在先,行在后,这是一般人易陷的错误。阳明的"知行合一"说,即专为矫正这种错误而发。但他立论的出发点，今因解释《大学》和朱子有异同，所以欲知他学说的脉络，不能不先把《大学》原文作个引子。

《大学》说："欲修其身者，先正其心；欲正其心者，先诚其意；欲诚其意者，先致其知；致知在格物。"这几句话教人以修养身心的方法，在我们学术史上含有重大意味，自朱子特别表章这篇书，把他编作"四书"之首，故其价值越发增重了。据朱子说，这是"古人为学次第"（《大学章句》），要一层一层的做上去，走了第一步才到第二步，内中诚意、正心、修身是力行的工夫，格物、致知是求知的工夫。朱子对于求知工夫看得尤重，他因为《大学》本文对于"诚意"以下都解释，对于"致知格物"没有解释，认为是有脱文，于是作了一篇《格致补传》，说道："所谓'致知在格物'者，言欲致吾之知，在即物而穷其理也。盖人心之灵莫不有知，而天下之物莫不有理，惟于理有未穷，故其知有不尽也。是以大学始教，必使学者即凡天下之物，莫不因其已知之理而益穷之，以求至乎其极。至于用力之久，而一旦豁然贯通焉，则众物之表里精粗无不到,而吾心之全体大用无不明矣。"依朱子这种用功法,最少犯了下列两种毛病:一是泛滥无归宿,二是空伪无实着。天下事物如此其多,无论何事何物,若想用科学方法,"因其已知之理而益穷之,以求至乎其极",单一件已够销磨你一生精力了,朱子却是用"即凡天下之物"这种全称名词,试问何年何月才能"即凡"都"穷"过呢? 要先做完这段工夫,才讲到诚意正心等等,那么诚正修齐治平的工作,只好待诸转轮再世了,所以结果是泛滥无归宿。况且朱子所谓"穷理",并非如近代科学家所谓客观的物理,乃是抽象的徜恍无朕[1]的一种东西,所以他说有"一旦豁然贯通,则表里精粗无不到"那样的神秘境界。其实,那种境界纯是可望不可即的——或者还是自己骗自己。倘若真有这种境界,那么"豁然贯通"之后,学问已做到尽头,还用着什么诚意、正心等等努力,所谓"为学次第"者何在? 若是自己骗自己,那么用了一世格物穷理工夫,只落得一个空,而且不用功的人,那个不可以伪托,

---

[1] 徜恍无朕:徜恍,不真切,难以捉摸、辨认。无朕,没有迹象。

所以结果是虚伪无实着。

阳明那时代，"假的朱学"正在成行，一般"小人儒"都挟着一部《性理大全》作举业的秘本，言行相违，风气大坏。其间一二有志之士，想依着朱子所示法门切实做去，却是前举两种毛病，或犯其一，或兼犯其二，到底不能有个得力受用处。阳明早年，固尝为此说所误，阅历许多甘苦，不能有得。[注一] 后来在龙场驿三年，劳苦患难，九死一生，切实体验，才发明这"知行合一"之教。

(注一)《传习录》黄以方记阳明说："初年与友论做圣贤，要格天下之物，因指亭前竹子令格去看，友格了三日，便劳神致疾。某说他精力不足，因自去穷格，到七日亦以劳思成疾。遂相与叹圣贤是做不得的，无他大力量去格物了。"观此，知阳明曾犯过泛滥无归宿的病。

又《文集·答季明德书》云："若仁之不肖，亦常陷溺于其间者几年，伥伥然自以为是矣，赖天之灵，偶有悟于良知之学，然后悔其向之所为者，固包藏祸机，作伪于外，而心劳日拙者也。"观此，知阳明曾犯过虚伪无着落的病。

"知行合一"这四个字，阳明终身说之不厌，一部《王文成全书》，其实不过这四个字的注脚。今为便于学者记忆持习起见,把他许多话头分成三组,每组拈出几个简要的话做代表。

第一组　"未有知而不行者,知而不行,只要未知。"(《传习录》徐爱记)

第二组　"知是行的主意,行是知的工夫;知是行之始,行是知之成。"(同上)

第三组　"知行原是两个字说一个工夫,知之真切笃实处便是行,行之明觉精察处便是知。"(《文集·答友人问》)

第一组的话,是将知行的本质为合理的解剖说明。阳明以为,凡人有某种感觉,同时便起某种反应作用;反应便是一种行为,感觉与反应,同时而生,不能分出个先后。他说:

《大学》指出个真知行与人看,说:"如好好色,如恶恶臭。"见好色属知,好好色属行,只见那好色时已自好了,不是见了后,又立个心去好。闻恶臭属知,恶恶臭属行,只闻那恶臭时已自恶了,不是闻了后,又立个心去恶。如鼻塞人,虽见

恶臭在前,鼻中不曾闻得,便亦不甚恶,亦只是不曾知臭。(《传习录》徐爱记)<sup>(注二)</sup>

　　(注二)《大学》"如恶恶臭,如好好色"那两句话,是解释"诚意"的,阳明却说他"指出个真知行"。盖阳明认致知为诚意的工夫,"诚意"章所讲,即是致知的事,故无须再作《格致补传》也。此是阳明学术脉络关键所在,勿轻轻看过。

　　这段譬喻,说明知行不能分开,可谓深切著明极了,然犹不止此,阳明以为感觉(知)的本身,已是一种事实,而这种事实,早已含有行为的意义在里头。他说:

　　又如知痛,必已自痛了方知痛;知寒,必已自寒了;知饥,必已自饥了。知行如何分得开? 此便是知行的本体——不曾有私意隔断的。<sup>(注三)</sup>必要是如此,方可谓之知,不然,只是不曾知。(同上)

　　(注三)此文虽说"知行本体",其实阳明所谓本体,专就"知"言,即所谓良知是也。但他既已把知行认为一事，知的本体，也即是行的本体，所以此语亦无病。

又阳明是主张性善说的，然则恶从那里来呢？他归咎于私意隔断，此是阳明学说重大关目，详见第四章。

常人把知看得太轻松了，所以有"非知之艰，行之维艰"一类话（案：这是《伪古文尚书》语），徐爱问阳明："今人尽有知得父当孝、兄当弟者，却不能孝、不能弟，便是知与行分明两件事。"阳明答道："如称某人知孝，某人知弟，必是其人已曾行孝、行弟，方可称他知孝、知弟，不成只是晓得说些孝弟的话，便可称为知孝、知弟。"（同上）譬如现在青年们，个个都自以为知道爱国，却是所行所为，往往与爱国相反。常人以为他是知而不行，阳明以为他简直未知罢了。若是真知到爱国滋味和爱他恋人一样（如好好色），绝对不会有表里不如一的，所以得着"知而不行，只是不知"的结论。阳明说："知行之体本来如是，非以己意抑扬其间，姑为是说，以苟一时之效也。"（《答顾东桥书》）

第二组的话，是从心理历程上看出知行是相倚相待的。

正如车之两轮,鸟之双翼,缺了一边,那一边也便不能发生作用了。凡人做一件事,必须先打算去做,然后会着手做去。打算便是知,便是行的第一步骤。换一面看,行是行个什么,不过把所打算的实现出来,非到做完了这件事时候,最初的打算不曾完成,然则行也只是贯彻所知的一种步骤。阳明观察这种心理历程,把他分析出来,说道:"知是行的主意,行是知的工夫;知是行之始,行是知之成。"当时有人问他道:"如知食乃食,知路乃行,未有不见是物,而先有是事者。"阳明答道:

　　夫人必有欲食之心然后知食,欲食之心即是意,即是行之始矣。食味之美恶,必待入口而后知,岂有不待入口,而已先知食味之美恶者耶? 必有欲行之心然后知路,欲行之心即是意,即是行之始矣。路途之险夷,必待身亲履历而后知,岂有不待身亲履历,而已先知路途之险夷者耶?(《答顾东桥书》)

现在先解释"知是行的主意","知是行之始"那两句。阳明为什么和人辩论"知"字时，却提出"意"字来呢？阳明以为，为我们所有一切知觉，必须我们的意念涉着于对境的事物，终能发生。[注四] 离却意念而知觉独立存在，可谓绝对不可能的事，然则说我们知道某件事，一定要以我们的意念涉着到这件事为前提。意念涉着是知的必要条件，然则意即是知的必须成分。意涉着事物方会知，而意生涉着那事物，便是行为的发轫。这样说来，"知是行之始"无疑了。由北京去南京的人，必须知有南京，原是不错。为什么知有南京，必是意念已经涉着到南京。涉着与知，为一刹那间不可分离的心理现象，说他是知可以，说他是行的第一步也可以，因为意念之涉着，不能不认为行为之一种。

（注四）看第三章《论心物合一》。

再解释"行是知的工夫"，"行是知之成"那两句。这两句较上两句尤为重要，阳明所以苦口说个"知行合一"，其着眼实在此点。我们的知识从那里得来呢？有人说，从书本上可以得来；有人说，从听讲演或谈论可以得来；有人说，用心冥想可以得来。其实都不对，真知识非实地经验之后，是无从得着的。你想知道西湖风景如何，读尽几十种《西湖游览志》，便知道吗？不！听人讲游西湖的故事，便知道吗？不！闭目冥想西湖，便知道吗？不不！你要真知道，除非亲自游历一回。常人以为，我做先知后行的工夫，虽未实行，到底不失为一个知者。阳明以为，这是绝对不可能的事。他说：

今人却将知行分作两件去做，以为必先知了，然后能行，我如今且去讲习、讨论做知的工夫，待知得真了，方去做行的工夫。故遂终身不行，亦遂终身不知，此不是小病痛。（《传习录》徐爱记）

这段话，现在学校里贩卖智识的先生们和购买智识的学生们听了，不知如何？你们岂不以为我的学问虽不曾应用，然而已经得着智识，总算不白费光阴吗？依阳明看法，你们卖的、买的都是假货。因为不曾应用的智识，绝对算不了智识。方才在第一组所引的话"未有知而不行者，知而不行，只是不知"，今我不妨〔以〕阳明之意，套前调补充几句："未有不行而知者，不行而求知，终久不会知。"这样说来，我们纵使以求知为目的，也不能不以力行为手段，很明白了，所以说"行是知的工夫"，又说"行是知之成"。

《中庸》说："博学之，审问之，慎思之，明辨之，笃行之。"后人以为学问思辨属知的方面讲，末句才属行的方面讲，阳明以为错了。他说：

夫问思辨行皆所以为学，未有学而不行者也。如学孝，则必服劳，奉养躬行孝道而后谓之学，岂徒悬空口耳讲说，而遂可以谓之学孝乎？学射，则必张弓挟矢，引满中的；学书，则必伸纸执笔，操觚染翰。尽天下之学，无有不行而可以言学者，则学之始，固已即是行矣……学之不能无疑，则有问，问即学也，即行也；又不能无疑，则有思有辨，思辨即学也，即行也……非谓学问思辨之后，而始措之于行也。是故以求能其事而言,谓之学;以求辨其义而言,谓之问;以求通其理而言,谓之思;以求精其察而言,谓之辨;以求履其实而言,谓之行。盖析其功而言,则有五;合其事而言,则一而已。(《答顾东桥书》)

又说:

凡谓之行者,只是着实去做这件事,若着实做学问思辨的工夫,则学问思辨亦便是行矣。学是学做这件事,问是问做这件事,思辨是思辨做这件事,则行亦便是学问思辨矣。若谓学问思辨了,然后去行,却如何悬空去学问思辨?行时又如何去得个学问思辨的事?(《答友人问》)

据这两段话,拿行来赅括学问思辨也可以,拿学来赅括问思辨行也可以。总而言之,把学和行打成一片,横说竖说都通。若说学自学,行自行,那么,学也不知是学个什么,行也不知是行个什么了。

　　有人还疑惑，将行未行之前，总须要费一番求知的预备工夫，才不会行错，问阳明道："譬之行道者，以大都为所归宿之地，行道者不辞险阻艰难，决意向前，如使此人不知大都所在，而泛焉欲往可乎?"阳明答道：

　　夫不辞险阻艰难而决意向前，此正是"诚意"。审如是，则其所以问道途，具资斧，戒舟车，皆有不容已者。不然，又安在其为决意向前? 而亦安所前乎? 夫不知大都所在，而泛然欲往，则亦欲往而已，未尝真往也。惟其欲往而未尝真往，是以道途之不问，资斧之不具，舟车之不戒。若决意向前，则真往矣，真往者，能如是乎? 此是工夫切要处，试反求之。（《答王天宇第二书》）

又有人问："天理人欲，知之未尽，如何用得克己工夫?"阳明答道：

若不用克己工夫,天理、私欲终不自见。如走路一般,走得一段,方认得一段。走到歧路处,有疑便问,问了又走,方才能到。今于已知之天理不肯存,已知之人欲不肯去,只管愁不能尽知,闲讲何益?(《传习录》陆澄记)

这些话都是对于那些借口智识未充,便不去实行的人,痛下针砭,内中含有两种意思:其一,只要你决心实行,则智识虽缺少些,也不足为病,因为实行起来,便逼着你不能不设法求智识,智识也便跟着来了。这便是"知是行之始"的注脚。其二,除了实行外,再没有第二条路得着智识。因为智识不是凭空可得的,只有实地经验,行过一步,得着一点,再行一步,又得一点,一步不行,便一点不得。这便是"行是知之成"的注脚。

统观前两组所说这些话,"知行合一"说在理论上如何能成立,已大略可见了。照此说来,知行本体既只是一件,为什么会分出个名词? 古人教人为学,为什么又常常知行对举呢？关于这一点的答辨，我们编在第三组。阳明说：

> 知行原是两个字说一个工夫，这一个工夫须着此两个字，方说得完全无弊。（《答友人问》）

又说：

> 知之真切笃实处即是行，行之明觉精察处即是知。知行工夫本不可离，只为后世学者分作两截用工，失却知行本体，故有合一并进之说。真知即所以为行，不行不足谓之知。（《答顾东桥书》）

又说：

> 行之明觉精察处便是知，知之真切笃实处便是行。若行而不能精察明觉，便是冥行，便是学而不思则罔，所以必须说个

知。知而不能真切笃实，便是妄想，便是思而不学则殆，所以必须说个行。元来只是一个工夫，古人说知行，皆是就一个工夫上补偏救弊说，不似今人分作两件事做。(《答友人问》)

又说：

若会得时，只说一个知，已自有行在；只说一个行，已自有知在。古人所以既说一个知，又说一个行者，只为世间有一种人，懵懵懂懂的任意去做，全不解思惟省察，也只是个冥行妄作，所以必说个知，方才行得是。又有一种人，茫茫荡荡悬空去思索，全不肯着实躬行，也只是揣摸影响，所以必说一个行，方才知得真……今若知得宗旨时，即说两个亦不妨，亦只是一个；若不会宗旨，便说一个，亦济得甚事，只是闲说话。(《传习录》徐爱记)

以上几段话，本文很明白，毋庸再下解释。我们读此，可以知道阳明所以提倡"知行合一"论者,一面固因为"知行之体本来如此",一面也是针对末流学风"补偏救弊"的作用。我们若想遵从其教,得个着力处,只要从真知真行上,切实下工夫。若把他的话只当作口头禅玩弄,虽理论上辨析得很详尽,却又堕于"知而不行,只是不知"的痼疾,非复阳明本意了。

然则阳明所谓真知真行到底是什么呢？关于这一点,我打算留待第四章"论知行合一与致良知"时再详细说明,试拿现代通行的话说个大概,则"动机纯洁"四个字,庶几近之。动是行,所以能动的机括是知,纯是专精不疑贰,洁是清醒不受蔽。质而言之,在意念隐微处(即动机)痛切下工夫。如孝亲,须把孝亲的动机养得十二分纯洁,有一点不纯洁处,务要克治去；如爱国,须把爱国的动机养得十二分纯洁,有一点不纯洁处,务要克治去。纯洁不纯洁,自己的良知当然会看出,这便是知的作用。看出后,登时绝对的服从良知命令做去,务要常常保持纯洁的本体,这便是行的作用。若能如此,自能"好善如好好色,恶恶如恶恶臭",便是《大学》诚意的全功,也即是正心、修身、致知、格物的全功。所以他说："君子之学，诚意而已矣。"（《答王天宇书》）意便是动机，诚是务求纯洁，阳明"知行合一"说的大头脑，不外如此。他曾明白宣示他的立言宗旨道：

今人只因知行分作两件，故有一念发动，虽是不善，然却未曾行，便不去禁止。我今说个知行合一，正要人晓得：一念发动处，便即是行了……须要彻根彻底，不使那一念潜伏在胸中。此是我立言宗旨。（《传习录》黄直记）

他说："杀人须在咽喉处着刀，为学须在心髓入微处用力。"（《答黄宗贤第五书》）他一生千言万语，说的都是这一件事；而其所以简易直捷，令人实实落落得个下手处，亦正在此。

于是我们所最要知道的，是阳明对于一般人所谓"智识"者，其所采态度如何？是否有轻视，或完全抹煞的嫌疑？现在要解决这问题，作本章的结论。

　　阳明排斥书册上智识、口耳上智识,所标态度,极为解明。他说:"后世不知作圣之本,却专去知识才能上求圣人,弊精竭力,从册子上钻研,名物上考察,形迹上比拟。知识愈广,而人欲愈滋;才力愈多,而大理愈蔽。"(《传习录》薛侃记)从这类话看来,阳明岂不是认知识为不必要吗?其实不然,他不是不要智识,但以为"要有个头脑"(《传习录》徐爱记)。头脑(注五)是什么呢?我们叫他做"诚意"亦可以,叫他做"致良知"亦可以,叫他做"动机纯洁"亦可以。若没有这头脑,智识愈多愈坏。譬如拿肥料去栽培恶树的根,肥料越下得多,他越畅茂,四旁嘉谷越发长不成了(《传习录》陆澄记)。有了头脑之后,智识当然越多越好;但种种智识,也不消费多大的力,自然会得到,因为他是头脑发出来的条件[1]。有人问:"如事父母,其间温凊定省之类,有许多节目,不知亦须讲求否?"阳明答道:

---

　　[1]　条件:指具体的行为、细节,即下文所说的"节目"。

如何不讲求？只是有个头脑……此心若是个诚于孝亲的心，冬时自然思量父母的寒，便自要去求做温的道理；夏时自然思量父母的热，便自要去求个凊的道理。这都是那诚孝的心发出来的条件，却是须有这诚孝的心，然后有这条件发出来。譬之树木，诚孝的心便是根，许多条件便是枝叶，须先有根，然后有枝叶，不是先寻了枝叶，然后去种根。（《传习录》徐爱记）

（注五）此是檃栝[1]《传习录》中语，原文所谓头脑者，谓"只是就此心去人欲，存天理"，意思只是要"动机纯洁"，今易其语，俾易了解。

智识是诚心发出来的条件，这句话便是"知行合一"论的最大根据了，然而条件是千头万绪、千变万化的。有了诚心（即头脑），碰着这件，自然会讲求这件；走到那步，自然会追求前一步。若想在实行以前，或简直离开实行，而泛泛然去讲习、讨论那些条件，那么，在这千头万绪、千变万化中，从那

---

[1] 檃栝：音 yǐn kuò，原指矫正竹木弯曲或使成形的器具，此处用作动词，近似于"概括"。

里讲习起呢？阳明关于此点，有最明快的议论，说道：

> 夫良知之于节目事变，犹规矩尺度之于方圆长短也；节目事变之不可预定，犹方圆长短之不可胜穷也。故规矩诚立，则不可欺以方圆，而天下之方员不可胜用矣；尺度诚陈，则不可欺以长短，而天下之长短不可胜用矣；良知诚致，则不可欺以节目事变，而天下之节目事变不可胜应矣。毫厘千里之谬，不于吾心良知一念之微而察之，亦将何所用其学乎？是不以规矩而欲定天下之方员，不以尺度而欲尽天下之长短，吾见其乖张谬戾，日劳而无成也已。（《答顾东桥书》）

这段话虽然有点偏重主观的嫌疑，但事实上，我们对于应事接物的智识，如何才合理？如何便不合理？这类标准，最后终不能不以主观的良知为判断，此亦事之无可如何者。即专以求知的工夫而论，我们也断不能把天下一切节目事变都讲求明白，才发手去做事。只有先打定主意，诚诚恳恳去做这件事,自然着手之前,逼着做预备智识工夫,着手之后,一步一步的磨炼出智识来,正所谓"知是行之始,行是知之成"也。今请更引阳明两段话以结本章:

> 良知不由见闻而有,而见闻莫非良知之用。故良知不滞于见闻,而亦不离于见闻……大抵学问工夫,只要主意头脑是当。若主意头脑专以致良知为事,则凡多闻多见,莫非致良知之功。(《答欧阳崇一书》)

> 君子之学,何尝离去事为而废论说? 但其从事为论说者,要皆知行合一之功,正所以致其本心之良知;而非若世之徒事口耳谈说以为知者,分知行为两事,而果有节目先后之可言也。(《答顾东桥书》)

## 三　"知行合一"说在哲学上的根据

知行合一,本来是一种实践的工作,不应该拿来在理上播弄。用哲学家谭玄的头脑来讨论这个问题,其实不免有违反阳明本意的危险(后来王学末流,失其真相,正犯此弊)。但是,凡一个学说所以能成立光大,不能不有极深远、极强固的理由在里头。我们想彻底了解"知行合一"说之何以能颠扑不破,当然不能不推求到他在哲学上的根据。

阳明在哲学上有极高超而且极一贯的理解,他的发明力和组织力比朱子陆子都强。简单说,他是一位极端的唯心论者,同时又是一位极端的实验主义者。从中国哲学史上看,他一面像禅宗,一面又像颜习斋;从西洋哲学史上看,他一面像英国的巴克黎[1],一面又像美国的詹姆士[2]。表面上像距离很远的两派学说,他能冶为一炉,建设他自己一派极圆融、极深切的哲学,真是异事。

阳明的"知行合一"说,是从他的"心理合一"说、"心物合一"说演绎出来,拿西洋哲学的话头来讲,可以说他是个绝对的一元论者。"一"者何? 即"心"是也。他根据这种唯心的

---

[1] 巴克黎:今译贝克莱(1685—1753),英国经验主义哲学家。
[2] 詹姆士:威廉·詹姆士(1842—1910),美国近代心理学家和哲学家,创造"彻底经验论",提倡实用主义。

一元论,于是把宇宙万有都看成一体,把圣贤多少言语都打成一片。所以他不但说"知行合一"而已,什么都是合一。孟子说:"夫道,一而已矣。"他最喜欢引用这句话。[注六]

(注六)《传习录》(卷下):问:"圣贤许多言语,如何却要打做一个?"曰:"不是我要打做一个,如曰'夫道,一而已矣',又曰'其为物不二,则其生物不测',天地圣人,皆是一个,如何二得?"

他的"心理合一"说、"心物合一"说,是从解释《大学》引申出来,我们要知道他立论的根原,不能不将《大学》本文子细绅绎。《大学》说:"欲修其身者,先正其心;欲正其心者,先诚其意。"这两句没有什么难解,但下文紧接着说:"欲诚其意者,先致其知;致知在格物。"这两句却真费解了:诚意是属于志意方面的,致知是属于智识方面的,其间如何能发生密切的联络关系?说欲意志坚强(欲诚其意),先要智识充足(先致其知),这话如何讲得去?朱子添字解经,说格物是"穷至事物之理",想借一"理"字来做意与知之间一个联锁,于是"致知在格物",改成"致知在穷理"。格物是否可以作穷理解，另一问题。若单就"致知在格物"一句下解释，则朱子所谓"惟于理有未穷，故其知有不尽"，原未尝不可以自成片段。所最难通者，为什么想要诚意必先得穷理？理穷之后，意为什么便会诚？这两件事，无论如何，总拉不拢来，所以朱子教人有两句重要的话："涵养须用敬，进学则在致知。"上句是诚正的工夫，下句是格致的工夫。换句话说，进学是专属于求知识方面，与身心之修养无关系，两者各自分道扬镳。对于《大学》所谓欲什么先什么，欲什么先什么那种层累一贯的论法，不独理论上说不通，连文义上也说不通了。

阳明用孟子"良知"那两个字来解释《大学》的"知"字。良知是"不学而能"的，即是主观的"是非之心"，欲诚其意者，必先致其有是非之心的良知。这样一来，诚意与致知确能生出联络关系了；却是"致知在格物"那一句又解不通。若如旧说，解格物为"穷至事物之理"，则主观的良知与事物之理，又如何能有直接关系呢？欲对于此点得融会贯通，非先了解阳明的"心物合一"论不可。阳明说：

　　"要知身心意知物,是一件。"问:"物在外,如何与身心意知是一件?"答:"耳目口鼻四肢,身也,非心安能视听言动? 心欲视听言动,无耳目口鼻四肢亦不能。故无心则无身,无身则无心。但指其充塞处言之,谓之身;指其主宰处言之,谓之心;指心之发动处,谓之意;指意之灵明处,谓之知;指意之涉着处,谓之物。只是一件,意未有悬空的,必着事物。"(《传习录》陈惟濬记)

又说:

　　身之主宰便是心,心之所发便是意,意之本体便是知,意之所在便是物。(《传习录》徐爱记)

又说:

　　心者,身之主也;而心之虚灵明觉,即所谓本然之良知也;其虚灵明觉之良知感应而动者,谓之意。有知而后有意,无知则无意矣。知非意之本体乎？意之所用必有其物，物即事也。如意用于事亲，即事亲为一物；意用于治国，即治国为一物；意用于读书，即读书为一物；意用于听讼，即听讼为一物。凡意之所在，无有无物者。（《答顾东桥书》）

又说：

> 目无体，以万物之色为体；耳无体，以万物之声为体……心无体，以天地万物感应之是非为体。（《传习录》黄省曾记）

现在请综合以上四段话来下总解释，阳明主张"身心意知物是一件"，这句话要分两步解剖，才能说明。第一步，从生理学、心理学上说明身心意知如何会是一件。第二步，从论理学上或认识论上说明主观的身心意知和客观的物如何会是一件。先讲第一步，身与心，骤看来像是两件，但就生理和心理的关系稍为按实一下，则"耳目口鼻四肢，非心不能视听言动；心欲视听言动，离却耳目口鼻四肢亦不能"。这是极易明之理，一点破，便共晓了。心与意的关系，"心之发动便是意"。这是人人所公认，不消下解释。比较难解的是意与知的关系。"意之本体便是知"这句话，是阳明毕生学问大头脑，他晚年倡"良知即本体"之论，不外从此语演进出来。他所郑重说明的"有知即有意，无知即无意"这两句话，我们试内省心理历程，不容我不首肯。然则知为意的本体，亦无可疑了。阳明把生理归纳到心理上，再把心理的动态集中到意上，再追求他的静态，发现出知为本体，于是"身心意知是一件"的理论完全成立了。再讲第二步。主观的心和客观的物各自独立，这是一般人最易陷的错误。阳明解决这问题，先把"物"字下广义的解释：所谓物者，不专限于有形物质，连抽象的事物如事亲、治国、读书等，凡我们认识的对象都包括在里头；而其普遍的性质，是"意之所在"、意之涉着处。"再回头来看心理状态，则意之所在、所涉，未有无物者"，"意不能悬空发动，一发动，便涉着到事物"。层层推剥，不能不归到"心无体，以万物之感应为体"的结论。然则从心理现象观察，主观的心不能离却客观的物，即单独存在，较然甚明。这是从心的方面，看出心物合一。

翻过来，从物理上观察，也是得同一的结论。阳明以为"心外无物"（《答王纯甫书》），又说："有是意即有是物，无是意即无是物矣。"（《答顾东桥书》）有人对于他这句话起疑问，他给他以极有趣的回答，《传习录》记道：

先生游南镇，一友指岩中花树问曰："'天下无心外之物。'如此花树，在深山中自开自落，于我心亦何相关？"先生曰："尔未看此花时，此花与尔心同归于寂；尔来看此花时，则此花颜色一时明白起来，便知此花不在尔的心外。"（黄省曾记）

又说：

我的灵明，便是天地鬼神的主宰。天没有我的灵明，谁去仰他高？地没有我的灵明，谁去俯他深？鬼神没有我的灵明，谁去辩他吉凶灾祥？天地鬼神万物，离却我的灵明，便没有天地鬼神万物了；我的灵明，离却天地鬼神万物，亦没有我的灵明……今看死的人，他的天地万物尚在何处？（《传习录》黄直记）

《中庸》说："不诚无物。"孟子说："万物皆备于我。"这些话，都是"心外无物论"的先锋，但没有阳明说得那样明快。他所说"你未看此花时，此花与你同归于寂"，又说："死了的人，他的天地万物在何处？"真算得彻底的唯心派论调。这类理论和譬喻，西洋哲学史上从黑格尔到罗素，打了不少笔墨官司，今为避免枝节起见，且不必详细讨论。总之，凡不在我们意识范围内的物（即阳明所谓意念不涉着者），最多只能承认他有物理学上、数理学上或几何学上的存在，而不能承认他有伦理学上或认识论上的存在，显然甚明。再进一步看，物理学、数理学、几何学的本身，能离却人类的意识而单独存在吗？

断断不能。例如一个等边三角形,有人说:纵使亘古没有人理会他,他毕竟是个等边三角。殊不知,若亘古没有人理会时,便连"等边三角"这个名词先自不存在,何有于"他"?然则客观的物不能离却主观的心而单独存在,又至易见了。这是从物的方面,看出心物合一。

还有应该注意者:阳明所谓物者,不仅限于自然界的物质、物形、物态。他是取极广义的解释,凡我们意识的对境,皆谓之物。所以说:"意用于事亲,即事亲为一物;意用于治国、读书、听讼等等,则此等皆为一物。"这类物为构成我们意识之主要材料,更属显然。总而言之,有客观,方有主观;同时亦有主观,方有客观。因为主观的意,不涉着到客观的物时,便失其作用,等于不存在;客观的物,不为主观的意所涉着时,便失其价值,也等于不存在。"心物合一"说之内容,大观如此。

这种"心物合一"说在阳明人生哲学上,得着一个什么的结论呢?得的是"人我一体"的观念,得的是天地万物一体的观念。他说:

夫人者,天地之心;天地万物,本吾一体者也。(《答聂文蔚书》)

又说:

大人者,以天地万物为一体者也,其视天下犹一家,中国犹一人焉。若夫间形骸而分尔我者,小人矣。(《大学问》)

这些话怎么讲呢? 我们开口说"我,我",什么是"我"? 当然不专指七尺之躯,当然是认那为七尺之躯之主宰的心为最要的成分。依阳明看法,心不能单独存在,要靠着有心所对象的"人",要靠着有心所对象的"天地万物"。把人和天地万物剔开,心便没有对象;没有对象的心,我们到底不能想像他的存在。心不存在,"我"还存在吗? 换句话说,人们和天地万物们,便是构成"我"的一部分原料——或者还可以说是唯一的原料。离却他们,我便崩坏,他们有缺憾,我也便有缺憾。

所以阳明说：

> 大人之能以万物为一体也，非意之也，其心之仁本若是。
> 岂惟大人，虽小人之心，亦莫不然，彼顾自小之耳。是故见孺
> 子之入井，而必有怵惕恻隐之心焉，是其心之与孺子为一体
> 也。孺子犹同类者也，见鸟兽之哀鸣觳觫，而必有不忍之心
> 焉，是其心与鸟兽为一体也。鸟兽犹有知觉也，见草木之摧
> 折而必有悯恤之心焉，是其心与草木为一体也。草木犹有生
> 意也，见瓦石之毁坏，而必有顾惜之心焉，是其心与瓦石为一
> 体也。(《大学问》)(注七)

(注七)《传习录》(卷下)有"草木瓦石皆有良知"之说，语颇诞谲。细看《阳明全集》，他处并不见有此说，或者即因《大学问》此段，门人推论之而失其意欤?《传习录》下卷，尤其是末数叶，语多不醇，刘蕺山、黄梨洲已有辨正。

前文所述"心物合一"说之实在体相，骤看来，似与西洋之唯心论派或心物平行论派之辨争此问题同一步调。其实

不然，儒家道术根本精神，与西洋哲学之以"爱智"为出发点者截然不同，虽有时所讨论之问题若极玄妙，而其归宿实不外以为实践道德之前提，而非如西方哲人借此为理智的娱乐工具。凡治儒家学说者，皆当作如是观；尤其治阳明学者，更不可不认清此点也。阳明所以反复说明心物合一之实相，不外欲使人体验出物我一体之真理，而实有诸己。他以为人类一切罪恶，皆由"间形骸分尔我"的私见演生出来，而这种私见，实非我们心体所本有。"如明目之中，而翳之以尘沙；聪耳之中，而塞之以木楔。其疾痛郁逆，将必速去之为快，而何能忍于时刻？"（《答南元善书》）所以他晚年专提"致良知"之教，说："良知见得亲切时，一切工夫都不难。"（《与黄宗贤书》）又常说："良知是本体，做学问须从本体得着头脑。"（屡见《传习录》及《文集》）所谓良知本体者，如目之本明，耳之本聪，若被私见（即分尔我的谬见）隔断点污时，正如翳目以沙，塞耳以楔。所以只须见得本体亲切，那么，如何去沙拔楔，其工夫自迫切而不能自已，所谓"好善如好好色，恶恶如恶恶臭"，必如是，方能自慊。阳明教人千言万语，只是归着到这一点。盖良知见得亲切时，见善自能如目之见好色，一见着，便不能不好；见恶自能如鼻之闻恶臭，一闻着，便不能不恶。我们若能确实见得物我一体的实相，其所见之明白，能与见好色、闻恶臭同一程度，那么，更如何能容得"分尔我"的私见有丝毫之存在呢？因为"吾心与孺子为一体"，所以一见孺子入井，良知立刻怵惕恻隐，同时便立刻援之以手；因为吾心与国家为一体，所以爱国如爱未婚妻，以国之休戚利害为己之休戚利害。这不是"知之真切笃实处，便是行"吗？哲理上的"心物合一"论，所以实践上归宿到"知行合一"论者在此。

以下更讲他的"心理合一"论。既已承认心物合一，理当然不能离心物而存在，本来可以不必再说心理合一。阳明所以屡屡论及此，而且标"心即理"三字为一种口号者，正为针对朱子"天下之物，莫不有理"那句话而发。原来这个问题发生得很早，当孟子时，有一位告子，标"仁内义外"之说，以为事物之合理不合理，其标准不在内的本心，而在外的对境。

孟子已经把他驳倒了。朱子即物穷理之教，谓理在天下之物，而与"吾心之灵"成为对待，正是暗袭告子遗说，所以阳明力辟他，说道：

朱子所谓格物云者，在"即物而穷其理"。即物穷理，是就事事物物上求其所谓定理者也，是以吾心而求理于事事物物之中，析心与理而为二矣。夫求理于事事物物者，如求孝之理于其亲之谓也。求孝之理于吾亲，则孝之理其果在于吾之心耶，抑果在于亲之身耶？假而在于亲之身，则亲没之后，吾心遂无孝之理欤？见孺子入井，必有恻隐之理……其或不可以从之于井欤，其或可以手而援之欤？是皆所谓理也，是果在于孺子之身欤，抑果出于吾心之良知欤？以是例之，万事万物之理，莫不皆然。是可以知析心与理为二之非矣。（《答顾东桥书》）

平心论之，"就事事物物上，求其所谓定理"，并非不可能的事，又并非不好的事，全然抛却主观，而以纯客观的严正态度研求物理，此正现代科学所由成立。科学初输入中国时，前辈译为"格致"，正是用朱子之说哩。虽然，此不过自然界之物理为然耳。科学所研究之自然界物理，其目的只要把那件物的原来样子研究得正确，不发生什么善恶价值问题，所以用不着主观，而且容不得主观。若夫人事上的理——即吾人应事接物的条理，吾人须评判其价值，求得其妥当性——即善，亦即理，以为取舍、从违之标准。所谓妥当、不妥当者，绝不能如自然界事物之含有绝对性，而常为相对性。然则离却吾人主观所谓妥当者，而欲求客观的妥当于事物自身，可谓绝对不可能的事。况且朱子解的是《大学》，《大学》格致工夫，与诚意紧相衔接，如何能用自然科学的研究法来比附？阳明说："先儒解格物为'格天下之物'，天下之物，如何格得尽？且谓'一草一木亦皆有理'，今如何去格？纵格得草木来，如何反来诚得自家的意？"（《传习录》黄以方记）然则《大学》所谓物，一定不是指自然界，而实指人事交互复杂的事

物,自无待言。既已如此,则所谓妥当性——即理,不能求诸各事物之自身,而必须求诸吾心,亦不待言。所以阳明说:

> 夫物理不外于吾心。外吾心而求物理,无物理矣;遗物理而求吾心,吾心又何物耶?……后世所以有专求本心,遂遗物理之患,正由不知心即理耳……外心以求理,此知行之所以二也;求理于吾心,此圣门知行合一之教。(《答顾东桥书》)

外心以求理,结果可以生出两种弊端:非向外而遗内,即向内而遗外。向外而遗内者,其最踏实的,如研究自然科学,固然是甚好,但与身心修养之学,关系已经较少(也非无关系,不过较少耳,此事当别论)。等而下之,则故纸堆中,片辞只义之考证、笺注,先王陈迹,井田、封建等类之墨守争辩,繁文缛节,《少仪》《内则》诸文之剽窃摹仿,诸如此类。姑无论其学问之为好、为坏,为有用、无用,至少也免不了博而寡要、劳而少功的毛病,其决非圣学入门所宜有事也可知。向内而遗外者,视理为超绝心境之一怪物,如老子所谓"有物混成,先天地生","恍兮忽兮,其中有象",禅家所谓"言语道断,心行路绝"。后来戴东原议诮宋儒言理,说是"如有物焉,得于天而具于心"者,正属此类。由前之说,正阳明所谓"外吾心而求物理";由后之说,则所谓"遗物理而求吾心"。此两弊,朱学都通犯了。朱子笺注无数古书,乃至《楚辞》《参同契》都注到,便是前一弊;费偌大气力去讲太极无极,便是后一弊。阳明觉此两弊,皆是为吾人学道之障,所以单刀直入,鞭辟近里,说道:"心外无物,心外无事,心外无理,心外无善。"(《答王纯甫书》)朱子解格物到正心、修身,说是"古人为学次第"(《大学章句序》)。次第云者,像上楼梯一般,上了第一级,才到第二级,所以工夫变成先知(格致),后行(诚意等)。这是外心求理的当然结果。阳明主张心理合一,于是得如下的结论:

　　理一而已:以其理之凝聚而言,则谓之性;以其凝聚之主宰而言,则谓之心;以其主宰之发动而言,则谓之意;以其发动之明觉而言,则谓之知;以其明觉之感应而言,则谓之物。故就物而言,谓之格;就知而言,谓之致;就意而言,谓之诚;就心而言,谓之正。正者,正此也;诚者,诚此也;致者,致此也;格者,格此也。(《答罗整庵书》)

这段话骤看起来,像有点囫囵笼统。其实,凡一切心理现象,只是一刹那间同时并起,其间名相的分析,不过为说明的一种方便。实际上,如何能划然有界线,分出个先后阶段来?阳明在心物合一、心理合一的前提之下,结果不认格、致、诚、正为几件事的"次第",只认为一件事里头所包含的条件。换言之,不是格完物才去致知,致完知才去诚意;倒是欲诚意,须以致知为条件,欲致知,须以格物为条件,正如欲求饱,便须吃饭,欲吃饭,便须拿快子、端碗。拿快子、端碗,吃饭求饱,虽像有几个名目,其实只是一件事,并无所谓次第。这便是知行合一。今为令学者了解阳明学说全部脉络起见,将他晚年所作《大学问》下半篇全录如下：

　　身、心、意、知、物者，是其工夫所用之条理，虽亦各有其所，而其实只是一物。格、致、诚、正、修者，是其条理所用之工夫，虽亦皆有其名，而其实只是一事。何谓身？心之形体运用之谓也。何谓心？身之灵明主宰之谓也。何谓修身？为善而去恶之谓也。吾身自能为善去恶乎？必其灵明主宰者欲为善而去恶，然后其形体运用者始能为善而去恶也。故欲修其身者，必在于先正其心也。然心之本体，则性也，性无不善，则心之本体本无不正也，何从而用其正之之功乎？盖心之本体本无不正，自其意念发动，而后有不正。故欲正其心者，必就其意念所发而正之。凡其发一念而善也，好之真如好好色；发一念而恶也，恶之真如恶恶臭，则意无不诚，而心可正矣。然意之所发有善有恶，不有以明善恶之分，亦将真妄错杂，虽欲诚之，不可得而诚矣。故欲诚其意者，必在于致知焉。致者，至也，如云"丧致乎哀"之致。《易》言："知至至之。"知至者，知也；至之者，致也。致知云者，非若后儒所谓充广其知识也，致吾心之良知焉耳。良知者，孟子所谓"是非之心，人皆有之"者也。是非之心，不待虑而知，不待学而能，是故谓之良知。凡意念之发，吾心之良知无有不自知者；其善欤，惟吾良知自知之；其恶欤，亦惟吾良知自知之。是皆无所与于他人者也。故虽小人之为不善，既已无所不至，然其见君子，则必厌然掩其不善，而著其善者，是亦可以见其良知之有不容于自昧者也。今欲别善恶以诚其意，惟在致其良知之所知焉尔。何则？意念之发，吾心之良知既知其为善矣，使其不能诚有以好之，而后背而去之，则是以善为恶，而自昧其知善之良知矣。意念之所发，吾之良知既知其为不善矣，使其不能诚有以恶之，而后蹈而为之，则是以恶为善，而自昧其知恶之良知矣。若是，则虽曰知之，犹不知也，意其可得而诚乎？今于良知所知之善恶，无不诚好之而诚恶之，则不自欺其良知，而意可诚也已。然欲致其良知，亦岂影响恍惚而悬空无实之谓乎？是必实有其事矣。故致知，必在于格物。物者,事也,凡意之所发,必有其事,意所在之事,谓之物。格者,正也,正其不正者以归于正之谓也。良知所知之善,虽诚欲好之矣,苟不即其意之所在之物而实有以为之,则是物有未格,而好之之意犹为未诚也。良知所知之恶,虽诚欲恶之矣,苟不即其意之所在之物而实有以去之,则是物有未格,而恶之之意犹为未诚也。今焉于其良知所知之善者,即其意之所在之物而实为之,无有乎不尽;于其良知所知之恶者,即其意之所在之物而实去之,无有乎不尽。然后物无不格,而吾良知之所知者无有亏缺障蔽而得以极其至矣。夫然后吾心快然,无复余憾而自慊矣;夫然后意之所发者始无自欺,而可以谓之诚矣。故曰:"物格而后知至,知至而后意诚,意诚而后心正,心正而后身修。"

这篇文字,是阳明征思田临动身时写出来,面授钱德洪的,可算得他生平论学的绝笔。学者但把全文子细绎,便可以彻底了解他学问的全部真相了。简单说,根据"身、心、意、知、物只是一物"的哲学理论,归结到"格、致、正、修只是一事"的实践法门。这便是阳明学的全体大用。他又曾说:"君子之学,诚意而已矣。格物致知者,诚意之功也。"(《答王天宇书》)以诚意为全部学问之归着点,而致良知为其下手之必要条件。由此言之,知行之决为一事,而非两事,不辨自明了。

最当注意者,尤在其所言格物工夫。耳食者流,动辄以阳明学派玄虚,为顿悟,为排斥智识,为脱略实务。此在王学末流,诚不免此弊,然而阳明本旨决不如是也。阳明常言:"格物者,其用力实可见之地。"(《答罗整庵书》)盖舍此,则别无用力之可见矣。陆象山教人,专在人情事变上做工夫。阳明亦说:"除了人情事变,则无事矣。"(《传习录》陆澄记)又说:"若离了事物为学,却是着空。"(同上,陈九川记)他在滁州时,虽亦曾沿用旧法,教人静坐,晚年却不以为然。他说:

人须在事上磨炼做工夫,乃有益。若止好静,遇事便乱,

终无长进。那静时工夫，似收敛，而实放溺也。(《传习录》陈九川记)

又说：

徒知养静而不用克己工夫，临事便要倾倒。人须在事上磨炼，方立得住，方能静亦定，动亦定。(《传习录》陆澄记)

有人拿孟子"必有事焉，而勿忘勿助长"那段话问他，他答道：

我此间讲学，只说个"必有事焉"，不说"勿忘勿助"……不着实去"必有事"上用功，终日凭空去做个"勿忘"，又凭空去做个"勿助"，漭漭荡荡，全无着实下手处。究竟工夫只做个沉空守寂，学成一个痴呆汉，才遇些子事来，即便牵滞纷扰，不复能经纶宰制。此皆有志之士，而乃使之劳苦缠缚，担阁一生，皆由学术误人，甚可悯矣。(《答聂文蔚书》)

后来颜习斋痛斥主静之说，说是死的学问，是懒人的学问。这些话有无过火之处，且不必深论。若认他骂得很对，也只骂得着周濂溪、李延平，骂得着程伊川、朱晦庵，乃至陈白沙，却骂不着阳明。阳明说"好静只是放溺"，说"沉空守寂，会学成痴呆"，而痛惜于"学术误人"。凡习斋所说的，阳明都早已说过了，至其所说"必待入口，然后知味之美恶；必待身亲履历，然后知道路之险夷"。前主张知识必由实际经验得来，尤与习斋及近世詹姆士、杜威辈所倡实验主义同一口吻。以极端唯心派的人，及其讲到学识方面，不独不高谈主观，而且有偏于纯客观的倾向。浅见者或惊疑其矛盾，殊不知他的"心物合一"论、"心理合一"论，结果当然要归着到此点。为什么呢？他一面说"外吾心而求物理，则无物理"；同时跟着说："遗物理而求吾心，吾心又何物？"（见前）盖在心物合一的前提之下，不独物要靠心乃能存在，心也要靠物乃能存在，心物既是不能分离的东西，然则极端的唯心论，换一方面看，同时也便是极端的唯物论了。他说:"心无体,以万物之感应是非为体。"以无的心而做心学,除却向"涉着于物"处用力,更有何法?夫曰"行是知的工夫"、"行是知之成",此正实验主义所凭借以得成立也。

## 四 知行合一与致良知

钱德洪、王畿所撰《阳明年谱》说他三十八岁始以"知行合一"教学者,五十岁始揭"致良知"之教。[注八]其实"良知"二字,阳明早年亦已屡屡提及,不过五十岁始,专以此为教耳。他五十五岁时有给邹守益一封信,内中几句话极为有趣,他说:"近有乡大夫诮仁讲学者云:'除却良知还有什么说得?'仁答云:'除却良知,还有什么说得?'"他晚年真是"开口三句,不离本行",千言万语,都是发挥"致良知"三字。表面看来,从前说"知行合一",后来说"致良知",像是变更口号。不错,口号的字句是小有变更,其实内容原只是一样。我们拿"知行合一"那句话代表阳明学术精神的全部也可以,拿"致良知"这句话代表阳明学术的全部也可以。

(注八)《与邹东廓书》云:"近来信得'致良知'三字,真圣门正法眼藏。往年尚疑未尽,今自多事以来,只此良知,无不具足。譬之操舟得舵,平澜浅濑,无不如意,虽遇颠风逆浪,舵柄在手,亦免没溺之患矣。"案:此书是正德十六年在南昌所发,时阳明五十岁,平宸濠之次年也。

"致良知"这句话,是把孟子里"人之所不学而知者,其良知也"和《大学》里"致知在格物"那两句话联缀而成。阳明自下解说道:"孟子云'是非之心,知也','是非之心,人皆有之',即所谓良知也。孰是无良知乎? 但不能致之耳。《易》谓'知至至之',知至者知也,至之者致知也。此知行之所以一也。近世'格物致知'之说,只一'知'字尚未有下落,若'致'字工夫,全不曾道着矣。此知行之所以二也。"(《与陆元静第二书》)观此可知,致良知,正所以为知行合一,内容完全一样。所以改用此口号者,取其意义格外明显而已。

"致良知"这句话,后来王门弟子说得太玄妙了,几乎令人无从捉摸。其实,阳明本意是平平实实的,并不含有若何玄学的色彩,试读前章所引《大学问》中解释致知那段话,便

可以了然。阳明自己把他编成几句口诀——即有名的"四句教",所谓:

"无善无恶心之体,有善有恶意之动,知善知恶为良知,为善去恶是格物。"(见王畿《天泉证道记》)(注九)

(注九)后来刘蕺山、黄梨洲都不信四句教,疑是王龙溪造谣言。我们尊重龙溪人格,实不敢附和此说,况且天泉证道时,有钱绪山在一块。这段话采入《传习录》。《传习后录》经绪山手定,有嘉靖丙辰《跋语》,其时阳明没已久了。若非师门遗说,绪山如何肯承认?蕺山们所疑者,不过因"无善无恶"四字,不知善之名对恶而始立,心体既无恶,当然也无善,何足为疑呢?

　　良知能善能恶,致的工夫即是就意所涉着之事物,实行为善去恶。这种工作,虽愚夫愚妇,要做便做,但实行做到圆满,虽大贤也恐怕不容易,所以这种学问,可以说是极平庸,也可以说是极奇特。刘蕺山引《系辞》中孔子赞美颜子的话来作注脚,说道:"有不善未尝不知,良知也;知之未尝复行,致良知也。"阳明亦曾拿《大学》的话来说:"'所恶于上'是良知，'毋以使下'是致良知。"（《传习录下》）致良知最简易的解释，不过如此。

《大学》说："所谓诚其意者，毋自欺也。"阳明既认致知为诚意的工夫，所以最爱用"不欺良知"这句话来作致知的解释，他说：

> 尔那一点良知，是尔自家的准则：尔意念着处，他是便知是，非便知非，更瞒他一些不得。尔只不要欺他，实实落落依着他做去，善便存，恶便去，何等稳当快乐！（《传习录》答陈九川问）

拿现在的话说，只是绝对的服从良心命令便是。然则为什么不言良心，而言良知呢？因为心包含意与知两部分，意不必良，而知无不良，阳明说"凡应物起念处皆谓之意，意则有是有非，能知得意之是与非者，则谓之良知，依得良知，即无有不是"（《答魏师说书》），所以"良知是你的明师"（《传习录上》)。关于这一点,阳明总算把性善论者随便举一个例,都可以反驳倒我们,但是本能的发动,虽有对、有不对,然而某件对、某件不对,我们总会觉得。就"会觉得"这一点看,就是"人之所以异于禽兽",就是"人皆可以为尧舜"的一副本钱。所以孟子说良知良能,而阳明单提知的方面代表良心之全部,说"良知者,心之本体"(《答陆元静书》)。

"有善有恶意之动",意或动于善,或动于恶,谁也不能免,几乎可以说没有自由。假使根本没有个良知在那里指导,那么,我们的行为便和下等动物一样,全由本能冲动,说不上有责任。然而实际上,决不如此。"良知在人,随你如何,不能泯灭。虽盗贼亦自知不当为盗,唤他做贼,他还忸怩。"(《传习录》陈九川记)"良知之在人心,无间于圣愚,天下古今之所同也。"(《答聂文蔚书》)"凡意念之发,吾心之良知无有不自知者;其善欤,惟吾良知自知之;其恶欤,亦惟吾良知自知之。"(《大学问》)"此两字人人所自有,故虽至愚下品,一提便省觉。"(《答聂文蔚第三书》)既有知善知恶之良知,则选择善恶，当然属于我的自由，良知是常命令我择善的，于是为善去恶，便成为我对于我的良知所应负之责任。人类行为所以有价值，全在这一点。

良知虽人人同有，然其明觉的程度不同，所以要下"致"的工夫。"圣人之知如青天之日，贤人如浮云天日，愚人如阴霾天日，虽有昏明不同，其能辨黑白则一。虽昏黑夜里，亦影影见得黑白，就是日之余光未尽处。困学工夫，只从这一点明处精察去。"（《传习录》黄修易记）有人对阳明自叹道："私意萌时，分明自知得，只是不能使他即去。"阳明道："你萌时这一'知'，便是你的命根，当下即把那私意销除去，便是立命工夫。"（同上）假使并这一点明处而无之，那真无法可想了，然而实际上决不如此。无论如何昏恶的人，最少也知道杀人是不好，只要能知道杀人不好，"充其无欲害人之心，而仁不可胜用矣"；最少也知道偷人东西是不好，只要能知道偷东西不好，"充其无欲穿窬之心，而义不可胜用矣"。所以说："这一知是命根。"抓着这命根往前致，致，由阴霾天的日致出个浮云天的日来，由浮云天的日致出个青天的日来，愚人便会摇身一变，变成贤人，摇身再变，变成圣人了。所以阳明说："人若知这良知诀窍，随他多少邪思枉念，这里一觉，都自消融，真个是灵丹一粒，点铁成金。"（《传习录》陈九川记）利用这一觉，致良知工夫，便得着把柄入手了。他又说："杀人须在咽喉处着刀，吾人为学当从心髓入微处用力，自然笃实光辉，私欲之萌，真是洪炉点雪，天下之大本立矣。"（《答黄宗贤书》）专就"这一点明处"往前致，致到通体光明，如青天之日，便有"洪炉点雪"气象，便是致良知工夫成熟。

我们最当注意者，利用那一觉，固然是入手时最简捷的法门，然并非专恃此一觉便了。后来王学末流，专喜欢讲此一觉，所以刘蕺山箴斥他们，说道："后儒喜言觉，谓一觉无余事，即知即行。"殊不知，主张一觉无余事者，不知不觉间已堕于"知而不行，只是不知"，恰与阳明本意违反了。当时已有人疑阳明"立说太高，用功太捷，未免堕禅宗顿悟之机"。阳明答道："区区格致诚正之说，是就学者本心日用事为间体究践履,实地用功,是多少次第、多少积累在,正与空虚顿悟之说相反。"(《答顾东桥书》)所以致良知工夫,说易固真易,说难却又真难。当时有学者自以为已经能致知,阳明教训他道:"何言之易也！再用功半年看如何,又用功一年看如何。功夫愈久,愈觉不同,此难口说。"(《传习录》陈九川记)晚明治王学的人,喜欢说"现成良知",轻轻把"致"字抹煞,全不是阳明本意了。

致良知工夫是要无间断的,且要十分刻苦的,方才引的"私欲萌时那一知",要抓着做个命根,固也。但并非除却那时节,便无所用力,阳明说:"譬之病疟之人,虽有时不发,而病根不曾除,则亦不得谓之无病。"(《答陆原静书》)所以,"省察克治之功无时而可间,如去盗贼,须有个扫除廓清之意。无事时,将好色、好货、好名等私逐一追究,披寻出来,定要拔去病根,永不复起,方始为快。常如猫之捕鼠,一眼看着,一耳听着,才有一念萌动,即与克去,斩钉截铁,不可姑容与他方便,不可窝藏,不可放他出路,方是真实用功,方能扫除廓清。"（《传习录》陆澄记）他在赣南剿土匪时候，寄信给他的朋友，有两句有名的话："去山中贼易，去心中贼难。"可见得这一个"致"字，内中含有多少扎硬寨、打死仗的工夫，绝非"一觉无余事"了。

阳明尝自述其用力甘苦，说道："毫厘之差，乃致千里之谬，非诚有求为圣人之志，而从事于惟精惟一之学者，莫能得其受病之源，而发其神奸之所由伏也。若某之不肖，盖亦尝陷溺于其间者几年，伥伥然既自以为是矣。赖天之灵，偶有悟于良知之学，然后悔其向之所为者，固包藏祸机，作伪于外，而心劳日拙者也。十余年来，虽痛自洗剔创艾，而病根深痼，萌蘖时生。所幸良知在我，操得其要，譬犹舟之得舵，虽惊风巨浪，颠沛不无，尚犹得免于倾覆者也。夫旧习之溺人，虽已觉悔悟，而克治之功，尚且其难如此。又况溺而不悟，日益以深者，亦将何所抵极乎？"（《与邹谦之书》）读这段话，不能不令人悚然汗下。以我们所见的阳明，学养纯粹，巍然为百世宗师，然据他的自省，则有"神奸攸伏"、"作伪于外，心劳日拙"种种大病,用了十几年洗剔工夫,尚且萌蘖时生。我们若拿来对照自己,真不知何地自容了。<sup>(注十)</sup>据此,可知致良知工夫,全以毋自欺为关键,把良知当作严明的裁判官,自己常像到法庭一般,丝毫不敢掩饰,方有得力处。最妙者,裁判官不是别人,却是自己,要欺也欺不得,徒然惹自己苦痛。依着他,便如舟之得舵,虽惊涛骇浪中,得有自卫的把握,而泰然安稳,结果得着"自慊"——自己满足。致良知工夫所以虽极艰难,而仍极简易者在此。

(注十)阳明卒时五十八岁,寄邹谦之书,是他五十五岁写的。读此,可见其刻苦用功,死而后已。

讲到这里,我们要提出紧急动议,讨论一个问题。阳明说:"良知是我们的明师,他是便知是,非便知非,判断下来,绝不会错。"这话靠得住吗? 我们常常看见有一件事,甲乙两个人对于他,同时下相反的判断,而皆自以为本于自己的良知。或一个人对于某件事,前后判断不同,而皆以为本良知。不能两是,必有一非,到底那个良知是真呢? 况且凡是非之辨所由起，必其之性质本介于两可之间者也，今若仅恃主观的良知以下判断，能否不陷于武断之弊？后来戴东原说宋儒以"意见"为理，何以见得阳明所谓良知不是各个人的"意见"呢？这是良知说能否成立之根本问题，我们要看阳明怎样的解答：

第一，须知阳明所谓知是知非者，其实只是知善知恶。（他拿是非来说，不过为孟子"是非之心人皆有之"那句话作注解。）善恶的标准，虽然也不是绝对的，但已不至如是非之疑似难辨，最少如"无欲害人""无欲穿窬"之类，几项基本标准总是有的。从良知所见到这一点致出去，总不会错。或问阳明："人心所知，多有认贼作子处，何处乃见良知？"阳明反问："尔以为何如？"答："心所安处，便是良知。"阳明道："固是，但须省察，恐有非所安而安者。"（《传习录》陆澄记）凡事就此心所安处做去，最少总可以得自慊——自己满足的结果。

第二，所谓武断或意见者，主张直觉说的人最易犯此病。

阳明的致良知,骤看来很像纯任直觉,其实不然。他以格物为致知的工夫,说"欲致其良知,非影响恍惚、悬空无实之谓,必实有其事"(《大学问》),说要"在事上磨炼"(《传习录》陆澄记),说"除却见闻酬酢无良知可致"(《答顾东桥书》)。所以关于判断事理的知识,阳明却是主经验论,并不主直觉论。有人问:"知识不长进如何?"他答道:"为学须有本原,渐渐盈科而进。婴儿在母腹时,有何知识?出胎后,方始能啼,既而复能笑,又而复能识认其父母兄弟,又而复能立、能行、能持、能负,卒乃天下事无不可能,皆是精气日足,则聪明日开,不是出胎日便讲求推寻得来。"(《传习录》陆澄记)他不认知识为能凌空笼统的一齐得着,而认为要由后天的经验,一步一步增长起来。然则戴东原所谓"理与事分为二,而与意见合为一"者(《孟子字义疏证》卷上),在朱学或有此病,在王学决不然。阳明又说:"我辈致知,只是各随分限所及,今日良知见是如此,只随今日所知扩充到底;明日良知又有开悟,便从明日所知扩充到底。如此方是精一工夫。"(《传习录》黄直记)由此言之,良知并不是一成不变的,实是跟着经验来,天天长进。不过用功要有个头脑,一切智识都从良知发生出来,才不至散而无纪罢了。阳明又说:"如人走路一般,走得一段,方认得一段。走到歧路处,有疑便问,问了又走,方能到得欲到之地……只管愁不能尽知,只管闲讲,何益?"(《传习录》陆澄记)朱子说的即物穷理之后,"一旦豁然贯通,则众物表里精粗无不到"那种做学问法,诚不免有认意见为理的危险。若阳明,则全不是这种路数,他说:"并不是本体明后,便于天下物便都知得,都做得。天下事务,如名物度数、草木鸟兽之类,虽圣人亦何能尽知。但不必知的,圣人自不消求知;其所当知的,圣人自能问人,如'子入太庙每事问'之类。"(《传习录》黄直记)致良知工夫,只是对于某件事应做、不应做,求得一个定盘针。决定应做之后,该如何做法,跟着有多少学问思辨工作在里头。而这些工作,却要用客观的、经验的,不是靠主观的、直觉的。这便是阳明本旨。

　　至于事理是非,介在疑似两可之间者,决定应做与否,诚然不能不凭良知一时之直觉。阳明以为,我们平日用功,不必以此等例外的事理为标准;而且欲对于此等事应付不误,只有平日把良知磨擦得精莹,存养得纯熟,然后遇事乃得其用。有人问他:"道之大端,易于明白,至于节目时变,毫厘千里,必待学而后知。如语孝……舜之不告而娶,武之不葬而兴师……等事,处常处变、过与不及之间,必须讨论是非,以为制事之本。"阳明答道:"道之大端,易于明白,此语诚然。顾后之学者,忽其易于明白者而弗由,而求其难者以为学,此所谓道在迩而求诸远,事在易而求诸难也……夫良知之于节目事变,犹规矩尺度之于方圆长短也。节目事变之不可预定,犹方员长短之不可胜穷也……毫厘千里之谬,不于吾心良知一念之微而察之,亦将何所用其学乎……夫舜之不告而娶,岂舜之前已有不告而娶者为之准则?故舜得以考诸何典,问诸何人,而为此耶?抑亦求诸其一念之良知,权轻重之宜,不得已而为此耶?……后之人不务致其良知,以精察义理于此心感应酬酢之间,顾欲悬空讨论此等变常之事,执之以为制事之本,以求临事之无失,其亦远矣。"(《答顾东桥书》)这段话在实践道德学上含有重大的意味。善恶的标准,有一部分是绝对的,有一部分是相对的。相对的那部分,或甲时代与乙时代不同,或甲社会与乙社会不同,或同一时代、同一社会而因各个人所处的地位而不同。这种临时临事的判断,真是不能考诸何典,问诸何人,除却凭主观的一念良知之直觉,以权轻重之宜,没有别的办法。然则我们欲对于此等临事无失,除却平日下工夫把良知磨得雪亮,预备用得着直觉时,所直觉者不致错误,此外又更有何法呢?

第三,一般人所判断的是非善恶,自命为本于良知者,然而往往会陷于错误,这是常见的事,阳明亦承认;但阳明以为,这决不是良知本身的缺点,不过没有实下"致"的工夫,以致良知被锢蔽而失其作用耳。他说:"事物之来,但尽吾心之良知以应之,所谓'忠恕违道不远'矣。凡处得有未善,及有困顿失次之患者,皆是牵于毁誉得丧,不能实致其良知耳。若能实致其良知,然后见得平日所谓善者未必是善,所谓未善者却恐正是牵于毁誉得丧而自贼其良知者也。"(《答周道通书》)俗语说得好:"旁观者清,当局者迷。"同是一个人,同是那良知,何以观察旁人很清醒,自己当局便糊涂起来呢?因为一到当局,便免不了得失或毁誉等等顾忌。譬如讨论一个工场法案,某甲属于劳动阶级,或想利用劳动阶级,主张便如此;某乙属于资本阶级,或想利用资本阶级,主张便如彼。虽各各昌言道:我本我良知的主张。其实,他的良知已经被得失之见缠蔽了。纵使不属那阶级,亦不想利用那阶级,然而看见那一种时髦的主张,便跟着主张去;或者从前主张错了,而护短不欲改口,他的良知已经被毁誉之见缠蔽了。此外,或因一时情感冲动,或因事实牵扯,令良知失其作用者原因甚多。总而言之,以自己为本位,便有一种"我的成见"横亘胸中,便是以为良知之贼。这类东西,阳明统名之曰"私欲"。致良知工夫,最要紧是把这些私欲铲除净尽。假使一个人,他虽然属于劳动阶级或资本阶级,但他并不以本身利害为本位,纯采第三者的态度,由当局而抽身出来,像旁观一样,而且并不要讨好于任何部分人,不要任何部分人恭维他,赤裸裸的真,信凭他的良知来判断这个工场法案,那么我们敢保他下的判断,一定是"忠恕违道不远"了。致良知的实在工夫,便是如此。

阳明在江西时候,有一属官常来旁听讲学,私下对人说:"可惜我为簿书讼狱所困,不得为学。"阳明听见了,告诉他道:"我何尝叫你离了簿书讼狱悬空去讲学,你既有官司的事,便从官司的事上为学,才是真格物。如问一词讼,不可因其应对无状起个怒心,不可因他言语圆转生个喜心,不可恶其嘱托加意治之,不可因其请求屈意从之,不可因自己事务烦冗随意苟且断之,不可因旁人潜毁罗织随人意思处之。这许多意思皆私,只尔自知,须精细省察克治,惟恐此心有一毫偏倚,这便是格物致知。簿书讼狱之间,无非实学;若离了事物为学,却是着空。"(《传习录》陈惟濬记)据这段话所教训,可见得我们为甚么判断事理会有错呢?都不外被"私的意见"蒙蔽着。只要把这种种"私"克去,自然会鉴空衡平,一切事理到跟前,都能看得真切。程明道所谓"廓然而大公,物来而顺应",正是这种境界。拿现在的话来讲,只要纯采客观态度,不搀杂丝毫主观的成见及计较,那便没有不清楚的事理。<sup>(注十一)</sup>

(注十一)这段话还给我们一种重大教训,就是令我们知道修养工夫,并不消把日常应做的事搁下一边,另起炉灶去做。譬如一个学生,不说我现在学校功课太忙,没有时候去致良知。你在讲堂上听讲,在图书馆里念书,便可以从听讲念书上头致你的良知。念一部书,完全为研求书中道理,不是想抄袭来做毕业论文,不是要撷拾几句口耳来出锋头,读时不草率,不曲解,批评时不闹意气。诸如此类,就是读书时候致良知工夫。《传习录》中尚有答人问读书一段云:"且如读书时,知得强记之心不是,即克去之;有夸多斗靡之心不是,即克去之。如此,则终日读书,亦只是调摄此心。"

讲到这里,"图穷而匕首见",不能不提出阳明学派最主要一个关键,曰"义利之辨"。昔朱晦庵请陆象山在白鹿洞书院讲演,象山讲《论语》"君子喻于义,小人喻于利"那一章,晦庵听了大感动,天气微暖,而汗出挥扇。阳明继承象山学脉,所以陆王之学,彻头彻尾,只是立志辨义利。阳明以为,良知唯一的仇敌是功利主义,不把这个病根拔去,一切学问无从做起。他所著有名的《拔本塞源论》，关于此警告，说得最沉痛，今节录如下：

夫拔本塞源之论不明于天下，则天下之学圣人者将日繁日难，斯人入于夷狄、禽兽，而犹以为圣人之学。吾之说虽或暂明于一时，终将冻解于西而冰坚于东，雾释于前而云滃于后，呶呶焉危困以死，而卒无救于天下之分毫也。夫圣人之心，以天地万物为一体，其视天下之人，无内外远近。凡有血气，皆其昆弟赤子之亲，莫不欲安全而教养之，以遂其万物一体之念。天下之人心，其始亦非有以异于圣人也，特其间于有我之私，隔于物欲之蔽，大者以小，通者以塞，人各有心，至有视其父子兄弟如仇雠者。圣人有忧之，是以推其天地万物一体之仁，以教天下，使之复其心体之同然……孔孟既没，圣学晦而邪说横，教者不复以此为教，而学者不复以此为学。霸者之徒，窃取先王之近似者，假之于外，以内济其私己之欲，天下靡然宗之……圣人之学，日远日晦；而功利之习，愈趋愈下。

其间虽尝蛊惑于佛老，而佛老之说，卒亦未能有以胜其功利之心。虽又尝折衷于群儒，而群儒之论，终亦未能有以破其功利之见。盖至于今，功利之毒，沦浃于人之心髓，而习以成性也，几千年矣。相矜以知，相轧以势，相争以利，相高以技能，相取以声誉……记诵之广，适以长其傲也；知识之多，适以行其恶也；闻见之博，适以肆其辩也；辞章之富，适以饰其伪也……其称名借号，未尝不曰吾欲以共成天下之务，而其诚心实意之所在，以为不如是，则无以济其私而满其欲也。呜呼！以若是之积累，以若是之心志，而又讲之以若是之学术，宜其闻吾圣人之教，而视之以为赘疣枘凿，则其以良知为未足，而谓圣人之学为无所用，亦其势有所必至矣。（《答顾东桥书》）

"功利"两个字，在今世已成为哲学上一种主义——最时髦的学派。我们生今日而讲"非功利"，一般人听了，何只"以为赘疣枘凿"，一定当作妖怪了。虽然，须知阳明之"非功利"，并不是叫人不做事，也不是叫人做事不要成功，更不是把人生乐利幸福一概抹杀。这些话无须多辨，只把阳明一生替国家、替地方人民所做的事业点检一下，当然可以得着绝好的反证。然则他所非的功利是什么呢？是各个人自私自利——以自己利益为本位那种念头。详细点说，凡专求满足自己的肉欲，如食膏粱、衣文绣、宫室之美、妻妾之奉等等，以及为满足肉欲起见而发生的财货欲，更进而求满足自己的权势欲，求满足自己的虚荣欲。凡此之类，阳明统名之为私欲——即功利，认为一切罪恶之根源。"知善知恶为良知，为善去恶是格物。"所谓善恶者，以何为标准呢？凡做一事，发一念，其动机是否出于自私自利，即善恶之唯一标准。良知所知之善恶，就只知这一点，而且这一点，除自己的良知之外，没有别人或别的方法，能知得真切确实的。然则这种标准对吗？我想完全是对的。试观凡人类的罪恶，小而自家庭细故，所谓"父借耰鉏，动有德色；母取箕帚，立而谇语"[1]；

---

[1]　语出贾谊《治安策》，字微有差别，意思是：借给自己的父亲一件农具，脸上就显出给予恩德的表情；母亲来取簸箕扫帚，马上恶语相加。比喻薄情寡义。

大而至于奸淫、劫盗、杀人、放火，那件不是从自私自利之一念发出来？其甚者，为权势欲、为虚荣欲所驱使，"一将功成万骨枯"，不惜举千千万万人生命，以殉所谓英雄豪杰者一念中不可告人之隐。然且有奇衺[1]之学说以为之推波助澜，例如尼采辈所崇拜之"超人"的生活，主张利用民器，以他人作牺牲品，为自己成功之工具，谓为所当然。阳明所谓"以若是之心志，而又讲之以若是之学术"，把人类兽性方面的本能尽情发挥，安得不率天下而为禽兽呢？阳明痛心疾首于此种祸机，所以不能〔不〕倡良知之教，他说：

后世良知之学不明，天下之人用其私智以相比轧，是以人各有心，而偏琐僻陋之见，狡伪阴邪之术，至于不可胜说。外假仁义之名，而内以行其自私自利之实，诡辞以阿俗，矫行以干誉，掩人之善而袭以为己长，讦人之私而窃以为己直，忿以相胜而犹谓之徇义，险以相倾而犹谓之疾恶，妒贤忌能而犹自

---

[1]　奇衺：诡诈，邪伪不正。衺音 xié。

以为公是非，恣情纵欲而犹自以为同好恶。相陵相贼，自其一家骨肉之亲，已不能无尔我胜负之意、彼此藩篱之形，而况于天下之大、民物之众，又何能一体而视之？则亦无怪于纷纷藉藉，而祸乱相寻于无穷矣。仆诚赖天之灵，偶有见于良知之学，以为必由此而后天下可得而治。是以每念斯民之陷溺，则为之戚然痛心，忘其身之不肖，而思以此救之。(《答聂文蔚书》)

这段话，真是一字一泪。阳明所以极力反对功利主义，所以极力提倡致良知，他那一片婆心，和盘托出给我们看了。我们若还相信这些话有相当价值，总可以感觉到：这种专以自己为本位的人，学问少点，才具短点，作恶的程度也可以减轻点；若再加之以学问才具，天下人受其荼毒，更不知所底极了。然而，天下事到底是要靠有学问有才具的人去做的，倘使有学问有才具的人不能在自己心术上痛切下一番革命工夫，则这些人都是为天下造孽的人，天下的罪恶祸乱，一定相寻于无已。所以阳明对于当时的青年痛切警告道：

今天下事势，如沉疴积痿，所望以起死回生者，实有在于诸君子。若自己病痛未能除得，何以能疗天下之病？（《与黄宗贤书》）

当时一青年有自是好名之病，阳明屡屡责备他道："此是汝一生大病根！譬如方丈地内，种此一大树，雨露之滋，土脉之力，只滋养得这个恶根。四傍纵要种些嘉谷，上面被此树叶遮蔽，下面被此树根盘结，如何生得长成？须是伐去此树，纤根勿留，方可种植嘉种。不然，任汝耕耘培壅，只是滋养此根。"（《传习录》陆澄记）夫好名，也是促进青年向上一种动机，阳明何故深恶痛绝到如此？因为好名心，也是从自私自利出来，充这个念头所极，可以种种作伪，种种牺牲别人以为自己。所以真实做学问的人，非从这种罪恶根芽上廓清不可。

欲廓清自私自利念头，除却致良知，没有第二法门。因为心术隐微，只有自己的良知方能照察得出。阳明说："人若不于此独知之地用力，只在人所共知处用功，便是作伪，便是'见君子而后厌然'。此独知处，便是诚的萌芽，此处不论善念、恶念，更无虚假，一是百是，一错百错，正是义利、诚伪、善恶界头。于此一立立定，便是正本澄源。古人为学工夫精神命脉全体，只在此处。"(《传习录上》)所以他又说："慎独即是致良知。"(《与黄勉之书》)

这样说来，致良知切实下手工夫，是不是专在消极的克己作用呢？不错，克己是致良知重要条件，但不能认克己为消极作用。阳明说："人须有为己之心，方能克己；能克己，方能成己。"(《传习录上》答萧惠问)这句话又怎样解呢？我们想彻底了解他，要回复到他的"心物合一"论之哲学上见解来。阳明固为确信心外无物、物外无心，灼然见得我身外之人们及天地万物们，都是"真我"或"大我"的构成要素，因此得着"物我同体"的结论。前文已经说过了。既已如此，然则自私自利之心，强把人我分为两体，岂不是我的"真我"罹了车裂之刑吗？所以他说："这心之本体，便是你的真己。你若真要为那尔体壳的己，也须用着这个真己，便须要常常保护这真己的本体。有一毫亏损他，便如刀割，如针刺，忍耐不过，必须去了刀，拔了针，才是有为己之心，方能克己。"（同上）因此之故，克己工夫，非惟用不着强制执行，或者还可以说发于本能之不容自已。所以他说道："凡慕富贵、忧贫贱、欣戚得丧、爱憎取舍之类，皆足以蔽吾良知之体而窒塞其用。若此者，如明目之中而翳之以尘沙，聪耳之中而塞之以木楔也，其疾痛郁逆，将必速去之为快，而何能忍于时刻乎？"（《答南元善书》）克己本是一件极难的事，然而"见得良知亲切时，其工夫又自不难。"（《与黄宗贤书》）所谓见得亲切的，是见个什么？就是见出那物我为一、痛痒相关的本体。这些话骤听着，像是大言欺人，其实只是人生习见的事。例如慈母对于他的乳儿，青年男女对于他的恋人，那种痛痒一体的意思，何等亲切！几曾见有对于自己的恋人，而肯耍手段、顽把戏，牺牲他的利益以谋自利者。假使有这种念头偶然涌起，一定自己觉得有伤害爱情神圣的本体，立刻感深切的苦痛，像目中尘、耳中楔一般，必拭去、拔去而后为快，是不是呢？但这种境界，在一般人，只有慈母对乳儿，恋人对恋人，才能发现。若大圣大贤，把天下国家看成他的乳儿，把一切人类看成他的恋人，其痛痒一体之不能自已，又何足怪？阳明以为，人类的本性原是如此，所有"间形骸而分尔我"者，都不过良知受蔽隔而失其作用。"致"的工夫，只是把良知麻木过去那部分打些药针，令其恢复原状。一旦恢复之后，物我一体的感觉，自然十分灵敏，那里容得纤毫间隔，下手工夫又何难之有呢？所以《大学》说"如恶恶臭，如好好色"，而阳明亦最喜引以为喻，他说："从未见有遇见好色的人，要人强逼着，才肯去好的。"（约《传习录》语）又说："好色之人，未尝有痛于困忘者，只是一真切耳。"（《启问道通书》）由此观之，可见在"致良知"这个口号底下所用克己工夫，是积极的，而非消极的了。

良知本体与功利主义之分别，孟子说得最明白："凡人乍见孺子将入于井，皆有怵惕恻隐之心，非所以纳交于孺子之父母也，非所以要誉于乡党朋友也，非恶其声而然也。"乍见的恻隐，便是良知本体；纳交、要誉、恶其声等等杂念，便是得丧毁誉关系，便是功利。致良知工夫，最要紧是"非所以"什么、"非所以"什么。换句话说，一切行为，都是目的，不是手段。阳明说：

君子之学，求尽吾心焉尔。故其事亲也，求尽吾心之孝，而非以为孝也；事君也，求尽吾心之忠，而非以为忠也。是故夙兴夜寐，非以为勤也；刬繁理剧，非以为能也；嫉邪祛蠹，非以为刚也；规切谏诤，非以为直也；临难死义，非以为节也。吾心有不尽焉，是谓自欺其心，心尽而后吾之心始自以为快也。惟夫求以自快吾心，故凡富贵贫贱、忧戚患难之来，莫非吾所以致知求快之地。苟富贵贫贱、忧戚患难而莫非吾致知求快之地，则亦宁有所谓富贵贫贱、忧戚患难者，足以动其中哉？世之人徒见君子之于富贵贫贱、忧戚患难无入而不自得

也,而皆以为独能人之所不可及,不知君子之求以自快其心
而已矣。(《题梦槎奇游诗卷》)

这段话,是"如恶恶臭,如好好色,此之谓自慊"那几句的详
注。问为什么要恶恶臭?为什么要好好色?谁也不能说出
理由来,只是生理作用,非好好恶恶,不能满足罢了。人生数
十寒暑,勤勤恳恳,乃至忍艰难,冒危险,去做自己良心上认
为应做的事,问为什么?什么都不为。再问,只能答道为良
心上的安慰满足。这种人生观,真是再逍遥自在不过的了,
真是再亲切有味不过的了。回看功利主义者流,天天以为什
么、为什么相号召,营营于得丧毁誉,过几十年患得患失日子
者,孰为有价值,孰为无价值,我们可以知所别择了。(注十二)

(注十二)阳明既排斥功利主义,当然也跟着排斥效率主义,他说:"圣贤
只是为己之学,重功夫不重效验。"(《传习录下》)

以上所述,致良知的全部工夫,大概都讲到了,但是不能
致良知的人,如何才会致起来呢?阳明以为,最要紧是立志。

孔子说："为仁由己,而由人乎哉?"又说:"我欲仁,斯仁至矣。"阳明接见学者,常以此激劝之。其在龙场,《示诸生教条四章》,首即立志;其在《传习录》中谆谆言此者,不下数十条。其《示弟立志说》云:

君子之学,无时无处而不以立志为事。正目而视之,无他见也;倾耳而听之,无他闻也。如猫捕鼠,如鸡伏卵,精神心思,凝聚融结,而不复知有其他,然后此志常立,神气精明,义理昭著。一有私欲,即便知觉,自然容住不得矣。故凡一毫私欲之前,只责此志不立,即私欲便退听;一毫客气之动,只责此志不立,即客气便消除。或怠心生,责此志,即不怠;忽心生,责此志,即不忽;躁心生,责此志,即不躁;妒心生,责此志,即不妒;忿心生,责此志,即不忿;贪心生,责此志,即不贪;傲心生,责此志,即不傲;吝心生,责此志,即不吝。盖无一息而非立志责志之时,无一事而非立志责志之地。故责志之功,其于去人欲,有如烈火之燎毛,太阳一出,而魑魅潜消也。

志是志个什么呢？阳明说，要志在必为圣人。他的门生萧惠问学，他说："待汝办个真求为圣人的心来，再与汝说。"（《传习录上》）有一天，几位门生侍坐，阳明太息道："你们学问不得长进，只是未立志。"有一位李珙起而对曰："我亦愿立志。"阳明说："难说不立，未是必为圣人之志耳。"（《传习录下》）这些话，不知现代青年们听了怎么样？我想，不是冷笑着，以为迂而无用；便是惊骇着，以为高不可攀。其实，阳明断不肯说迂而无用的话，也断不肯说高不可攀的话。我们欲了解他的真意，请先看他对于"圣人"两字所下定义，他说：

　　圣人之所以为圣，只是其心纯乎天理而无人欲之杂，犹精金之所以为精，但以其成色足而无铜铅之杂也。人到纯乎天理方是圣，金到足色方是精。然圣人之才力，亦有大小不同，犹金之分两有轻重。尧舜犹万镒，文王、孔子犹九千镒……伯夷、伊尹犹四五千镒。才力不同，而纯乎天理则同，皆可谓之圣人；犹分两不同，而足色则同，皆可谓之精金……

盖所以为精金者,在足色而不在分两;所以为圣者,在纯乎天理而不在才力也。故虽凡人而肯为学,使此心纯乎天理,则亦可为圣人。犹一两之金,比之万镒,分两虽悬绝,而其到足色处,可以无愧。故曰"人皆可以为尧舜"者以此。学者学圣人,犹炼金而求其足色。金之成色所争不多,则锻炼之工省而功易成;成色愈下,则锻炼愈难。人之气质,清浊粹驳,有中人以上,中人以下,其于道,有生知安行,学知利行。其下者,必须人一己百,人十己千,及其成功则一。后世不知作圣之本是纯乎天理,却专去知识才能上求圣人,以为圣人无所不知,无所不能,我须是将圣人许多知识才能逐一理会始得之。故不务去天理上着工夫,徒弊精竭力,从册子上钻研,名物上考索,形迹上比拟。知识愈广,而人欲愈滋;才力愈多,天理愈蔽。正如见人有万镒精金,不务锻炼成色,求无愧于彼之精纯,而乃妄希分两,务同彼之万镒,锡铅铜铁,杂然而投,分两愈增,而成色愈下,及其梢末,无复有金矣。(《传习录》答蔡希渊问)

这番话,可谓妙喻解颐。圣人中可以分出等第,有大圣人、小圣人,第一等、第二等圣人,乃至第九十九等圣人,而其为圣人则一。我们纵使够不上做一万斤重的一等圣人,最少也可以做一两重、一钱重、一分重,乃至一厘重的第九十九等圣人。做一厘重的九十九等圣人,比诸一万斤重的一等凡人或坏人,其品格却是可贵。孟子所谓"人皆可以为尧舜",必要如此,方解得通,否则成为大妄语了。

当时有一位又聋又哑的人,名叫杨茂,求见阳明,阳明和他笔谈,问道:"你口不能言是非,你耳不能听是非,你心还能知是非否?"茂答:"知是非。"阳明说:"如此,你口虽不如人,你耳虽不如人,你心还与人一般。"茂首肯拱谢。阳明说:"大凡人只是此心。此心若能存天理,是个圣贤的心,口虽不能言,耳虽不能听,也是个不能言、不〔能〕听的圣贤。心若不存天理,是个禽兽的心,口虽能言,耳虽能听,也只是个能言、能听的禽兽。"茂听了,扣胸指天。阳明说:"你但在里面行你那是的心,莫行你那非的心。纵使外面人说你是,也不须管;说你不是，也不须管。"茂顿首拜谢。(《谕泰和杨茂》)这段话虽极俚浅，却已把致良知彻始彻终工夫包括无遗。人人都有能知是非的心，只要就知之所及，行那是的心，不能行那非的心，虽口不能言，耳不能听，尚且不失为不能言、不能听的圣人。然则"圣人与我同类"，人人要做圣人，便做圣人，有什么客气呢？至于或做个不识一字、在街上叫化的圣人，或做个功被天下、师表万世的圣人，这却是量的分别，不是质的分别。圣人原是以质计，不以量计的。阳明教学者，要先办个必为圣人之志，所办，办此而已。

这样看来，阳明"致良知"之教，总算平易极了，切实极了。然则后来王学末流，为什么会堕入空寂，为世诟病呢？原来阳明良知之说，在哲学上有很深的根据，既如前章所述。他说："心之本体，便是知。"所谓"见得良知亲切"者，即是体认本体亲切之谓。向这里下手，原是一了百了的绝妙法门。所以阳明屡屡揭此义，为学者提掇，但他并非主张"一觉之后无余事"者。所以一面直提本体，一面仍说"省察克治之功，无时而可已"。而后之学者,或贪超进,惮操持,当然会发生出近于禅宗之一派,此亦学术嬗变上不可逃避之公例也。钱绪山说:"师既没,音容日远,吾党如以己见立说。学者稍见本体,即好为径超顿悟之说,无复有省身克治之功,视师门诚意、格物、为善去恶之旨,皆相鄙以为第二义,简略事为,言行无顾。甚者荡灭礼教,犹自以为圣门之最上乘。噫!亦已过矣。"(《大学问跋》)王学末流,竞倡"现成良知"之说,结果知行不复合一,又陷于"知而不行,只是不知"之弊,其去阳明之本意远矣。

# 陆王学派与青年修养

## 1927 年 2 月 5 日在司法储才馆讲演

题解：1926 年冬，民国政府司法部成立司法储才馆，以培养法律人才，聘请梁启超担任首任馆长（相当于校长）。梁氏曾任民国司法总长，又是民国初期著名的法学家（梁启超撰有大量法律或法学方面的文章、专著，对此今人有专门研究，参见宋仁《梁启超政治法律思想研究》，学苑出版社，1990 年；焦润明《梁启超法律思想综论》，中华书局，2006 年），担任馆长可谓深孚众望。1927 年 1 月 17 日，储才馆正式开学，入馆学生 100 多人。除了正常的专业课程外，学校还邀请著名学者为他们作专题讲演，以扩充知识面。2 月 5 日，梁启超为储才馆学生作第一次课外讲演。讲演辞后发表在 1—3 月《司法储才馆季刊》第 1 期上。此次讲演，他主要谈人格修养问题。他批评宗教的、玄学的、礼法的修养法都不能适应时代的要求，认为对一般青年来说，最稳当、最简捷、最有效的方法就是陆王一派的修养法，其主要内容包括致良知、重实验（即事上磨炼）、非功利、求自由四个方面，其核心则是致良知。梁启超一直在教育中贯彻一面求学问、一面求修养的教育理念，在东南大学、清华、南开等校如此，在司法储才馆亦如此。

今天为本馆第一次课外讲演，以后每星期亦是继续有的。先尽在外面敦请名流学者，如未觅着，就由我自己充数。原来我自己本拟正式担任点功课，继思本馆与其他学校性质不同，讲堂上钟点宜少，课外自修时间宜多，所以我自己暂时不作有系统的学术讲演。

今天讲"陆王学派与青年修养"，这个题目好像不识时务——尤其在现在经济状况、社会情形正在混乱突变，还拿起几百年前道学先生的话来翻腾，岂不太可笑吗？但是我们想想修养工夫，是否含有时代性？是否在某时代为必要，在某时代便不必要？我们生在世上几十年，最少也须求自己身心得一个安顿处，不然，单是饥则求食，劳则求息，蠕蠕噩噩和动物一般,则生活还有什么意味?什么价值?或者感觉稍锐敏一点,便终日受环境的压迫,陷于烦恼苦闷,结果堕落下去,那更是"天之僇民"[1]了。所以我们单为自己打算,已经不容缺乏修养工夫,其理甚明。况且一个人总不是做自了汉可以得了的,"四海变秋气,一室难为春",我们无论为公为私,都有献身出来替社会做事的必要。尤其在时局万分艰难的中国今日,正靠后起的青年开拓一个新局面出来,青年们不负这责任,谁来负呢?但是我们想替社会做事,自己须先预备一副本钱,所谓本钱者,不但在书本上得些断片智识,在人情交际上得些小巧的伎俩,便可济事,须是磨练出强健的心力,不为风波所摇,须是养成崇高的人格,不为毒菌所腐。这种精神,不是一时作得到的。古今中外的伟大人物——或者虽不十分伟大而能成就一部事业的人,都不是一蹴侥幸成功的。在他事业未成功以前,"扎硬寨,打死仗",孜孜矻矻,锲而不舍,不知作了几多狠苦的预备功夫。待到一旦临大

---

[1] 天之僇民:受上天惩罚的人。僇音 lù。

事，好整以暇，游刃有余，不过将修养所得的表现出来罢了。我同学们须知读书的时候，就是修养的时候，能一面注重书本子上学问，一面从事人格修养，进德修业，双方并进，这就是将来成就伟大事业的准备。所以我个人认为青年有修养的必要。

以上是说修养的必要，现在接着说修养的方法，究竟要用什么方法，才可达到修养的目的呢？古今中外的学者、祖师——所讲求的法门甚多，今择要述之：

（一）宗教的。宗教家常悬一超人的鹄的——无论天也可，神也可，上帝也可，由此产生出来道德规律，便拿来当他自己作事的标准，不能说他没有功效，不过这种方法，比较行于没有十分开化的民族和稍为脑筋简单的人，足以帮助他的修养。因为这种方法，完全靠他力的，不是靠自力的。例如信仰基督教的人，只要崇拜基督，便以为能赎我愆尤；信仰佛教净土宗的人，只要口诵"阿弥陀佛"，便以为能解脱生西。流弊所至，自己的觉性反受他力压抑，不能自由发展了。

（二）玄学的。玄学的修养法，要脱离名相，得到人以外高深哲理的人生观，来作自己安心的归宿。他的好处，自力甚强，独往独来，当然比宗教全靠他力自由得多。但他的弊病，离名相过远，结果变成高等娱乐品，不切于实际，非具特别智慧，对哲理有特别兴趣的，不容易领悟，往往陷于空中楼阁，虚无缥缈的境界。虽说是满腹玄理，足供谈资，亦等于看菜单而忘烹调，读书谱而废临池，自己终究不能受用的。

（三）礼法的。礼法的，一可云是"礼文的"——"礼节的"，换言之，就是形式上检束身心的方法。在消极方面，本"君子怀刑"的观念，凡国法和礼教上不允许的，就绝对的不肯尝试；在积极方面，礼与法所允许的，便常常从事训练，一言一动，务期造成轨范。这是他的优点，但他的弊病：（1）偏于形式，礼法禁止的行为，均须表现出来，礼法才有制裁的力量；其内心思想，无论坏到怎样，法官虽高明，固然不能照烛，就是礼教的范围和力量稍大，也仍然是达不到的，不过形貌恭敬罢了。（2）病于琐碎，无论什么事，须得到一个概念，若网在纲,如裘絜领,然后才能究源竟委,循序渐进;若只一枝一节的来寻解决,便永久得不着一个把柄。

以上三种,都不是良好的方法,不能使人们得到修养的效果。我们生在这个变动社会,镇日忙碌,精神烦闷,不但宗教的、玄学的,不能适用,就是礼法的修养方法,繁文缛节,病于琐碎,亦易令人厌倦,故不能不选择一最简捷的方法。这种方法的条件:第一要切实,能在我最忙的时间——学问上或者是职务上——不相妨害,仍能不断的作修养功夫;第二须得其要领,好比运用大机器一样,只要得着他的原动力,便全部都转动起来了,不是头痛医头,脚痛医脚的方法;第三要自动的,不靠人,也不靠着人以外的他种力量。能具备以上三种条件的,古今中外的伟人都有,或者宗教家、哲学家亦复不少。不过,依我个人用功实验的结果,觉得对于现在一般青年的修养,最稳当、最简捷、最易收效果的,当以陆王一派的学问为最适合。对于这派的学术,以后有机会,当详细讨论,今天先将他修养的要点讲一讲。我把他暂分为四点,分述于下：

（一）致良知。"致良知"这句话，是王阳明提出来的。陆象山虽有这种意思，却未明白说出"致良知"三字来，象山说法，仍旧本着孟子的"求放心"。"求放心"这句话，前人解释"放"字，如放风筝一样，放了出去，再收回来，这是不对的。其实"放"字，就是失去本来良心的意思，换言之，就是为气禀所拘，人欲所蔽，失去本然之善。"求放心"，就是图恢复已失去的良心。阳明"致良知"三字，便觉明显得多。

阳明尝诏告弟子说："你一点良知，即是你的明师。是便知是，非便知非，一毫昧他不得。良心命令你的行为，不会错的。"云云。他的意思就是说，良心像明师一样，是与非，辨之最清，良心命令你要作便作，不作便不作，决计不会错的。近世德哲学家康德（Kant）亦曾说过："服从良心第一个命令。"因为第一个命令是真觉，最明显不过的。这话完全与陆王旨趣相符合，其所谓"东海有圣人，南海有圣人，此心同，此理同"了。"致良知"的"致"字，系动词，含有功夫，如普通致书某君之"致"同意。"致良知",就是推致良知于事事物物,好比诸君将来作司法官,如何裁判始能尽善?这便是把我的良心推致到人的身上或事物上面去的一个实例。"良心"在人身,犹"舟之有舵"。舟有舵,所以便移转;如遇暴风骇浪,不会把舵,或者是无舵,那船非沉不可。良知如舵,致良知,就是把舵。吾人每日作事,常常提醒此心,恰如操舟者全副精神注重管舵。良心与生俱来,人人都有,不常用则驰骛飞扬,莫知所届,犹之舟子之舵,不常用则把不定。所以陆王诏人说:"良心就是你的明师。"每日遇事到面前便问他,久之自不费力。如舟子之于舵,天天训练,平时固毫不费力,纵遇大风骇浪,稍用点心,亦可过去。总之陆王方法,不必靠宗教、玄学、礼法等,只靠这点觉性,训练纯熟,平时言行,固从容中道,纵遇重大的困难的大事临头,随便提一提,也可因物付物,动定咸宜。这方法最简捷,上自大圣大贤,下至妇女孩提,不用抛弃他种事业,都可适用。什么专靠书本子上"多识前言往行,以蓄其德",什么"礼仪三百,威仪三千"的繁文缛节,都是比不上的,这是陆王学派第一个美点。

(二)重实验。"致良知",似乎纯属主观的,怎么又说到重实验的客观方面去呢？这不是自相矛盾吗？其实不然。陆王的意思,以为事之应作,要问良知;究要如何作法,如何推之于人而顺,全验诸客观的实际。表面虽似相反,结果全然一贯。陆子静与兄子渊[1]别后相见,兄问数年学问,从何处下手？何处致力？子静答云：专从人情事变上下手。这便是陆学注重实验的铁证。考陆氏本是大家庭,并且数代同居,管理家务是轮流的。他说他学问进步最猛烈,就是在二十三岁管理家务的时候,因为这时有机会把良心推致到事实上去。我们要知道,知与行有最密切的关系。譬如由北京到上海,须先定一观念。究应怎样去法,心中常有两种辩论,一说往南,一说往北,未实行时可以并存的。待到实行时,非实在详细打听明白,终没有达到上海的一日,徒然看路程表

_____

[1] 陆子静与兄子渊：陆九渊,字子静,号象山;其五兄陆九龄,字子寿,号复斋,此处写作"子渊",误,陆家兄弟无人字子渊。

是不中用的。又如听人说,东兴楼菜好,在未尝过以前,纵然下形容词,说他怎样甘美可口,终于隔靴搔痒,与自己不相干,必待亲自吃过,然后才能真正知道。所以阳明主张"知行合一",尝曰"知是行之始,行是知之终",又曰"知而不行,知如未知"。陆王这派学说,虽然对于书本子上学问,不十分攻击,但总视为第二层学问。他们的意思,要在实际上作去,凡一言一动,能把自己的良心运用到上面去,就无往而非学问。我们天天在讲堂听讲,固为学问,就是在课外听讲作事,一举一动,均合于条理,更是紧要的学问。若徒知在讲堂上上课,那便等于看路程表和批评菜单子了。我们未研究陆王以前,以为他们学问,全是主观的,那知道他们推致良知到事事物物上去,完全属于客观的?陆子以管家进学,已以上述;再来看看王子,他的军事上、政治上的事业,只要有一件,都足成为伟大人物永垂不朽。奇怪得很,我们现在只知他为一大学者,军事、政治反为学问所掩,这是什么缘故呢?因为他的军事、政治,都是从学问中发出来,同时他的学问,亦因经军事、政治的训练而益进步。他的军略、政略,就他平宸濠一事,便可看得出来。宸濠为明室王子,谋覆明社,已有数年预备,详密布置。阳明无官守,无人责,上书讨贼,谈笑之顷,三星期削平大难,这是何等神勇!迨削平以后,太监嫉功妒能,仍促御驾亲征,并且要他将宸濠放出。他看出此中症结,便把宸濠解交太监,功成不居,以泯猜忌。这时皇帝仍要到江南,所带北兵,云集南昌,他用种种方法供给,使南北军不相冲突。又百般用方法激动北军,到岁暮除夕时,令市民作歌谣唱戏,使兵士动思归之念,于是北兵始撤去。统观这事的首尾,初宸濠胁迫他,他不但不附和,反兴师致讨,这是良心命令他作的;旋交宸濠于太监以泯猜忌,也是良心命令他作的;北兵驻南昌,苦吾民,设法促归,也是良心命令他作的。良心作用之妙,真是不可思议。阳明之学,首重良知,一遇困难问题,更借此机会,训练思想,直作下去。一面虽似主观;一面则条理细密,手腕灵敏,又完全属客观的。虽用权术,好比医生对病人说谎一样(说谎为极不道德之事,医生对病人说谎,目的在医病,故为良心所许可)也是良心命令所许可的。为达良好目的而用手段,这手段毕竟是善的。由此足以证明致良知与重实验,丝毫不相冲突的。

(三)非功利。西洋科学,重实验,近功利;陆王学派,既重实验,当然也不能逃此窠臼,怎么又说非功利呢? 但是陆王不是绝对不要利益、不要事功,不过以自己个人为本位的毁誉、得失、利害等物,陆王是绝对反对的。陆子在白鹿洞书院讲"君子喻义小人喻利"章,不但听众感动,就是朱子〔也〕大为感动,当时便把讲义写出来刻在书院壁上。他讲的大意:谓"利",是以自己为本位的,凡专为自己打算,不但贪财好色要不得,就是学问文章、虚荣利禄等,也都要不得的。反复推阐,为拔本塞源之论。若不澄清源头,读书多固坏,才具大更坏。譬如现在军阀,无论北也好,南也好,如果他不为自己利益、虚名,专替社会国家谋利益,那么国家便可立致太平;若专为自己打算,我希望他读书少点,才具小点才好,否则读书愈多,谈什么问题,什么主义,则为恶之本领越大,将祸国不知伊于胡底了！犹之农夫种田，种的是稻和麦，灌溉培养，可成嘉禾；如种的是莠类，加肥料，勤耕耘，所收获终为莠类。前贤说得好："种瓜得瓜，种豆得豆。"这是丝毫不爽的。所以陆王主张澄清本源，然后再作学问才好。一方面与西洋实验派相近，一方面又主张非功利，这是有西洋学派之长而无其短的明征。

（四）求自由。非功利，"无我"，似乎专于为人，孰知却又不然。可以说，完全是为自己——是为自己求得绝对的自由，不过非一般人所谓自私自利罢了。也可以说，一般人不善自私自利，陆王乃知大自私自利的。孔子曰"克己复礼"，又曰"古之学者为己"。这两句话，表面看来，显然是矛盾的，其实严格解释起来，仍然是一贯的。一日阳明弟子问曰：弟子只知躯壳的小己，不知精神的大己。阳明诘之，复曰：口要食美味，目要看好色。故云：躯壳是不是自己？食为舌，舌是不是自己的？凡食一物，口中觉得滋味很好，如良心以为不应该吃，这时谁的痛苦大？对得住口，不过几秒钟的快乐；对不住良心，是永久的痛苦。双方打算，还是对得住良心的好！所以我们良心，要不受束缚，要求得绝对的自由。但良心自由，是不容易得到的。身体受束缚，可由外力代为解放，如美国黑奴，有林肯来替他解放。我自己的精神，作了自己躯壳的奴隶，非自己解放自己，就一天到晚，一生到老，都在痛苦之中，莫由自拔。陆王学派，就是从沉沦苦海里自救出来，对内求良心绝对自由，不作躯壳的奴隶；对外不受环境的压迫和恶化，无论环境如何引诱，总持以宁静淡泊，寂然不动。因为得利绝对自由，所以同时也得到绝对的快乐。孟子曰："死亦我所恶，所恶有甚于死者。"譬如一碗饭，得之则生，弗得则死，但是有时候权衡轻重，死比食还要快活，这时就不能不死。我们看看明末死节诸臣，是何等从容自得！那些苟全性命的，觍颜人世，人家对他批评怎样，姑且不问，我看他们精神上真不知受了怎样的痛苦！如钱牧斋[1]、吴梅村[2]者

---

[1] 钱牧斋：即钱谦益(1582—1664)，字受之，号牧斋，明末清初著名诗人。在明崇祯时官至礼部侍郎等职，后降清。

[2] 吴梅村：即吴伟业(1609—1672)，字骏公，号梅村，明末清初著名诗人。曾在崇祯时为官，明亡后被迫北上入清为官，后以母丧为由乞假南归，不复出仕。

流，便是一个适例。这种大不自由，就功利方面计算起来，未免太不经济。横竖早晚都是死，何必苟活几年，甘受精神上的痛苦呢？所以陆王一派学者，不作自己奴隶，不受环境压迫，结果得到大自在、大安乐，独往独来。此心常放在极逍遥安乐地方，生固快活，死亦安慰，生死无所容心，抑何往而不自得！以此证明孔子克己、为己之说，不但不相冲突，并且彼此相得益彰。这是陆王给我们修养上最简捷、最完美的方法。我不敢说我在东兴楼吃过一回菜，不过在旁边尝一尝他的滋味罢了，希望我们同学大家努力尝尝这个滋味才好！

陆王派的学问，在我国有清二百年间，一被经学压迫，再被程朱派压迫，日就衰微。东邻日本，反盛行此学，明治维新的豪杰，都是得力于陆王派的学者。陆王也可以说是日本建国的功臣，他学问效力的伟大，从此可见一斑。我们本国嗣裔，反未沐其膏泽，未免可惜。俗谚有云："物极必反。"现在正当物质枯燥，人心烦闷的时期，或许是陆王学术复活的时机罢？再谈到我们储才馆的设立，完全是预备养成治外法权的人物,要负担这种责任,谈何容易！非大家同心僇力,最少非有五十人抖擞精神,能够实地作事不可。然能养成作事的能力,书本子上的学问固属紧要,精神修养尤不可忽。然精神人格修养的方法,又只有陆王学派最简捷、最美满、最有效验,所以我今天首向同学介绍陆王派学术的梗概。

# 学问的趣味与趣味的学问

## 1927 年 3 月 5 日在司法储才馆讲演

　　题解：1922 年，梁启超在各地、各校的讲演中大谈"趣味主义"，其中 8 月 6 日为东南大学暑期学校学员所作讲演为《学问之趣味》。1927 年 3 月 5 日，梁启超第二次为司法储才馆学生作课外讲演，又接续往日"趣味主义"的话题。讲演辞后发表在 1—3 月《司法储才馆季刊》第 1 期上。其中第一部分讲"学问的趣味"，与东大的讲演在内容上有不少相同之处（二文可参看），而第二部分谈"趣味的学问"则是新的发挥。所谓"趣味的学问"，是说无论遇到什么事，都当作有趣味的资料加以研究，这样人生就会兴味盎然，怡然自得。梁启超认为，陆王学派在事上磨练的工夫就是这种"趣味的学问"。这次讲演的目的在于，不仅要引发学生对学问的趣味，还要激发他们对整个人生的趣味，进而得到自我提升的动力和方法。

今天的讲题,是"学问的趣味与趣味的学问"。说来有趣味得很,有许多熟朋友说:"若把梁任公这个人解剖或者用化学化分一下,把里头所含一种原素名叫'趣味'的抽出来,只怕所剩下仅有零了"。这话虽有点滑稽,我承认我是一个趣味主义者!我以为,凡人必常常生活于趣味之中,生活才有价值。

孔子表白他自己的生活,并没有特别过人之处,不过是"学而时习之,不亦悦乎!有朋自远方来,不亦乐乎!人不知而不愠,不亦君子乎!"什么"悦"啦,"乐"啦,"不愠"啦,可以说是孔子全生活的总量。我们看他对于自己的工作,镇日的"发愤忘食,乐以忘忧","学而不厌,诲人不倦"。他教人亦复如此:"子路问政……请益。子曰:'毋倦。'""子张问政,子曰:'居之无倦;行之以忠。'"处处都是教人对于自己的职业忠实做去不要厌倦。孔子所以成就如此伟大,就是因为他"不厌不倦"。他为什么能"不厌不倦"? 就是因为对于自己所活动的对境感觉趣味。一个人若哭丧着脸捱过几十年,那么生命便成沙漠，要来何用？倒不如早日投海的好！所以我们无论为自己求受用，为社会求幸福，为全世界求进化，都有提倡趣味生活的必要！我是一个最饶趣味的人，我教人也是要把趣味印到大家身上去，乃至讲政治、经济，也把他认为一种有趣味的科学。像那简单的马克思唯物史观的物质生活，是我所反对的。

（一）

怎样才算着趣味？就广义方面观之，爱饮酒的有酒的趣味，爱赌博的有赌博的趣味，不过这种趣味，与我的趣味，不能完全相印。我的趣味，是有条件的：（一）凡趣味总要自己去领略，佛典上说："如人饮水，冷暖自知。"人家可以给你的趣味，不能算作趣味的目的。（二）趣味要能永久存在，凡一件事作下去生出和趣味相反的结果，这也不能作趣味的目的。赌钱有趣味吗？输了怎么样？吃酒有趣味吗？醉了病了怎么样？升官发财有趣味吗？遇着外面的障碍，不能贯澈自己做官发财主张怎么样？诸如此类，虽然在短时间像有趣味，结果会闹到俗语说的"没趣一齐来"，所以我们不能承认他是趣味。凡趣味的性质，总要不受外面的反动阻夺，永远可以存在，好比"江上清风，山间明月"一样。同学们听我这几句话，切勿误会我以为，我用道德观念来选择趣味。我不问德不德，只问趣不趣，我并不是因为吃酒、赌钱不合道德排斥他，是因为他易受反动障碍，所以反对他；不是以学问合于道德来提倡他，是因他能以趣味始以趣味终，合于我趣味主义的条件，所以就来提倡学问，愿意把他作我生活主要的部分。

物质生活的人们，至少要寻得一二件精神生活，然后他的生活才不致干燥无味且从事工作时，精神兴奋，兴会淋漓，其效率必加倍增多。人人如此，必能组成一个兴趣丰富快乐的社会。但这种精神的对象是什么？广义说起来，文艺美术，就可说是学问；简单说一句，学问就是趣味最好的目的物。我们怎样能在学问上领着趣味，理论虽这样说，实际上能得到趣味的很少。我看好些学生，在学校里，未尝不腐精摇神，从事学问，一入社会，便把学问抛在一边。这是什么缘故？都是由于没有在学问上找到丰富的趣味。同学们要尝学问的兴趣吗？据我所经历的，有下两条路可走：

第一，深入的研究。趣味总是慢慢的来，越引越多，好像吃甘蔗一样，越嚼他的滋味便越长。假如作学问，每天只有一二点钟，随便来消遣，浅尝中辍，没有丝毫研究性质，那当然不会发生兴趣。或者今天这样，明天那样，这当然也不会引起兴趣来。以我而论，见人家下围棋便要走，因为我不懂他，无法对他发生兴趣。那些对围棋有研究的人，纵然走一着，他都以为关系甚大，所以能终日坐围不厌。学问亦然，我们欲得到他的趣味，须选择一二种与自己脾味相合的，作毕生研究的主脑，或者提纲概括的观察，或者从事解剖分析的观察。不怕范围窄，越窄越便于聚精神；不怕问题难，越难越便于鼓勇气。务使我身心与学问融化为一体，然后才能得到无穷的乐趣。我国人对于学问兴趣，平均统计起来，比任何国人都赶不上，一去了学校，便不会继续研究。推其病根，一因为学校里科目太繁，一因为钟点过多。教师又不能设法使学生深造自得，考试又是分数平均，只要各科略窥门径，便不至于失败，酿成一种浅尝敷末的风气。学生于各科，都只知道他的当然，而不知道他的所以然，这个门穿一穿，那个门张一张，再不会看见"宗庙之美，百官之富"，叫他如何能发生趣味？我们要想领略趣味，便须专精一种或二种，为极深刻的研究，听讲看书，访问师长，实地观察，握管撰著，都是关于此种，便易嚼出他的滋味来。那么，以后纵入社会，凡关于此类资料，方将从事搜集，互相印证，那至于抛弃不学呢？这样窄而深的研究，也许变成显微镜的生活。其实不然，万有学问，都是相通的，最怕对任何学问没有趣味。只要对一二种发生浓厚趣味，以后移到旁的学问上，便可事半功倍。犹之书家临碑一样——初临欧时，需要三个月才好；后再临颜，只要一月便好。这是我个人经验之谈。所以我们只要对任何一门学问，发生最浓厚趣味，那便容易豁然贯通了。这是深入的研究方法。

第二,交替的研究。交替的方法,似乎与深入是反相的。其实要想从学问中得趣味,亦须有主辅的关系,最好以科学的研究为主,以文艺艺术为辅。同学们专学法律,以法律为主要科目,镇日在法律中讨生活,精神最易感受疲劳。为恢复疲劳起见,至少要在文艺美术方面找一种,轮流的参错掉换才好。就以本馆余学长[1]说,他是专门研究行政法的,但同时他又是书画大家。一种是科学的学问,一种是美术的学问,两种都有相当涵养,常常互相交替,所以就把学问趣味越引越长,觉得日子有趣得很。我个人也是一年到头忙的不肯歇息,问我忙什么?不是那一般人的酒食征逐,忙的是我的趣味。我以为这是人生最合理的生活,精神舒服得很。若专从物质上讨生活,最容易受客观的限制和反动,也可以说是非趣味的。这种非趣味的生活,好比打电报一样,专打回

---

[1] 余学长:即余绍宋(1882—1949),字樾园,浙江龙游人,现代法学家、书画家,梁启超好友,时任司法储才馆学长(相当于后来的教务长)。

头电报,就容易令人们精神上感受无限痛苦,兴会颓唐——元气斫丧了。我并不是绝对排斥物质的人,因为我经验的结果,觉得物质生活中,更要找到其他的一两样,作我们精神的寄托。这种精神生活主要的条件,是"无所为而为"。好比同学们希望收回法权,为学问而学问的人,法权收回固乐,就是一时不能达到目的,甚至无法律事务可办,也未尝不乐。你问我为什么作学问? 我便答道:"不为什么。"再问,我便答道:"为学问而学问。"或者答道:"为我的趣味。"结果就是学问绝对无用,只要对于真理有所创获,我个人便觉得其味无穷——无入而不自得了。

## (二)

以上讲的是"学问的趣味",以下再讲"趣味的学问",更觉有趣。我们无论遇着什么事,都当作客观有趣味的资料。孟子说"有人于此,其待我以横逆,则君子必自反也"云云。人以无理加到我身,普通人必采取报复主义;孟子偏偏要自反，是我的错误吗？是我的不仁不忠吗？这是何等涵养的态度！人能以这种态度接物，每遇横逆之来，便借此机会，研究到我自己的过处，究竟他为什么这样？甚至把客观所有的事，都当作我自己研究的资料，这样便易得增进自己的阅历、经验。普通一般人，遇到一事困难，便颓丧消极；在趣味主义者观之，以为研究的机会到了，仔细思量这回失败的原因——在我本身么？在社会环境么？方将研究之不暇，那有失意沮丧的暇暑呢？我个人遇着事，总是这样，就是本馆成立，零零碎碎的琐事，非常麻烦，我总把他当作趣味，好容易给我一个机会，从容研究，决不肯轻易放过。譬如自己是个爱嫖、爱赌的人，当嫖时、赌时，就要思量，人家都不爱，我为什么要这样？本身生理上变态吗？客观环境促成的吗？能常常这样的反观内照，切己体察，那么，无论人家的自己的，生理上、心理上一切关系，都可作为我自己研究的资料了。事愈多，学问就可以越发更多；越困难，趣味就可以随之发生。我国从前伟大学者陆象山、王阳明二先生的学问，就是依这种方法作成的。陆子常说：他的学问，全从人情事变上作工夫。又说：他二十几岁时，他那大家族的麻烦帐务，经着他经管了一年，这一年是他毕生学问成就最重要的关键。阳明先生呢，他在江西讲学，一日某县吏往听，觉得很好，便说：我们镇日兵刑钱谷，不暇学问。阳明听着，便指示他说：谁叫你离开事务作学问？从这一点，就可以想到阳明作学问的方法了。他是主张"知行合一"的人，他以为"致良知"，就是把良知推致到事事物物之上，良知离了事物，便是空虚的。所以研究学问，须将良知与事物打成一片才好。阳明很后悔在龙场失了许多机会，晚年到江西，在军事旁午的时候，就是他学问进步最猛烈的时候。他遇着事情棘手的时候，困难自困难，呕气自呕气，他总是研究为什么困难，为什么呕气。抱着"廓然大公，物来顺应"的态度。这样作学问，所以能不劳苦，不费力，就会得着一种内圣外王伟大的学问。如一定要闭门静坐，说我如何存养，如何慎独，那么，反不能鞭辟入里，亲切有味。而且不懂得趣味的人，闭起门来作学问。一旦出而应物,稍遇困难,便形颓丧,他的学问事业,一定不会永远继续下去的。惟能像陆王派的学问家,把客观的事实都当作趣味资料,优游涵泳,怡然自得,保全自己的生活元气,庶可以老而弥健,自强不息呢!

以上我说的两件事,虽然像是老生常谈,恐怕大多数人都不曾会这样做。唉!我们自己有这种不假外求、不会蚀本、不会出毛病的趣味世界,竟没有几个人肯来享受,这是很可惜的!我今天效"野人献曝"的故事,特地把自己所经历的告诉同学,希望同学们都起来尝尝这个趣味吧。

# 知命与努力

## 1927年5月22日在华北大学讲演

（王劭年　张泽雄　笔述）

题解：1927年5月22日，梁启超受邀到华北大学作讲演。（该文原注明"在华北大学讲演"，华北大学应是华北协和女子大学的简称，1927年已并入燕京大学，称"燕京大学女校"，可能那时还习称"华北大学"。）该讲演由学生王劭年、张泽雄笔述，后发表于29日《国闻周报》第4卷第20期。而另一学生李任夫对此次讲演的情形也有所描述。在李氏之文中，梁启超联系自己经历所讲者为王、张笔述所缺，兹照录如下："我从少年时代起，就立志要改造中国，中间奋斗了几十年，成了今天的我，但中国还是这么乱，这么落后，既不能富，也不能强。为了改造中国这个理想，我不知道付出了多少代价，是人所共知的，难道说我不努力吗？可是，到了今天，五十（多）

岁的今天,我已经认识到这个改造中国的大任,已不可能在我有生之年及身完成了,这就是我的天命观。但是中国还是要继续改造,还要努力的,不过这个责任落在各位青年身上了。我希望各位要立大志,下决心,为我们的事业继续奋斗,在这个基础上,再努力前进,一定要把中国改造过来。我虽然尽了几十年的努力,不过为各位作个开路先锋而已。"李任夫回忆道:"他说完之后,不禁感叹唏嘘。"其实这也就是该讲演的主旨,一方面要承认天命(即人的分限)的存在,一方面又要在这天命下努力向前,知命和努力是不可分的,这就是儒家的"力命观"。其中,梁启超关于"命"的解释最富启发意义,可破各种迷信思想。

今天所讲的题目是"知命与努力"。知命同努力这两件事,骤看似乎不易合并在一处。《列子·力命》篇中曾经说明力与命不能相容,我从前作的诗也有"百年力与命相持"[1]之句,都是把知命同努力分开,而且以为两者不能并存。可是,究竟是不是这样呢?现在便要研究这个问题。胡适之先

---

[1] 此诗句出自梁启超《自励》(其一),全诗云:"平生最恶牢骚语,作态呻吟苦恨谁? 万事祸为福所倚,百年力与命相持。立身岂患无余地,报国惟忧或后时。未学英雄先学道,肯将荣瘁校群儿。"

生在欧洲演说中国文化，狠攻击"知命"之说，以为知命是一种懒惰哲学，这种主张能养成懒惰根性。这话若不错，那么，我们这个懒惰人族，将来除了自然淘汰之一途外，真没有别条路可走了。但究竟是不是这样呢？现在还当讨论。

在《论语》里面有一句话："不知命，无以为君子。"意思是说：凡人非有知命的工夫不能作君子。"君子"二字，在儒家的意义常是代表高尚人格的。可以知道儒家的意见，是以知命为养成高尚人格的重要条件。其他"五十而知命"等类的话狠多，知命一事在儒家可谓重视极了。再来返观儒家以外的各家的态度怎样呢？墨家树起反对之帜，矫正儒家，所攻击的，大半是儒家所重视的，所以墨家自然不相信命。《墨子·非命》篇中便极端否认知命，在现在讲，可算"打倒知命"了。列子的意见，更可从《力命》篇中看出，他假设两人对话，一名力，一名命，争论结果，偏重于命。列子是代表道家的，可见道家的主张，是根本将命抬到最高的地位，而将力压服在下面，和墨家重力黜命的宗旨恰恰相反。可是儒家就不然,一面讲命,一面亦讲力,知命和努力,是同在一样的重要的地位,即以"不知命,无以为君子"一句论,为君子便是努力,但却以知命为必要条件,可知在儒家的眼光中两者毫无轩轾了。

"命"字到底怎么解呢?《论语》中的话很简单,未曾把定义揭出来。我们只好在儒家后辈的书籍中寻解说,《孟子》《荀子》《礼记》,这三种都是后来儒家的重要的书。《孟子》说:"莫之致而至者,命也。"意谓并不靠我们力量去促成,而它自己当然来的,便是命。《荀子》说:"节遇谓之命。"节是时节,意谓在某一时节偶然遇着的,便是命。《礼记》说:"分于道之谓命。"这一条,戴东原解释得最详,他以为道是全体的统一的,在那全体的里面,分一部分出来,部分对于全体,自然要受其支配,那叫做"分限",便是命。综合这几条,简单的说,就是我们的行为,受了一种不可抵抗的力量的支配,偶然间遇着一个机会,或者被限制着,止许在一定范围内自由活动,这便是命。命的观念,大概如此。

分限——命——的观念既明，究竟有多少种类，经过详密的分析，大约有下列四种：（一）自然界给予的分限：这类分限，极为明显易知，如现在天暖，须服薄衣，转眼秋冬来了，又要需用厚衣，这便是一种自然界的分限。用外国语解释，便是自然界对于人类行为，给的一个 order，只能在范围内活动，想超过是不能的。人类常常自夸，人力万能征服了自然界，但是到底征服了多少，还是个问题。譬如前时旧金山和日本的地震，人类几十年努力经营的结果，只消自然界几秒钟的破坏，便消灭无余。人类到底征服了自然界多少呢？近几天，天文家又传说彗星将与地球接近，星尾若扫到地面，便要发生危险。此事固未实现，然假设彗星尾与地面接触了，那变化又何堪设想，彼时人类征服自然界的力量又如何呢？这样便证明自然界的力量，委实比我们人类大得多，人类不得不在它给予的分限中讨生活的。（二）社会给予的分限：凡是一个社会，必有它的时间的遗传和空间的环境，这两样都能给予人们以重变的分限。无论如何强有力的人，在一个历时很久的社会中,总不能使那若干年遗传的结果消灭,并且自身反要受它的影响。即如我中华民国,挂上"民治"招牌已十六年了,实际上种种举动,所以名实不符者,实在是完全受了数千年历史经历所支配,不克自拔。社会如此,个人亦如此,一人如此,众人亦如此。不独为世所诟病的军阀、官僚,难免此经历之支配,乃至现代蓬勃之青年,是否果能推翻经历,不受其支配?仔细思之,当然不敢自信。吾人一举一动、一言一行,所不为经历所干涉者,实不多见的。至于空间方面,亦复如是。现在中国经济状况,日趋贫乏,几乎有全国国民皆有无食之苦的景况。若想用人的力量去改这种不幸的情形,不是这一端改好,那一端又发生毛病;便是那一端改好,这一端又现出流弊。环境的势力,好似一条长链,互相牵掣,吾人的生活,便是在这全国环境互相牵掣的势力支配的底下决定,人为的改造,是不能实现的。小而言之,一个团体也是这样。凡一个学校,它有学风,某一个在这学校里念书的学生,当然受学风的影响和支配,想跳出学风以外,是不容易的。而这个学校的学风,又不是单独成立的,即与其他学校发生连带关系。譬如在北京某一学校,它的学风,不能不受全北京学校的学风的影响和支配,而不能脱离,就是这样。全北京的学风,影响到某一校;一校的学风,又影响到某一人。关系是如此其密切而复杂。所以社会在空间上给予人们的分限,是不可避免,而不易改造的。(三)个人固有的分限:在个人自身的性质、能力、身体、人格、经济诸方面,常有许多不由自主的状态,这便是个人固有的分限。这些分限,有的是先天带来的,有的是受了社会的影响自然形成的,然而其为分限则一。譬如有些人身体好,有些人身体坏。身体好的人每天做十多点钟的功课,不觉疲倦;身体弱的人每天只用功几点钟,便非常困乏,再不停止,甚至患病。像这种差别,是没有法子去平均和补救的。讲其原因,自然是归咎于父母的身体不强壮,才遗传这般的体质。这不独个人为然,即以民族而言,华人同欧美比较,相去实在很远。这都是以前的祖先遗留的结果,不是一时的现象;然而既经堕落到如此地步，再想齐驱并驾，实无方法可施。既曰实行卫生，或可稍图改善，然一样的运动，一样的营养，而强者自强，弱者自弱，想立刻平等，是不可能的。才能、经济诸端，尤其易见：有聪明、有天才的人，一目十行，倚马万言；资质愚笨的人，自然赶他不上。有遗产的子弟，可以安富尊荣，卒业游学；家境困苦的人，自然千辛万苦，往往学业不完。这种分限，凡为人类，怎能逃脱？身体、才能，固然不能变易，即如物质方面之经济力，似乎可以转换，然而要将一个穷学生于顷刻中化为富豪，亦是不能实现的事。物质的限制尚且如此之难去，何论其他？个人分限，诚不可轻视的了。（四）对手方给予的分限：凡人固然自己要活动，然而同时别人也要活动，彼此原都是一样的。加之人的活动方面，对自然常少，而对于他人的常多，所以人们活动是最易和他人发生关系的。既然如此，人们活动的时候，那对手方对于自己的活动也很有影响，这影响就是分限了。人们对他人发生活动，他人为应付起见，发出相当的活动来对抗。于是自己起了所谓反应，反应也有顺的，也有逆的。遇见顺的，尚不要紧；遇见逆的，则自己的活动将受其限制，而不能为所欲为，于是便构成了对手方的分限。这可以拿施教育者与受教育者做个比方，施者虽极力求其领会，然受者仍有活动的余地，若起了逆的反应，这个教育的方法，便要失败的。此犹言团体行为也，个人对个人也是如此，朋友、夫妇间的关系，何莫不然？无论如何任性的人，他的行为总难免反受其妻之若干分限，妻之方面亦同。人生最亲爱者，莫如夫妇，而对手方犹不能不有分限，遑论其他。犹之下棋，我走一着，人亦走一着，设禁止人之移棋，任我独下，自属全胜，无如事实不许，禁止他人，既难做到，而人之一着，常常与我以危险，制我之死命，于是不得不放弃预定计画，与之极力周旋，以求最后之胜利。此即对手分限之说，乃人人相互间，双方行为接触所起之反应了。

此四种分限——再加分析，容或更有——既经明了，只受一种之限制时，已足发生困难，使数十年之工作，一旦毁坏；然人生厄运，不止如是。实际上，吾人日常生活，几无不备受四种分限之包围和压迫。因此，假使有一不知命的人，不承认分限，甚至不知分限，或不注意分限，以为无论何事，我要如何便如何，可以达到目的。此种人勇气虽然很大，动辄行其开步走的主义，一往直前。可是，设使前边有一堵墙，拦住去路，人告诉他前面有墙，墙是走不过去的，而他悍然不顾，以为没有墙，我不信墙的限制，仍然前行。有时前面本是无墙，侥幸得以穿行，然已是可一不可再的成功。今既有墙，若是墙能任意穿行，自然很好，但墙实在是不能通过的东西。于是结果，他碰了墙，碰得头破脑裂，不得不回来。回来改变方向，仍是照这样碰墙，碰了几回之后，一经躺下，比任何软弱人还软弱，再无复起的希望。因他努力自信，总想超过他的希望，不想结果失望，自然一蹶不振。这种人的勇气，不能永久保持，一遇阻碍，必生厌倦。所以不知命——不信分限，专恃莽气的人是很难成功的。

儒家知命的话，在《论语》中有最重要的一句，便是批评孔子说"知其不可为而为之"那一句。可见知其一可为而为之——不知或不信分限,不是勇气;必要知其不可为而为之,才算勇气。明知山上有金矿,动手去掘的人,那算有勇?要明知不可为,而知道应该去做的人,才算伟大。这句话很可以表现孔子的全部人格,也可以作为知命与努力的注脚:"知其不可为"便是知命,"而为之"便是努力。孔子的伟大和勇气,在此可以完全看出了。我们的科学家,或是梦想他的能力可以征服自然界,能够制止地震,固不算真科学家;或是因为知遇地震无法防止,便不讲预防之法,听其自然,也非真科学家。我们的真科学家,必具有下列的精神,便是明知地震是无法控制的,也不作谬妄的大言,但也不流于消极,仍然尽心竭力去研究预防的法,能够预防多少,便是多少,不因不能控制而自馁,也不因稍一预防而自夸。这种科学家才是真科学家,如我们所需要的。他们的预料,本来只在某一限度,限度之上就应当无效或失败,但他们知道应该做这种工作,仍是勤勉地去做着,尝试复尝试,不妨其多。结果如是失败,原不出其所料,万无失望的打击;幸而一二分的成功,于是他们便喜出望外了。知命之道，如此而已。

这种一二分的成功，为何可喜呢？因为世界的成功，都是比较的，无止境的。中国爱国的人，都想把国家弄得象欧美、日本一样富强，好似欧美、日本便是国家的极轨一样。谁知欧美、日本，也不见得便算成功，国中正有无穷的纷扰哩！犹如列子所语的愚公移山，他虽不能一手把很高的山移完，可是他的子孙能够继续着去工作，他及身虽止能见到移去一尺二尺，也是够愉快，比起来未见分毫的移动，强得多了。成功犹如万万里的长道，一人的生命能力，万不能走完，然而走到中途，也胜与终身不走的哩！所以知命者，明知成功之不可必，了解分限之不可逃，在分限圈制前提之下去努力，才是真能努力的人啊！

我们为何需要真正的努力，因为只有真正的努力，才可不厌不倦。人何以有厌倦，多因不知分限，希望过大，动遭失败，所以如此。知命的人，便无此弊。孔门学问，如“学而不厌，诲人不倦”，“为之不厌，诲人不倦”，“居之无倦”，“请益，曰：无倦"，"自强不息"，"不怨天，不尤人"诸端。所谓不厌、不倦、不息、不怨、不尤，都是不以前途阻碍而退馁，是消极的知命。如"学而时习之，不亦悦乎；有朋自远方来，不亦乐乎"，都是以稍有成功而自娱，是积极的努力。所以我们不止要排除尊己黜人的妄诞，也宜蠲去羡人恨己的忧伤，因这两者都于事实是无益的。我人徒见美国工人生活舒适，比中国资产阶级甚或过之，于是自怨自艾，于己之地位运动宁复有济？犹之豫湘人民，因罹兵灾，遽羡妒他省人民，又岂于事实有补？总之，生此环境，丁此时期，惟有勤勉乃身，委曲求全，其他夸诞怨艾之念，均不可存的。

孔子的"发愤忘食，乐以忘忧"工夫，实在是知命和努力的一个大榜样。儒家弟子，受其感化的，代不乏人。如汉之诸葛亮，固知辅蜀讨曹之无功，然而仍以"鞠躬尽瘁，死而后已"为职志者，深明"汉贼不两立，皇室不偏安"之义，晓得应该如此做去，故不得不做。此由知命而进于努力者也。又如近代之胡林翼、曾国藩，固曾勋业彪炳，而读其遗书，则立言无不以安命为本。因二公饱经事故，阅历有得，故谆谆以安命为言。此由努力而进于知命者也。凡人能具此二者，则作事时较有把握，较能持久。其知命也，非为懒惰而知命，实因镇定而知命；其努力也，非为侥幸而努力，实为牺牲而努力，既为牺牲而努力，做事自然勇气百倍，既无厌倦，又有快乐了。所以我们要学孔子的发愤忘食，便是学他的努力；要学孔子的乐以忘忧，便是学他的知命。知命和努力，原来是不可分离，互相为用的，再没有不相容的疑惑了。知命与努力，这便是儒家的一大特色，也是中国民族一大特色，向来伟大人物，无不如此。诸君持身涉世，如能领悟此一语的意义，做到此一层工夫，可以终身受用不尽！

# 北海谈话记

## 1927年初夏与清华研究院学生同游北海

（周传儒　吴其昌　笔记）

题解：1927年初夏，暑期将近，某日天清气和，梁启超与清华研究院学子，作北海（公园）之游，俯仰咏啸于快雪堂、浴兰轩，俨然有孔门"浴乎沂，风乎舞雩"之趣。其间，梁启超兴会淋漓，与诸子畅谈道德、学问、教育理想等问题，也可算是一次讲演。由周传儒、吴其昌记录为《北海谈话记》一文，后刊于初夏《清华学校研究院同学录》。周传儒(1900—1988)，四川江安县人，后成著名历史学家。吴其昌简介，见前文《政治家之修养》之《题解》。这篇谈话的核心仍是道德修养问题，其中尤其值得重视者有二：一是梁启超想把儒家的道德修养在学校的功课上体现出来。他认为科学研究也可以磨练人格，知识的推求与道德的修养可以打成一片。同时在学校，同学间之相聚乃至一切应事接物都可作事上磨练之工夫。二是道德修养可达到改造社会的目的。他认为曾国藩、胡林翼、江忠源、罗泽南等一班人，从个人修养做起，奉行"道德改造"政策，造成了"同治中兴"的局面；李鸿章则换成了"功利改造"政策，等而下之；袁世凯则变本加厉，专提拔无人格的政客，于是国家、社会江河日下，遂一发不可收拾。梁启超认为社会改造可从精英人物的道德修养做起，故期望清华学子以曾国藩等人为榜样，如此这般做下去。虽说改变社会风气人人有责，但社会精英和青年学子之责任尤为重大，故其修养之功不可不讲。

> 先生每于暑期将近时，约同学诸君作北海之游，俯仰咏啸于快雪、浴兰之堂，亦往往邀名师讲学其间。去年夏宝山张君劢先生因事来京，为诸同学讲宋贤名理，盖穆然有鹅湖、鹿洞之遗风焉。今夏复赓盛游，以时故，诸贤因不能莅止，先生恐无以孚此嘉会，故自述此篇，以为诸同学之勉策云尔。弟子海宁吴其昌。

今天本想约一二位朋友来演讲的，但是都不能来，故只好自己稍谈几句。现在一学年快完了，自己在学校内一年以来,每星期除了在讲堂上与同学会面外,其余接谈时间已不能多。暑期以后,有许多同学,不能再来了,即能再来,也暂时有三四月的分别,所以借此地,约大家来玩玩。本来此地是风景最美的地方,也可以说是我们的先后同学的一个纪念的地方。

大约三十多年前,我二十余岁,在长沙与几位同志办了个时务学堂。学生先后两班,每班各四十人,办了一年多,遇着戊戌政变,学堂解散了。第一班同学中有位蔡松坡,那时他只有十余岁,在班中算是年龄最轻的。想起三十年前事,令我很有感触。那时算是中国最初办的学校,功课简陋得可笑,但我现在回忆,还是非常有兴趣。因为人数很少,所以感情易融洽;而功课简单,也就有简单的好处。现在学校功课是多极了,试问学生终日忙忙于机械的训谏中,那有深造自得的机会?在那时功课是很少的,而同学也就各专习一科,而且精神非常团结。同学们都成了极好的朋友,共了多少次患难,几十人,几乎变成了一人。功课因专做一两门,精力集中,故比较的能深造,最少可以说物质的、功利的观念,比现在不知浅薄多少。当时同学于"书本子"学问之外,大家对于"做人"方法,非常注意,所以后来人材很多。

蔡松坡在全班四十人中,也算是高材生之一,当时的批评[1]:最好的是李炳寰,其次是林圭,蔡松坡可以轮到第三。李、林二人,都是于庚子革命之役殉难了。那一役主持的人是时务学堂教员唐佛尘先生才常,他是中国第一次革命的领袖,成仁于汉口。我们同学随同殉难的有二十多人,与唐先生同为中国第一次革命的牺牲者。那时因蔡松坡年纪还小,唐先生不许他直接加入革命事务,叫他带信到湖南给黄泽生先生。黄先生是当时在湖南带领新军的,他是罗忠节[2]公的再传弟子,生平一切私淑罗忠节公。他虽然和我们同志,却认为时机未到,屡劝唐先生忍耐待时,他不愿意蔡松坡跟着牺牲,便扣留着不放他回去。松坡当时气愤极了,

---

[1] 批评:评价、评论。
[2] 罗忠节:即罗泽南(1807—1856),字仲岳,号罗山,谥忠节,湖南双峰县人,晚清湘军重要将领、理学家。

后来汉口事完全失败，黄先生因筹点学费，派松坡往日本留学。从日本回来，方入政界，卒至为国劳瘁而死，于护国之役这一次，总算替国家办了点事业。他死的时候，不过三十五岁，假使他多活十年，也不过四十五岁，至少国内局面比今天不同一点。

当时我们看松坡，也不过是个好学的小学生罢了，他自己也想不到后来为国家的大材。一个人将来是什么样人，谁也不能料定的。此不独蔡松坡为然，例如诸葛武侯在隆中的时候，曾文正公在四十岁以前，胡文忠[1]公三十五六岁以前，他自己也就没有料到将来会做这样伟大的事。不过国家需要人材，那是时时需要的，而人们当时时准备着，以供国家的要求。遇到相当的机会，便立刻可以替国家服务。所谓事业，也不必一定限定于政治的、军事的，才可算事业。所以一个人能抱定为国家服务的意旨，不会没有建设的。就怕自家

---

[1] 胡文忠：即胡林翼（1812—1861），字贶生，号润芝，谥文忠，湘军重要将领。

没有准备着,则机会来了,当然只有放弃的。所以我们当修养着,自己认清自己的责任。

反观现在的学校,多变成整套的机械作用,上课下课,闹得头昏眼花。进学校的人,大多数除了以得毕业文凭为目的以外,更没有所谓意志,也没有机会做旁的事情。有志的青年们,虽然不流于这种现象,也无从跳出圈套外。于是改造教育的要求,一天比一天迫切了。我这两年来清华学校当教授,当然有我的相当抱负而来的:我颇想在这种新的机关之中,参合着旧的精神。吾所理想的,也许太难,不容易实现。我要想把中国儒家道术的修养来做底子,而在学校功课上把他体现出来。在已往的儒家各个不同的派别中,任便做那一家,那都可以的,不过总要有这类的修养来打底子,自己把做人的基础,先打定了。吾相信假定没有这类做人的基础,那末做学问并非为自己做的。至于智识一方面,固然要用科学方法来研究,而我所希望的是:科学不但应用于求智识,还要用来做自己人格修养的工具。这句话怎么讲呢?例如当研究一个问题时，态度应如何忠实，工作应如何耐烦，见解要如何独立，整理组织应如何治理而且细密……凡此之类，都一面求智识，同时一面即用以磨炼人格，道德的修养与智识的推求，两者打成一片。现世的学校，完全偏在智识一方面；而老先生又统统偏在修养一边，又不免失之太空了。所以要斟酌于两者之间，我所最希望的是：在求智识的时候，不要忘记了我这种做学问的方法，可以为修养的工具；而一面在修养的时候，也不是参禅打坐的空修养，要如王阳明所谓在"事上磨炼"。

事上磨炼，并不是等到出了学校入到社会才能实行，因为学校本来就是一个社会。除方才所说用科学方法作磨炼工具外，如朋友间相处的方法，乃至一切应事接物，何一不是我们用力的机会。我很痴心，想把清华做这种理想的试验场所。但照这两年的经过看来，我的目的并非能达到多少。第一个原因，全国学风都走到急功近利及以断片的智识相夸耀，谈到儒家道术的修养，都以为迂阔不入耳。在这种氛围之下,想以一个学校极少数人打出一条血路,实在是不容易。第二件,清华学校自有他的历史,自有他的风气,我不过是几十位教员中之一位,当未约到多数教员合作以前,一个人很难为力的。第三件,我自己也因智识方面嗜好太多,在堂上讲课与及在私室和诸君接谈时,多半也驰骛于断片的智识,不能把精神集中于一点。因为这种原因,所以两年来所成就,不能如当初的预期。

我对于同学诸君,尤其万分抱歉。大学部选修我的功课的,除了堂上听讲外,绝少接谈的机会,不用说了;就是在研究院中,恐怕也不能不令诸君失望。研究院的形式,很有点像道尔顿制[1]的教育,各人自己研究各人的嗜好,而请教授指导指导。老实说,我对于任何学问,并没有专门的特长,所以对于诸同学的工作,中间也有我所知道的,我当然很高兴地帮帮他们的忙;也许有我们同学的专门工作,比我还做

_____

[1] 道尔顿制:这是由美国教育家帕克赫斯特于 19 世纪 20 年代在马萨塞州道尔顿中学所创行的一种教学体制,是一种彻底的个别化、个性化教育方式。

得好，这倒不是客气话。外国研究院中的教授，于很隘小范围内的学问，他真个可以指导研究，而除此隘小范围以外，他都不管，而我今日在研究院中的地位，却是糟了！同学以为我什么都懂得，所以很亲密地天天来请教我，而我自己觉得很惭愧，没有充分帮助。不过，虽然如此，而我的希望仍是很浓厚着，仍努力继续下去。什么希望呢？假定要我指导某种学问的最高境界，我简直是不能，可以说，我对于专门学问深刻的研究，在我们同事诸教授中，谁都比我强，我谁都赶不上他；但是，我情愿每天在讲堂上讲做学问的方法。或者同学从前所用的方法不十分对，我可以略略加以纠正，或者他本来已得到方法，而我的方法可以为相当的补助。这一点，我在智识上对于诸同学可以说是有若干的暗示，也许同学得到我这种的暗示，可以得到做学问的路，或者可以加增一点勇气。

还有一点，我自己做人，不敢说有所成就，不过直到现在，我觉得还是天天想向上。在人格上的磨炼及扩充，吾自少到现在，一点不敢放松。对于诸同学，我不敢说有多少人格上的感化，不过我总想努力，令不至有若干恶影响到诸同学。诸同学天天看我的起居、谈笑，各种琐屑的生活，或者也可以供给同学们相当的暗示或模范。大家至少可以感觉到这一点：我已有一日之长，五十余岁的人，而自己训练自己的工作，一点都不肯放过，不肯懈怠。天天看惯了这种样子，也可以使我们同学得到许多勇气。所以我多在校内一年，我们一部同学，可以多得一年的薰染，则我的志愿已算是不虚了。

现在中国的情形，糟到什么样了！将来如何变化，谁也不敢推测。在现在的当局者，那一个是有希望的？那一个帮派是有希望的？那末中国就此沉沦下去了吗？不！决不的！如果我们这样想，那我们便太没志气，太不长进了！现在一般人，做的不好，固然要后人来改正；就是现在一般人，做的很好，也要后人来继续下去。现在学校的人，当然是将来中国的中坚，然而现在学校里的人，准备了没有？准备什么样来担任这个重大的责任？智识才能，固然是要的，然而道德的信仰——不是宗教——是断然不可少的。现在时事糟到这样，难道是缺乏智识才能的缘故么？老实说，甚么坏事情，不是智识才能分子做出来的？现在一般人，根本就不相信道德的存在，而且想把他留下的残余，根本去铲除。

我们一回头，看数十年前，曾文正公那般人的修养。他们看见当时的社会也坏极了，他们一面自己严厉的约束自己，不跟恶社会跑，而同时就以这一点来朋友间互相勉厉，天天这样琢磨着。可以从他们往来的书札中考见。一见面，一动笔，所用以切磋、观摩、规劝者，老是这么样坚忍，这么样忠实，这么样吃苦，有恒，负责任……这一些话。这些话看起来是很普通的，而他们就只用这些普通话来训炼自己。不怕难，不偷巧，最先从自己做起，立个标准，扩充下去，渐次声应气求，扩充到一班朋友，久而久之，便造成一种风气。到时局不可收拾的时候，就只好让他们这班人出来收拾了。所以曾、胡、江、罗[1]，一般书呆子，居然被他们做了这样伟大的

----

[1]　曾、胡、江、罗：指曾国藩、胡林翼、江忠源、罗泽南，都是湘军著名将领、晚清名臣。

事业,而后来咸丰以后风气,居然被他们改变了,造成了他们做书呆子时候的理想道德社会了。可惜江公、罗公,早死一点,不久胡公也死了,单剩曾文正公,晚年精力也衰了。继曾文正公者,是李文忠[1]公。他就根本不用曾、胡、罗诸人的"道德改造"政策,而换了他的"功利改造"政策。他的智力才能,确比曾文正公强;他专奖厉一班只有才能、不讲道德的人物。继他而起的,是袁项城[2],那就变本加厉,明目张胆的专提拔一种无人格的政客作他的爪牙,天下事就大糟而特糟了。顾亭林《日知录》批评东汉的名节,数百年养成不足,被曹操一人破坏之而有余,正是同出一辙呀!

李文忠公,功名之士。以功名为本位,比较以富贵为本位的人,还算好些。再传下去,便不堪设想了,"其父杀人报仇,其子必且行劫",袁项城就以富贵为本位了!当年曾、胡、江、罗以道德、气节、廉耻为提倡的成迹,遂消灭无遗。可怜

[1] 李文忠:即李鸿章(1823—1901),谥文忠,洋务运动领导、晚清重臣。

[2] 袁项城:即袁世凯(1859—1916),河南项城人,故人称袁项城。

他们用了大半世的功力，象有点眉目了，而被李文忠公以下的党徒，根本铲除，一点也不留。无怪数十年来中国的内乱便有增无已了。一方面又从外国舶来了许多什么党，什么派，什么主义……譬如孙中山先生。他现在已死了，我对他不愿意有甚么苛论，且我对于他的个人，也有相当的佩服。但是，孙中山比袁项城总算好得多了。不过，至少也是李鸿章所走的一条路，尤其是他的党派见解。无论甚么样的好人，不入他的党，多得挨臭骂；无论甚么坏东西，只要一入他的党，立刻变成了很好的好人。固然，国民党的发达，就是靠这样投机者之投机，而将来的致命伤，也都尽在这般人之中，这句话似乎可以断定吧？

　　现在既然把甚么道德的标准，统统破坏无遗。同时，我们解剖现代思想的潮流，就不出这二股范围之外，一是袁世凯派，二是孙中山派。而一方面老先生们，又全不知挽救的方法，天天空讲些礼教，刚刚被一般青年看做笑话的资料而瞧不起他。我们试看曾文公等，当时是甚么样修养的，是这样的么？他们所修养的条件是什么样克己，什么样处事，什么样改变风气……先从个人，朋友，少数人做起，诚诚恳恳，脚踏实地的一步一步做去，一毫不许放松。我们读曾氏的《原才》，便可见了。风气虽坏，自己先改造自己，以次改造我的朋友，以及朋友的朋友，找到一个是一个，这样继续不断的努力下去，必然有相当的成功。假定曾文正、胡文忠迟死数十年，也许他们的成功是永久了；假定李文忠、袁项城也走这一条路，也许直到现在还能见这种风气呢！

然而现在的社会，是必须改造的！不改造他，眼看他就此沉沦下去，这是我们的奇耻大辱！但是谁来改造他？一点不客气，是我辈！我辈不改造，谁来改造？要改造社会，先从个人做人方面做去，以次及于旁人，一个，二个……以至千万个。只要我自己的努力不断，不会终没有成绩的。江、罗诸公，我们知道他是个乡下先生，他为什么有这样伟大的事业？在这一点上，我对于诸同学，很抱希望，希望什么？希望同学以改造社会风气为各人自己的责任。

　　至于成功么？是不可说的。天地一日没有息，我相信我
们没有绝对成功的一日。我们能工作一部份，就有一部的成
绩，最怕是不做。尤其我们断不要忘了这句话，社会坏，我们
切不要"随其流而扬其波，哺其糟而啜其醴"。不然，则社会
愈弄愈坏，坏至于极，是不堪设想的。至少我有一分力量，要
加以一分的纠正。至于机会之来不来，是不可说的；但是无
论有没有机会，而我们改善社会的决心的责任，是绝对不能
放松的。所以我希望我们同学不要说"我的力量太小"，或者
说"我们在学校里，是没有功夫的"。实际上，只要你有多少
力量，尽多少责任就得。至于你无论在什么地方，总是社会
的一分子，你也尽一分子的力，我也尽一分子的力，力就大
了。将来无论在政治上，或教育上，或文化上，或社会事业
上……乃至其他一切方面，你都可以建设你预期的新事业，
造成你理想的新风气，不见得我们的中国就此沉沦下去的。
这是对于品格上修养的话。

　　至于智识上的修养——在学问著述方面，改造自己。那

末,因我个人对于史学有特别兴趣,所以昔时曾经发过一个野心,要想发愤从新改造一部中国史。现在知道,这是绝对不是一个人的力量所可办到的,非分工合作,是断不能做成的。所以我在清华,也是这个目的:希望用了我的方法,遇到和我有同等兴味的几位朋友,合起来工作,忠实的、切实的努力一下。我常常这样地想:假定有同志约二三十人,用下二三十年工夫去,终可以得到一部比较好的中国史。我在清华二年,也总可说已经得到几个了,将来或聚在一块,或散在各方,但是终有合作的可能。我希望他们得我多少暗示的帮助,将来他们的成绩比我强几倍。

归纳起来罢,以上所讲的有二点:

（一）是做人的方法——在社会上造成一种不逐时流的新人。

（二）是做学问的方法——在学术界上造成一种适应新潮的国学。

我在清华的目的如此,虽不敢说我的目的,已经满足达到,而终已得了几个很好的朋友,这也是使我自己可以安慰自己的一点。

今天,是一年快满的日子了,趁天气清和时候,约诸同学在此相聚。我希望在座的同学们,能完全明了,了解这二点——做人、做学问——而努力向前干下去呀!

还有与朋友之间,最好是互相劝导切磨,所谓"相观而善"。一个人生平不得到一个很好的朋友,他的痛苦,比鳏寡孤独还难过;但是朋友可以找出来的,还可以造出来的。我去改造他,他来改造我。一方面可以找朋友,一方面可以造朋友。所以无论何人,终该要有朋友的,然而得好朋友,是何等不容易啊!得到了朋友,要看古人对于朋友如何的劝磨,如何的规正,最少不要象现在"功利派"利害的结合。因了一点无聊的纠葛,或者互相团结,或者互相闹翻,日后想起来,只有可笑,没有话说。我情愿我们同学中,永远不会发生因一点无聊的事情,而感情发生裂痕。类似这一类的事实,我情愿吾们同学大家以至诚相待,不忘了互相改造与策勉,亲密到同家人父子兄弟一样，那是何等痛快！因为朋友是很难得的，日后散了，回想当时聚在一起做学问的快活，是不能再得的了！

我今天所讲的话，很无伦次，本来不过既然约诸位到此地来玩，随便谈谈罢了。不过，总可算是很真挚的话。

# 读书法讲义(节选)

## 1927年为商务印书馆函授学社国语科所作

　　题解：此文是1927年梁启超为商务印书馆函授学社国语科编写的讲义，虽不是现场的讲演稿，但仍是讲演的写作风格，故可当作一篇讲演稿看。其阅读对象为青年函授学员，主要为小学教员和中等学校学生。梁启超认为本国书有三大类应读，其中第一类是关于身心修养及治事应用方面的，并列举了一些书目以及指导如何读此类书。其中关于读书法之指导尤为详细，值得借鉴。在此讲义中，梁启超特别点醒修养工夫对于青年的重要性："一、我们生在这种混浊社会中，外界的诱惑和压迫如此其厉害，怎么样才能保持我的人格，不与流俗同化？二、人生总不免有忧患痛苦的时候，这种境遇轮到头上，怎么样才能得精神上的安慰，不致颓丧？三、我们要做成一种事业或学问，中间一定经过许多曲折困难，怎么样才能令神志清明、精力继续？这三项我认为修养最要关头，必须通过做个人才竖得起。"其实，梁启超指出当时青年面临的三大问题，依然是我们时代的问题，所以修养工夫于当代青年而言依然不可丢弃，甚至更为重要。

一

为什么读本国书？读本国书有何用处？这两句话，从前绝对不成问题，今日却很成问题了。依我看，有左列三种用处，所以本国书应读。

第一，为帮助身心修养及治事的应用，本国书应读。

身心修养及治事，本来要从实际上磨练出来，并非专靠读书。但书本上所看见的前言往行，最少可以给我们很好的刺激、启发、印证。这种帮助，实属有益而且必要。这种帮助，虽不必限定于本国书——外国书里头的资料当然也不少，但本国书最少也和外国书有同等价值。而且本国人和本国先辈到底接近些，他们的嘉言懿行，读起来格外亲切有味，以效率论，有时比读外国书更胜一筹。

第二，为要知道本国社会过去的变迁情状，作研究现在各种社会问题之基础，本国书应读。

这种学问，我们名之曰"文献学"——大部分是历史，但比普通所谓历史的范围更广。我们若相信环境和遗传的势力，那么，这门学问之紧要，不必更加说明了。我们做宇宙间一个人，同时又做国家底下一个国民，做人要有做人的常识，做国民要有做国民的常识。晓得本国文献，便是国民常识的主要部分。我们祖宗曾经做过什么事，所做的事留下好的、坏的影响给我们的共有多少，这是和我们现在、将来的命运关系最切之问题。我们无论做何种事业，都要看准了这些情形才能应付。像中国这样有几千年历史的国家，这部分学问自然更重要而且有趣味了。我们所提倡的国学，什有九属于这个范围。

第三，为养成对于本国文学之赏鉴或了解的能力及操练自己之文章技术，本国书应读。

有人说："白话文学通行了，旧书可以不读。"此话不然。

我们不妨专作白话文,但不能专看白话书。现在留传下来最有价值的书,百分中之九十九是用文言写的。我们最少要有自由翻读的能力,才配做一国中之智识阶级。即以文学论,文言文自有文言文之美,既属中国人,不容对于几千年的好作品一点不能领略。况且在现在及近的将来,文言文在公私应用上还很占势力,纵使不必人人会做,最少也要人人会看。还有一义,将来白话文技术进步以后情形如何,我不敢说,截至今日止,白话文做得好的人,大率都是文言文有相当的根柢。所以为自己文章技术进步起见,古书也不可不读。

我们既为这三项目的读中国旧书,那么,可以把应读的书分出种类,那类书是为第一项应用的,那类书是为第二或第三项应用的,读法自然各各不同。

每项应读的书及其读法,本来该由教育机关摘编成书,分配于高等小学及中学之七八年间,可以替青年省多少精力,而人人得有国学基本知识。今既未能,则青年对于国学,不是完全抛弃,便要走无数冤枉路。二者必居一于是。我这篇极简单的讲义,不敢望把这两种毛病救济,只求能减轻一点,便算意外荣幸了。

## 二

讲身心修养及治事接物之方法的书籍,全世界各国怕没有比中国更多的了。就中国所有书籍论,也是这类书最多,内中宋、元、明理学家的著述几乎全部都属这类。老实说,许多陈陈相因的话,连我读去也觉讨厌,何况青年? 然而,这部分学问始终是必要而且有益的,既如前述,所以我们总要想方法吸收他的精华资助我的养料。依我看,先把两套话撇开,剩下的便是我们切实受用所在了。

第一,撇开虚玄的哲理谈。性命理气一派的"形而上"话头,在哲学上价值如何,暂且不论。但宋以来学者指为修养关键所在,我们敢说是错了。这种修养,彻头彻尾要用静坐体悟工夫——全部袭用佛家方法,内中少数特别天才的人,或者从这里头得着高尚的理想,把他们的人格扩大,我们也是承认的。但这种方法，无论如何，断不能适用于一般人，而且在现代尤多窒碍。所以这类话头，只好让专门研究中国哲学史的人去审查他的内容和价值。我们为实际上修养应用起见，竟把他"束之高阁"也罢了。

第二，撇开形式的践履谈。践履工夫，自然是修养所最必要。但专从形式上检点，也是不适用。形式有两种：一、礼教上虚文。例如家庭及社会交际上种种仪节，沿习既久，含有宗教性，违反了便认为不道德。其实这些事都与大体无关，而且许多为今日所不可行。古书中断断于此类者很多，大半可认为废话。一、外部行为之严谨的检束。例如古人所最乐道的"动必以礼"——什么"手容恭，足容重"一类话，专教人做凿四方眼的枯窘生活，无论做不到，做到也是无益。这两种形式的践履谈，从正面看，已经看不出什么好处；从反面看，还有个奖励虚伪的绝大毛病。所以我们要根本反对他。

把这两部分撇开，那么，古书中所剩下的修养谈，也就不很繁重了。从这里头找些话自己切实受用,则视乎各人的素性和环境,各有会心,很难说那一类话最要,那一类话姑舍。但据我个人的实感,则现代一般青年所应该特别注意者如下:

一、我们生在这种混浊社会中,外界的诱惑和压迫如此其厉害,怎么样才能保持我的人格,不与流俗同化?

二、人生总不免有忧患痛苦的时候,这种境遇轮到头上,怎么样才能得精神上的安慰,不致颓丧?

三、我们要做成一种事业或学问,中间一定经过许多曲折困难,怎么样才能令神志清明、精力继续?

这三项我认为修养最要关头,必须通过做个人才竖得起。这种修养,要靠实际上遇事磨练,自无待言。但平日没有一点豫备工夫,事到临头,又从那里应用起?平日工夫不外两种:一是良师益友的提撕督责,二是前言往行的鞭辟浸淫。良师益友,可遇而不可求;前言往行,存在书册上,俯拾即是。读书之对于修养上最大功用、最大利便就在此。

这类书全在各人特别领会,有时极平常的人说一句极平常的话,拿起来可以终身受用不尽,所以很难说那几部书、那几段话最好。若勉强要我说,我请把我自己生平最爱读的几部书说来:

《孟子》

《宋元学案》内的《象山学案》

《明儒学案》内的《姚江学案》《泰州学案》(《泰州》专读心斋、东崖)

王阳明的《传习录》(内中言性理的一部分可不读)

顾亭林[1]的《日知录》(内提倡气节各条)

王船山[2]的《俟解》

戴子高[3]编的《颜氏学记》(记颜习斋、李刚主一派学说)

---

[1] 顾亭林:即顾炎武(1613—1682),因故居旁有亭林湖,学者尊称亭林先生,明末清初三大家之一。

[2] 王船山:即王夫之(1619—1692),因晚年隐居石船山,学者称船山先生,明末清初三大家之一。

[3] 戴子高:即戴望(1837—1873),字子高,清代朴学家。

　　以上所举,不过我一个人私好,自然不免偏颇或窒漏。但《红楼梦》里头贾宝玉说得好:"任凭弱水三千,我只取一瓢饮。"何必贪多,一两句格言,便够终身。

　　受用至于我喜欢饮这一瓢,你喜欢饮那一瓢,这是各人胃口不同,只要解得渴,那价值并无差别。

　　这一瓢,那一瓢,无所不可,只要饮得透。如何才算饮得透? 看见一段话,觉得"犂然有当于吾心",或切中自己的毛病,便把那段话在心中口中念到极熟,体验到极真切,务使他在我的"下意识"里头浓熏深印。那么,临起事来,不假勉强,自然会应用。应用过几回,所印所熏,越加浓深牢固,便成了一种"人格力"。而不然者,什么好话,只当作口头禅,在"口耳四寸之间"溜过,临到实际,依然一毫得不着用处。孟子说:"君子深造之以道,欲其自得之也;自得之则居之安,居之安则资之深。"又说:"夫仁,亦在乎熟之而已矣。"修养无他谬巧,只争熟不熟。熟便"得",得便"安"了。

　　"只取一瓢饮",是守约工夫。一面守约,一面仍不妨博涉以为辅,所谓"多识前言往行以畜其德"也。认定了几件大节目做修养中坚,凡与这些节目引申发明的话,多记一句,自然所印所熏加深一度。要记的既多,最好备一个随身小册子,将自己心赏的话钞出,常常浏览。意识将近麻睡,便给他一番刺激,令他惊醒,这便是"熟之"的妙法。

专记格言,也会干燥生厌。还有最好的修养资料,是多读名人传记和信札。我记得很小的时候,读了一部《曾文正公家训》(给他儿子的信),不知受多大激刺。稍为长大一点,读了全谢山[1]做的黄梨洲[2]、顾亭林两篇墓碑,又不知受多大激刺。直到今日,曾、黄、顾这些人的面影,永远蟠踞住我的"下意识"。孟子说:"舜何人也,予何人也,有为者亦若是。"激扬志气的方法,再没有好得过"尚友古人"了。

二十四史,列传占了什之七八。以现代历史观念而论,可以说内中所记载,有一大半不应入历史范围。但中国无论

---

[1] 全谢山:即全祖望(1705—1755),号谢山,清代著名学者。
[2] 黄梨洲:即黄宗羲(1610—1695),别号梨洲老人、梨洲山人,学者称梨洲先生,明末清初三大家之一。

何种著述,总以教人学做人为第一目的。各史列传,大半为这个目的而存在。与其认为社会史迹的资料,不如认为个人修养的资料。我常想,顶应该把历史上名人——大学者、大文学家、大美术家、大政治家、大军人,以及气节峻拔的人,挑选百来个,重新替他们各做一篇有趣味的传,以此教导青年,比什么都有益。现在既没有这样书,将就一点,把正史中现有的传挑出一二百篇来浏览,也是必要。读这些传时,且不必当作历史读,专当作修养书读。看他们怎样的做人,怎样的做事,怎样的做学问。设想我处着他的境遇,我便如何?碰着这类事情,我便怎么办法?常用这种工夫,不独可以磨练德性,更可以濬发才智。先辈论读史益处,大抵最注重此点。

读名人传记,其人愈近愈好,因为观感更切;其传愈详愈好,因为激发更多。近代详传,多用年谱体裁行之。试推荐几部(以著者年代为次):孙奇逢自著的《孙夏峰年谱》(门人补注)、李塨著的《颜习斋年谱》、冯辰著的《李刚主年谱》、王懋竑著的《朱子年谱》、顾栋高著的《司马温公年谱》《王荆公年谱》、段玉裁著的《戴东原年谱》、焦廷琥著的《焦里堂年谱》、丁晏著的《郑康成年谱》、黄炳垕著的《黄梨洲年谱》、张穆著的《顾亭林年谱》《阎百诗年谱》、李鸿章著的《曾文正公年谱》、刘毓崧著的《王船山年谱》、梁启超著的《朱舜水年谱》、胡适著的《章实斋年谱》。这些书读了都令人闻风兴起，裨益青年不少。可惜还有许多伟大人物没有人替他作谱。又各谱体例，我们也未尽满意。

名人信札，和他并时的朋友论事论学，读之最可益人神智。我也推荐几部：张江陵的《张太岳文集》、顾亭林的《亭林文集》、戴东原的《东原集》、焦里堂的《雕菰楼集》、曾涤生的《曾文正公全集》、胡润之的《胡文忠公遗书》、郭筠仙的《养知书屋集》。在这些集中专取信札一门读之，极有益而且有趣。

以上所举各书及其读法，皆以帮助身心修养及治事之应用为目的。孔子说："古之学者为己。"读这类书，专以自己直接得着益处为主。把自己这个人训练好了，才配说有益于社会，所以把他列在第一。若以为这是迂腐之谈，则我不敢知了。（编者按：以下是关于文献学和文学类的读书法，兹略。）

图书在版编目(CIP)数据

梁启超修身讲演录 / 梁启超著;彭树欣选评. —
上海：上海古籍出版社，2018.5
ISBN 978-7-5325-8793-3

Ⅰ. ①梁… Ⅱ. ①梁… ②彭… Ⅲ. ①梁启超
(1873-1929)-人生哲学 Ⅳ. ①B259.1

中国版本图书馆 CIP 数据核字(2018)第 067193 号

**梁启超修身讲演录**

梁启超　著

彭树欣　选评

上海古籍出版社出版发行

(上海瑞金二路 272 号　邮政编码 200020)

(1) 网址：www.GUJI.com.cn

(2) E-mail：guji1@guji.com.cn

(3) 易文网网址：www.ewen.co

印刷　苏州越洋印刷有限公司

开本　787×1092　1/32

印张　14.625　插页 5　字数 187,000

印数　1—5,100

版次　2018 年 5 月第 1 版

　　　2018 年 5 月第 1 次印刷

ISBN 978-7-5325-8793-3/B・1053

定价：65.00 元